国家"十二五"重点图书

世界主要政党规章制度文献

丛书主编：俞可平
执行主编：陈家刚

美 国

主编：孙 林

中央编译局文库编辑委员会

主　　任：贾高建

副 主 任：魏海生　柴方国　季正聚　崔友平

委　　员（按姓氏笔画排序）：

冯　雷　牟建君　杨雪冬　沈红文　张凤宝

陈家刚　胡长栓　郄卫东　葛海彦

总　序

近代的政党,是基于一定的阶级或阶层之上,为了夺取和巩固国家的政治权力,从而维护特定利益的政治组织。与其他政治组织相比,政党最明显的特征,就是它有着明确的政治目标,即夺取政权和维护政权。除了执掌国家政权这一基本职能外,政党也是现代社会中最重要的利益表达和利益综合机构,是连结政府与民众的政治桥梁。政党还是国家政治生活的最重要组织者,是公民参与国家政治生活的重要平台,它履行着政治动员、公共参与和政治教育等重要的政治职能。因此,从权力的角度看,在所有政治组织中,政党是最重要的政治组织,它对近代国家的政治生活有着极为重要的影响。实际上,近代政治就是政党政治。国家权力主要由政党掌握,并且通过政党运行。

由于政党在国家公共政治生活中起着如此关键性的决定作用,规范政党组织本身及其成员的行为和活动,就变得极其重要。从国家的角度看,宪法及相应的专门法律,通常要对政党参与国家政权的方式、途径、范围等作出原则性规定,从而形成了不同的政党制度,如多党制、两党制、一党制、一党主导或一党独大制、多党合作制等。从政党自身的角度看,每个政党都必须有一整套政治纲领和规章制度,明确宣示政党的性质、使命、目标、任务和政策倡议,详细规定党员的资格、条件、义务、责任、权利,以及党的组织形式、选举制度、领导机制、决策程序和纪律约束等。广义上说,政党制度既包括政党的外部制度,也包括政党的内部制度,它们一起构成国家政治制度的重要组成部分。

如果说主权国家是国际政治舞台的主角,那么政党便是国内政治舞台的主角。除了少数小国之外，世界上绝大多数国家的政权实际上都掌握在执政党手中。一个个政党的产生、发展、壮大、掌权、下台、消亡，以及各个政党之间的竞争、合作、争斗、兼并、分化、组合，构成了现实政治生活一幅五彩斑斓的图景。要真正了解当代世界，就要了解世界各国的政治图景，那就不能不了解主演这些政治图景的各个政党。世界的丰富多彩，不仅体现在文化传统、生活方式和乡土风情上，也体现在社会结构、发展模式和政治体制上。进而言之，要真正了解一个国家，就要了解这个国家的政治体制；而要了解一个国家的政治体制，就不能不了解这个国家的政党制度。

中国共产党是按照马列主义原则建立起来的一个革命政党，在夺取国家政权后，特别是在改革开放后，它逐渐从一个革命党转变为执政党。党的根本宗旨没有改变，但党的群众基础、指导思想、组织结构、领导机制和执政方式等，都发生了重大的变化。坚持人民主体地位，发展人民民主已经成为中共执政的基本政治目标；民主、自由、平等、公正、法治、和谐，已经成为中共追求的核心政治价值；民主执政、依法执政和科学执政，已经成为中共的基本执政方式；建设中国特色的社会主义法治国家，推进国家治理现代化，已经成为中共全面深化改革的总目标。所有这些都表明，中国共产党自身正处于现代化的转型之中，实现治理的现代化，不仅是党执政治国的目标，也是党自身建设的目标。政党治理的现代化，是世界各国主要政党共同面临的时代课题。一些政党在推进治理现代化方面，取得了成功的经验，得以继续在本国的政坛叱咤风云；而另一些政党则付出了惨重的代价，直至失去了政权。学习和借鉴国外政党的成功经验，汲取它们的失败教训，对于中国共产党实现治理现代化，有着重要的现实意义。

1998年，我曾经主编过当时国内唯一的《当代各国政治体制》丛书，总共有16册之多，内容包括了世界各主要国家。那套丛书比较客观地介绍了各国主要政治体制，为读者全面了解当代世界的各种政治制度提供了翔实的资料，从而广受好评。此后，我一直想编纂一套介绍世界各主要政党制度的丛书，可惜终未如愿。巧的是，前几年中央为了加强党内法规建设，需要了解和借鉴国外政党的经验做法，有关部门便委托我局编译国外主要政党的规章制度。我认为，这些党内规章制度，虽不能在整体上等同于政党制度，但却在很大程度上体现了党的组织制度、领导制度、决策制度和纪检制度，因而，编译这些国外政党的法规制度，不仅对于我们加强党内法规建设有其借鉴意义，而且将这些材料正式汇编出版，也可以在一定程度上起到帮助读者了解世界各国政党制度，从而更全面地了解世界各国政治制度的作用。

《世界主要政党规章制度文献》丛书，总共有20卷，收录了当今世界绝大多数重要政党的代表性规章制度。在收集、编选和翻译这套丛书的过程中，我们得到了社会各界的大力支持。例如，一些从事世界政党研究的专家学者提出了很好的编纂建议，一些驻外使领馆人员为我们提供了所在国主要政党的最新材料，一些译者放弃休息时间，努力按照要求完成翻译任务；国家出版基金给予了专项出版资助。在此，我代表编者向所有为本丛书出版作出过贡献的朋友们表示衷心的感谢。参与本丛书的许多译者，是年轻的博士后和博士生，他们积极性高，责任心强，但尚缺乏足够的翻译经验，错讹之处还望读者谅解并不吝批评。

俞可平

2015年1月13日于方圆阁

目　录

导　言 ··· 1

第一部分　宪法、全国性涉党法律 ···································· 1
美利坚合众国宪法 ··· 3
美国联邦选举法（摘译） ·· 23

第二部分　主要政党内部规章制度 ···································· 83
美国民主党宪章及附则 ·· 85
美国共和党宪章 ··· 113
美国共和党章程 ··· 125
美国共和党代表大会全国联盟规程 ·································· 157
马萨诸塞州民主党章程 ·· 196
马萨诸塞州民主党委员会章程 ······································ 212
马萨诸塞州民主党纲领 ·· 238
马萨诸塞州共和党委员会细则 ······································ 246
马萨诸塞州共和党准则 ·· 270

参考文献 ·· 273
后　记 ·· 276

导　言

制度是政治文明的核心，具有根本性、长期性、规范性和稳定性，规定着政治文明发展的方向和方式。政党政治是当今世界最主要的政治运行样式，也是人类政治文明发展的新成果。目前全世界 200 多个国家和地区中，除了 20 多个严格实行君主制或政教合一制的国家外，绝大多数国家和地区都存在政党，实行政党政治。由于地理环境和政治生态的差异，各国政党政治的制度建设呈现出明显的多样性特征。作为当今世界最发达和强大的国家，美国政党政治的制度建设成果丰硕，是美国国家软实力的重要组成部分。

美国政党政治的制度建设不是单一的，而是成体系的，其中包括基于宪法的政治制度、政党制度、政党内部规章制度，三部分衔接紧密并保持高度的逻辑自洽，共同构成美国政党政治的制度体系。

一、美国政治制度的框架

美国的政治制度主要基于权力分立原则而形成的，表现为横向层面的立法、司法、行政三权分立制度和纵向层面的联邦制度。在三权分立制和联邦制之间和之中，还活跃着选举制度和政党制度，这些制度构成美国政治制度的基本框架。

（一）三权分立制度

三权分立制度是政权中的立法、行政、司法三权分别由三个不同的机关独立行使并相互制衡的制度。三权分立制度是根据近代西方分权学说而构建的，三权分立的思想最早应追溯到亚里士多德，近代以来，这一学说由英国哲学家约翰·洛克首倡，并由法国启蒙思想家查理·路易·孟德斯鸠完成阐述，它的理论基础是与社会契约论相结合的近代自然法学说。

美国是最早将三权分立宪法化的国家，也是实行三权分立制度的典型国家。美国1787年宪法规定，立法权属于由参、众两院组成的合众国国会，行政权属于美国总统，在美国三权分立的国家机构中，总统是政治的中心，是美国最重要的政治代表。以总统为中心的三权分立，是美国政治制度最根本的特征。司法权属于最高法院及国会随时制定与设立的下级法院。

在对权力进行分工的基础上，美国宪法的一个重要特点，就是运用了孟德斯鸠的"权力制约权力"理论，规定了三权之间的相互制衡，这种制衡强调相互性，而不是一种单向制约，是三个权力部门之间相互制约。根据三种权力相互制衡的原则，美国宪法还规定，国会有权要求总统调整政策以备审议，批准总统对外缔结的条约，建议和批准总统对其所属行政官员的任命，通过弹劾案撤换总统，有权建议和批准总统对联邦最高法院法官的任命，宣告惩治叛国罪，弹劾审判最高法院法官；总统对国会通过的法案拥有有限的否决权，副总统兼任参议院议长，总统还拥有特赦权、对最高法院法官的提名和任命权；最高法院法官在总统因弹劾案受审时担任审判庭主席。此外，根据惯例，最高法院有权解释法律，或宣布国会制定的法律违宪无效。

三权分立制度是美国政治制度的基石，在美国政治生活中扮演着至关重要的角色，发挥着重大作用。然而，这一制度在实践中和理论上也受到了巨大冲击。由于政党政治的发展和影响，三权之间分立与制衡关系已经表现为执政党特别是总统竞选团队内部的权力分配与协作关系，以及两党之间为争夺权力而进行的斗争与妥协的关系。此外，由于行政权力的不断扩张，行政权对立法权和司法权的牵制力量越来越大，相应地，立法、司法两权对行政权的牵制力量却不断地削弱，三权之间相互平衡关系早已开始被破坏，如何恢复三权平衡是美国政治精英需要认真面对的问题。

(二) 联邦制

联邦制是一种重要的国家结构形式，所谓国家结构形式即是指国家的整体与其组成部分之间，即中央和地方之间的相互关系，国家结构形式要解决如何划分国家的领土、如何规范国家整体和组成部分关系，以及如何划分央地之间的权限等问题。国家结构形式一般分为单一制和复合制两种，其中，复合制国家结构形式又可分为联邦制和邦联制等形式，而美国就是采取联邦制的典型国家。

作为联邦制度国家，美国由联邦和州分享权力，各负其责。联邦由三个基本部门组成——立法、行政和司法，权力分别由国会、总统、最高法院执掌。国会制定全国统一的宪法和法律。各州也由立法、行政和司法三个部门组成。各州有自己的宪法和法律，但不能与联邦宪法和法律相冲突。联邦享有的权力包括外交、维持军队、处理州际关系及贸易、征税、举债、铸币等；各州主要处理本州范围内的事。具体而言，其如下分工：

1. 联邦政府

美国总统总揽行政权，联邦行政机构是由12个部门及根据法律设立的60余个独立机关组成的，联邦行政事务由不同的行政部门负责，各行政部门首长均由总统提名，通常称之为总统的内阁。除了这12个主要行政部门之外，尚有很多独立机构，它们之所以被称为独立的机构是因为它们并不属于那一个行政部门，这些机构中有独特的成立宗旨，有的是管制机构，如公务委员会、会计总署、总务署、联邦储备局等；有的为政府或人民提供特别的服务，如州际商业委员会、退伍军人总署、证券交易委员会、全国劳工关系局、国家航空太空总署、国家科学基金会、武器管制及裁军总署、联邦邮政总局、美国国际交流总署等，不论如何，这些部门和联邦政府部门都能够处理涉及本部门的全国性的行政事务。

2. 联邦最高法院

美国的最高司法权力赋予了联邦最高法院，以及国会可以随时制定及设立的次等法院。联邦最高法院是美国宪法特别设立的唯一法院，设立于华盛顿，法官人数为9位，由1位首席大法官及8位副手组成，每个大法官都是由美国总统提名，经过参议院听证后批准委任。美国联邦最高法院的主要职责是对美国宪法作最终解释，对各种提交的案件，一般由9位大法官以简单多数票的表决方法来决定。需要特别指出的是，联邦最高法院曾经通过"马伯里诉麦迪逊案"的判决指出，联邦最高法院有权宣布某个法律违宪而不被采用。

此外，为了便利案件的处理及减轻最高法院的负担，美国还设立了上诉法院，全国共划分为11个上诉区，每区设有一个上诉法院，每一上诉法院有3至15名法官，上诉法院复审地方法院的判决。这些法院不属于州及地方，执行的是联邦层面的司法权。除了联邦法院的一般裁判权外，另有为了特殊目的而设立的法庭，例如申诉法庭对那些向美国提出的赔偿申诉作出判决；关税法庭对涉及进口货物的税款或限额的民事诉讼享有独家的裁判权，另外还有关税及专利权的上诉法庭，以聆讯不服关税法庭及美国专利局判决的上诉申请。

3. 参众两院

根据美国宪法第一条，联邦将所有立法权力赋予参众两院组成的国会，参议院由每州2名议员组成，众议院议席则按每州人口数量而定，每50万人选举1名众议员，但保障每州至少有1名，目前有阿拉斯加、内华达、德拉华、北达科他、佛蒙特及怀俄明等只有1名众议员；相反，加利福尼亚州则有43名众议员，这主要因为人口分布不平衡造成的。早期的国会议员并非由人民直接选举，直到1913年通过的宪法第十七条修正案才规定参议院由人民直接投票选举产生。

美国宪法规定，美国参议员至少年满30岁，成为美国公民至少有9年，众议员须至少25岁，成为美国公民至少7年，二者均需属所代表之各州的居民，并由各州选民选举产生。州议会把州划分为数个国会选区，每区的选民每两年选出1名众议员，每逢双数年份举行全国性的选举选出参议员。由于参议员的任期为6年，故实际每2年仅改选参议院的1/3议席以避免国会的功能因改选而中断。美国副总统一般任参议院议长，但无参议员资格；且除非是为了在表决平手时打破僵局，不得投票。

参众两院是美国的最高立法机构，立法和代表权是最重要的两个法定职责。国会能够制定影响每一个美国人的法律。这些法律都是联邦层面上的，如联邦预算、医疗保险改革、枪支控制，以及战争和和平。这些法律提案大部分来自于执行机构即行政机构特别是总统，而很多其他的来自政党和利益集团。通过一系列妥协和利益交换，以及大量的辩论和讨论，提案的拥护者尝试在国会内建立一个占据多数的联盟来制定国家政策，所以，在政党政治时代，国会是民主、共和两党的竞技场。

4. 州

美国的州与联邦一样，设有行政、立法及司法三部门，州长是一州的行政首长，由民众投票选举。除了少数州任期2年外，大部分的州长任期为4年。除了内布拉斯加州只有单一的州立法机关外，其他的州都和联邦一样有两院制的州立法机关。在大部分的州里，州参议员任期为4年，众议员的任期为2年。州立法程序与国会相似，州的司法组织并不附属于全国的法院体系，它是由一组类似联邦司法机构形式的法院组成，处理私人间或私人与州政府之间的民事诉讼并聆讯有关触犯刑法的案件。许多州除了一般裁决权的法院外，也有特别裁决权的法院，如遗嘱检验法院监督遗嘱的执行；青少年法庭处置未成年犯；家庭关系法院处理家庭的不和案件；小额申诉法庭处理小额债款的纠纷。

关于州与联邦职权划分问题，除了国防、外交、货币等全国性的事务划归联邦处理外，其他如教育、卫生等地方性立法、行政、司法事务则划归州处理。

综上所述，可以看出美国联邦制度是一个分权明确、运行有序的制度，然而，这一制度并不是与生俱来、一蹴而就的。美国建国伊始并不是联邦国家，在1776—1787年的美国为邦联制国家。1787年制定的《美利坚合众国宪法》才改家结构形式为联邦制。在建立统一的联邦政权的基础上，各州仍保有相当广泛的自主权。美国的联邦制是在吸取了邦联制松散无力的教训后，通过制度创新而形成的一种紧密的新型共同体。美国

1787年宪法运用主权共和国组织政府的原则,来设计共同的政治组织,并明确地划分了共同体与构成单位的权力,赋予共同体内个体有足够的手段追求联合起来的好处,建立了一个直接对公民行使权力、三权分立的完备的共和政府。

(三) 选举制度

选举制度是现代民主制度最显著的标志,一般是指民众选举中央到地方各级政权的代表或领导人的法律、程序、规则等一整套体规范性体系。在民主政治普遍发展的今天,选举制度成为各国政治制度的重要组成部分。选举制度不仅与政治制度中的其他制度密切相连,而且还与国家的历史传统、政治文化和经济社会发展息息相关。美国的选举制度就是根植于美国的社会历史和政治文化之中,与美国其他政治制度相匹配的制度形式。具体而言可以分为联邦层面的选举制度和地方层面的选举制度。

1. 联邦层面的选举制度

联邦层面的选举制度主要有两种,一种是领导人选举制度,另一种是代表或代议人员的选举制度,具体而言分别是总统选举制度和国会选举制度。

(1) 总统选举制度

总统选举制度首先要确立总统候选人的资格,即什么样的人可以参加总统选举?美国宪法(1787年)第二条第一款规定,总统候选人必须是:(1)生来就是美国公民。(2)年龄在35岁以上。(3)在美国境内居住超过14年。自1789年举行第一次总统选举以来,美国总统候选人的资格就没有改变过。关于总统任期,1951年批准的第二十二条宪法修正案规定:当选并担任总统不得超过两次;如在他人当选总统的任期内代理总统两年以上,则不得当选并担任总统一次。

确定什么样的人可以有资格参选总统后,那么,什么样的人有资格投票选举总统呢?美国宪法第二条第一款规定:"每州应依照该议会所定方式选派选举人若干人,其数目同该州在国会应有的参议员和众议员总人数相等。但参议员或众议员,或在合众国属下担任有责任或有薪金职务的人,不得被选派为选举人。……如获得此种过半数票的人不止一人,且得票相等,众议院应立即投票选举其中一人为总统;如无人获得过半数票,该院以同样方式从名单上得票最多的五人中选举一人为总统,但选举总统时,以州为单位计票,每州代表有一票表决权;2/3 的州各有一名或多名众议员出席,即构成选举总统的法定人数,选出总统需要所有州的过半数票。在每种情况下,总统选出后,得选举人票最多的人即为副总统,但如果两人或两人以上的得票相等,应立即投票选举其中一人为副总统。"[①]

美国的总统选举实际上是一种间接选举,即各州进行总统选举后,根据得票情况,再由各州选派的选举人团按照简单多数投票选出总统。1961年第二十三条宪法修正案获批准后,选举美国总统的选举人团人数最终固定为 538 名。这一数字是通过以下方式确定的:众议院 435 个议席加上参议院 100 个议席再加上华盛顿哥伦比亚特区在国会无投票权的代表 3 名,共计 538 名。谁获得 538 名的半数即 270 张选举人票,谁就当选为总统。虽然,选举人团制度屡遭诟病,甚至出现 2000 年大选后,550 多位专家联名发表公开信,要求废除选举人团制度,但从实践上看,选举人团制度仍有存在的价值。据统计,在迄今为止的 53 届总统选举中,只有 3 届是赢得选民票少、选举人票多的候选人当选总统,而在其余 50 届中当选总统的都是既赢得了多数选民票,又赢得了多数选举人票。

在选举程序方面,总统选举包括提名程序、正式选举、大选日选民投票、选举人投票、国会两院联席会议上计票及宣布大选结果 6 个阶段。

首先是提名程序,美国的总统提名制度有一个发展完善的过程,大体历经了 3 个阶段:1790—1824 年的国会党团会议提名制;1831—1968 年的全国代表大会提名制;1968 年至今的预选提名制。[②]在预选提名制度下,

---

[①] 《美国宪法》第二条第一款,见李道揆:《美国政府与美国政治》,北京:中国社会科学出版社 1990 年版,第 757 页。

[②] 张立平:《美国选举制度剖析》,载《当代世界与社会主义》,2005 年第 2 期。

选民可以直接参与两党的候选人的党内初选,确定两党的总统候选人。预选由各州(而不是政党)负责,州议院规定预选日,州政府支出选举经费。候选人在预选活动中可以申请联邦公共资助资金(即配套资金),也可以自行筹集资金,需要说明的是,申请公共资助后就不可以再自行筹资,而自行筹集资金的金额和方式要受到《联邦选举竞选法》的规范。党内预选通常在选举年2月份的第3个星期二,在新罕布什尔州拉开帷幕,到6月结束,这是美国总统选举的第一阶段,主要是选举出各州参加民主党和共和党全国代表大会的代表。第二阶段,在选举年的7月至8月,两党分别召开全国代表大会,由参加大会的各州代表投票选出本党总统候选人,得到多数票的候选人将最终获得本党总统候选人的提名。通过本党的总统候选人提名其副总统候选人,并正式提出竞选纲领。

正式选举。正式的总统竞选是在选举年的9月第一个星期一以后发起,即由获得政党提名的总统候选人在全国范围内进行历时两个多月的竞选运动。

大选日选民投票。美国宪法规定,选举年11月的第一个星期一之后的第一个星期二为美国总统选举日,当天,各州的登记选民前往指定的投票站选出选举人。

选举人投票,当各州选出其总统选举人之后,各州组成选举团在选举年12月第二个星期三之后的第一个星期一,在各州首府所在地分别投票,选举出总统和副总统。

国会两院联席会议上计票及宣布大选结果。各州的总统选举投票在国会两院联席会议上计票,并在选举之后的第二年1月6日,由参议院议长在参众两院联席会议上公布。新当选总统于同年1月20日中午在国会大厦宣誓就职。

最后需要说明的是美国总统选举制度的规则是"简单多数"规则加上"赢者通吃"规则,即在投票中获得多数票的候选人赢得全部的代表票或选举人票,最终依靠获得选举人团的简单多数赢得总统职位。总之,"赢者通吃"规则贯穿总统选举的全过程。

(2) 国会选举制度

在美国，国会是人民主权的象征，美国宪法第一条就是关于国会的。然而，在美国，民主和自由的张力无处不在，出于防止"暴民政治"和维护自由自治的考虑，美国开国制宪者将国会分为参众两院，国会选举制度相应地也分为众议院选举制度和参议院选举制度。在1913年之前，参议院参议员是由各州的州议会选举产生的，此后，1913年批准的第十七条宪法修正案将参议院参议员交由各州的选民直接选举产生。① 自此以后，参众两院都由选民直接选举产生。

总体而言，美国国会选举程序、选民资格与总统选举程序、总统选民资格大体类似，两党的众议员候选人和参议员候选人都要在预选过程中经过党的提名和正式选举，按照简单多数原则，谁得票多谁当选。但与总统选举制度不同，国会选举在候选人资格、选举经费、选举程序等方面也有特殊之处。

首先，候选人资格，美国宪法规定众议员的资格是：（1）年龄在25岁以上；（2）成为合众国公民的时间在7年以上；（3）当选时是该州的居民。参议员的资格是：（1）年龄在30岁以上；（2）成为合众国公民9年以上；（3）当选时是该州的居民。从这些条件看，竞选参众两院议员的候选人资格都比美国总统候选人宽松很多，候选人不必生来就是美国公民，根据美国宪法，第一代新移民只要满足这些条件即可竞选国会议员。此外，竞选参众两院议员候选人资格对比，参议员候选人资格要比众议员候选人严格，即成为美国公民的时间要更长。

其次，与总统选举制度中设置公共资助资金不同，国会选举制度中没有公共资助资金一说，竞选参众两院的候选人必须向社会筹集资金或自掏腰包。这一制度安排主要基于以下考虑：候选人的竞选资金结构会影响候选人的政治态度，如果对候选人进行公共资助，就会使候选人减少对选区

---

① 参见美国宪法第一条第二款、第三款、第十七条修正案，见李道揆：《美国政府与美国政治》，北京：中国社会科学出版社1990年版，第751、752、769页。

和选民的经济依赖，这样会使候选人更少地关心选区和选民的利益。相反，若候选人自筹资金，则会增加候选人与选区和选民的刚性联系，使候选人更关注选区和选民的利益诉求，而这正是民主选举的价值追求。

再次，参众两院的议员选举细则不同，参议会严格按照每州两个名额分配，参议院按照"1/3 制度"，即参议院每 2 年只改选 1/3，另有 2/3 的参议员继续留任，6 年全部改选完毕。

而众议院选举则根据"单议席选区制"进行，参议院席位严格按照人人平等的原则，相同的人数具有相同的代表权，根据每 10 年进行的人口普查结果确定每一议席所代表的人口基数，然后再根据各州的人口将众议院 425 个席位分配到各州，再由州议会根据分到的议席数划分选区，一个选区选出一个众议员。考虑到人口极少的州也需要有代表权，所以规定每州至少在众议院拥有一个议席。在这种情况下，众议院选举是各州一个一个选区地进行，众议员不代表全国甚至本州选民，主要代表选区选民。所以，就当选议员来说，他最关心的是能否再次当选，故其在国会中效忠的对象，常是以本选区的利益第一，其次是支持他的利益团体，第三是所属的国会委员会，因为这是他日常工作所需合作的一批人，第四是思想相同的团体和朋友，第五才是所属的政党。[①]

2. 地方层面的选举制度

美国的地方行政层级包括州、市、郡和村镇，由于美国实行文官制度，政府官员中的一大批事务官员是经考试择优录取的，如文职、司库、警察、消防、卫生和福利官员，这些官员不通过选举产生。只有少数职位是由选举产生的，如各级行政主管、州长、市长等，以及代议机构代表如各级议员，在某些州的法官也由选民直接选举产生。政党在各级各类选举中都扮演重要角色，是选举的主要组织者，选举按照单名选区制和多数代表制进行，行政机构负责人和代议机构代表的选举资格、程序等与联邦层面选举制度大体相当。

---

① 雷飞龙：《政党与政党制度之研究》，台北：韦伯文化国际出版有限公司 2002 年版，第 63 页。

二、美国的政党制度

政党制度是一国规范政党以及政党与政治体系之间关系的规范的总和，有学者主张采用政党体制①概念，认为政党体制是一国各政党之间、政党与政权之间关系网络或结构。② 撇开概念分歧，政党制度或政党体制都是一种以政党为对象的稳定的规范。

纵观世界各国的政党制度，不同的学者基于不同的分类标准进行了多种分类，但都没有脱离法国政治学家迪韦尔热在《政党》一书中的分类框架，即一党制、两党制和多党制。这种分类虽然不够精细，但划定了世界政党制度的基本类型，自那时以来，这种分类被大多数学者当做常识接受下来了。

在这种分类框架下，美国的政党制度是典型的两党制，即两个最有影响力且各具特色的政党通过竞选，长期轮流执掌国家政权。然而，美国的政党制度并非像概念中论述的那样明确，美国宪法对政党只字未提，法治发达的美国也没有一部专门关于政党的立法，关于美国的政党制度，只能从美国政党政治实践中去分析总结。

（一）美国两党制形成的原因

美国是两党制国家是政界和政治学界的常识，但事实上，美国拥有很多政党，美国立国至今大约有60多个曾发挥过影响力的政党，20世纪以来有20多个政党曾参加了大选并提名了总统候选人，在2008年大选中，就有5个政党参与总统竞选，分别是民主党、共和党、宪法党、自由党、绿党，虽然奥巴马所在的民主党获胜，但美国政党格局仍是两党主导的多

---

① 关于政党体制，王长江指出政党体制一词来自 Party System，我们译作政党制度并沿用至今，作为一个约定俗成的概念，但这个概念描述的不够精确，"制度"一词在政治学上有两种含义：1. 统治形式；2. 一套成系统的法规或规定。参见王长江：《政党论》，北京：人民出版社2009年版，第129页。

② 王长江：《政党论》，北京：人民出版社2009年版，第130页。

党并存格局。

美国是个移民国家，国内的民族、种族、文化、利益都非常多元化，存在着很多的利益冲突群体和组织，这些群体和组织需要有不同的政党去代表或表达利益诉求，从这个意义上，美国社会政治生态应当非常适合多党制，然而，实际上却形成了长期稳固的两党制。

美国有多元文化，有多个政党，却形成了两党制，原因是多方面的，关键的原因是美国的选举制度。迪韦尔热在1950年出版的《政党》一书中提出著名的"迪韦尔热定律"，即"相对多数决制易于产生出两党制，比例代表制易于产生出多党制"①。但"迪韦尔热定律"形成有一个过程，迪韦尔热于1945年在波尔多大学的学术会议上首次提出"三重社会学定律"，即：1. 比例代表制倾向于形成众多独立的政党；2.（两轮）绝对多数选举制倾向于形成众多相互结盟的政党；3. 相对多数选举制倾向于产生两党体系。②此论一出即遭学界诸多质疑，迪氏迫不得已于1950年在提交到国际政治科学协会大会上的论文中放弃了这种提法，而改称"三条公式"③。1951年，他在《政党概论》一书中声称，第三条"公式"，即"相对多数选举制倾向于产生两党体系"，是"在本书所有结论中最接近社会学定律的一个……在作了这些保留之后，我们可以仿效马克思的提法，将促成政党的二元性发展视做相对多数选举制的'铁律'"。④在行为主义范式占据上风的时候，迪韦尔热的"铁律"一度被证伪，新制度主义兴起后，特别经过萨托利等人的修正、丰富和发展之后，"铁律"再次被证实。

在实行"相对多数选举制"规则下，选区内政党或候选人只需要获得

---

① 何俊志：《选举政治学》，上海：复旦大学出版社2009年版，第17—18页。
② Duverger, Maurice. Duverger's Law: Forty Years Later. in Grofman, Bernard and Arend Lijphart (ed.). *Electoral Laws and Their Political Consequences*, New York: Agathon Press, Inc., 1986. p. 70.
③ Duverger, Maurice. Duverger's Law: Forty Years Later. in Grofman, Bernard and Arend Lijphart (ed.). *Electoral Laws and Their Political Consequences*, New York: Agathon Press, Inc., 1986. p. 70.
④ Duverger, Maurice. Les Partis Politiques, Paris: Le Seuil, 1951. 参见〔法〕迪韦尔热：《政党概论》，雷竞璇译，香港：青文文化事业公司1991年版，第198、202—205页。

简单多数即可"赢者通吃"获得选区全部选票,这样只有利于大党,尤其是在进行多轮投票时,"它真正惩罚的是小党派。"① 所以,在美国现行选举制度下,小党生存空间严重被压缩了,留在台上的只有两个主要政党——民主党和共和党。

据美国学者有关美国两党制度研究的资料显示,参加美国全国竞选的小党主要有三种类型:一是宣传某一阶级理论并具有思想信仰的政党,如历史上的平民党、进步党、社会劳工党和美国社会党;二是针对某一具体问题的政党,如自由土壤党、绿党、禁酒党等;三是暂时脱离某一大党的派系组成的政党,如1912年脱离共和党的西奥多·罗斯福组织的进步党以及1948年的南部民主党等。这些小党有的能够长期存在,并且也能对美国政治生活产生一定的影响。② 但这些小党在政治上建树不多,竞选也屡屡失败,对于小党在竞选中的失败原因,普遍的观点认为,一个主要的原因是它们所提出的合理的建议被一个大党或兼被两个大党采纳了,如平民党、社会党和进步党的许多政纲都成为威尔逊和以后几届政府期间公开的政策。③

综上所述不难发现,美国众多的政党经过选举制度的过滤,只留下了两个主要的大党,长期把控着议会主要议席和各级行政首脑职位,据统计,在1853年至2010年的32届总统中,共和党占据20届总统,民主党占据12届总统。110届国会中,100席的参议员中共和党与民主党各占49席,435席的众议院中共和党与民主党分别占201、232席;111届国会中,100席的参议员中共和党与民主党分别占43、57席,435席的众议院中共和党与民主党分别占178、256席。其他小党人数少、规模小、力量弱,根

---

① 〔法〕让-马里·科特雷、克洛德·埃梅里:《选举制度》,张新木译,北京:商务印书馆1996年版,第54页。
② 赵来文:《美国民主政治的实现形式——两党政治透析》,载《长春工程学院学报》(社会科学版),2002年第3卷第2期。
③ 赵来文:《美国民主政治的实现形式——两党政治透析》,载《长春工程学院学报》(社会科学版),2002年第3卷第2期。

本无法形成与两党分庭抗衡的对等力量，更遑论进入参众两院和入主白宫了。在美国，选举制度对政党和政党制度的决定作用由此可见一斑。

除了选举制度对两党制的塑造以外，美国的总统制和选举总统的制度也是推动和稳固两党制的重要因素，可以说，总统制和选举总统的方法是建立和维持两党制的最大动力。① 美国总统虽然由选举产生，但不是由选民直接选举产生，而是由选举人团直接选举产生的。总统候选人必须获得50个州的全部538张选举人票半数以上才能胜选，这项规定使两党之外的第三党的候选人很难问鼎总统宝座，因为各州选举人团的票是按照"赢者通吃"的规定分配的，即任何获得州内直选简单多数票的候选人，哪怕只是微弱优势，即可赢得该州的全部选举人团票，所以，第三党若不能赢得简单多数，最后连一张选举人团的票都不可能获得。独立候选人佩罗虽然在1992年大选中获得了19%的选民票，但在"胜者全得"的选举人制度下，他没有能够获得任何选举人票。②

美国的国家结构形式——联邦制也是两党制长期存在的一个重要因素，由于联邦制，行政权和立法权并不总是在一党手中，即使一党同时控制了行政权和立法权，也不能一直保证国会与总统始终保持一致。所以，在全国大选中失败的政党，并不一定在政策制定和人事安排方面全面彻底败北，由于联邦制，还有可能在州一级赢得优势。美国两大政党在各个州都建立了非常完备的州级组织，在积极争取联邦的行政权和立法权的同时，也在争夺州级立法和行政权，这无疑又进一步压缩了两党之外第三党的活动空间，从另一方面巩固了两党制。

两党长期轮流执掌立法权和行政权，在竞争的同时也存在"共谋"，即在选举竞选法和各州的选举法制定方面排斥第三党。1974年制定的《竞选法》就规定了联邦政府对竞选总统的各政党竞选费实行补助的办法。其具体做法是联邦政府可以从"联邦竞选基金"中提供给总统候选人经费资

---

① 李道揆：《美国政府和美国政治》，北京：商务印书馆1999年版，第167页。
② 刘杰：《当代美国政治》，北京：社会科学文献出版社2001年版，第155页。

助，但所附加的限制是第三党或独立候选人必须在上届或本届总统选举中赢得5%以上的选票，然后才有资格按照他所得票数与两大党所得票数的平均数的比例领取资助。① 这一法律规定显然有利于大党，而不利于第三党和独立候选人。在选举法中对参选资格的规定也有利于维持和巩固两党制的存在，特别是提名程序方面，美国不仅依赖预选提名各政党的国会和州议员候选人，而且依靠州的预选来选择总统候选人。在这种提名制度下，不同政见者组建的第三党挑战两大党将失去意义，因为预选程序能将不同政见纳入两大党内，所以，两党制也就不会再遭受第三党或独立候选人的强有力的挑战。

（二）美国两党政党关系模式

美国是总统制国家，总统制对美国政党制度最重要的影响就是使争夺总统职位成为两党在政治生活中最主要的目标。

政党以争取和控制权力为活动目的，在美国，就总统的身份而言，他具有国家元首、最高行政首脑、合众国大元帅、对外政策最高决策者、政党领袖等6种身份；就总统权力的性质而言，他不仅拥有行政权（执法权），而且拥有立法权、军事权、外交权和政党权等5种权力。② 总统素有"帝王总统"之称，所以，总统职位是两党争夺的首要目标。

判断美国两党执政和在野的主要区分标准是哪一党赢得了总统大选，但由于美国特殊的政治体制，两党的执政和在野身份并不十分明显，换言之，美国两党执政和在野之间的边界非常模糊。

美国实行总统制，虽然在总统选举中获胜的政党为执政党，失败者为在野党，但由于总统选举与国会选举是分别进行的，两党在国会中获得席位的多少则与执政和在野无关，在这种情况下，执政党有可能既赢得了总

---

① 刘杰：《当代美国政治》，北京：社会科学文献出版社2001年版，第155—156页。

② 美国总统享有的立法权包括立法创议权、立法批准权和否决权、委托立法权。此外，总统发布的行政命令和无需经国会批准而签订的行政协定也具有法律效力。行政命令和行政协定属于"默示权力"（implied powers）。参阅 Paul E. Johnson and other, *American Government*, Second Edition, (Boston, 1990), p.490.

统选举,又赢得了国会选举,在国会也占有多数席位,也有可能仅在参议院或众议院获得多数席位,甚至还可能在两院都处于少数党地位。对在野党来说也是如此,在野党虽然输掉了总统选举,但有可能在国会选举中大获全胜,但也有可能在国会选举中也失败处于少数党地位,若出现这种情况,执政党政府就被称为"统一政府",执政党的纲领和政策一般比较容易顺利通过国会的立法程序,使之称为国家法律。相反,如果执政党在国会两院都处于少数党地位,则被称之为"分裂的政府",总统则成为"坡脚总统",这种情况下,总统和执政党面临着在野党操纵的国会的制约。然而,美国两党之间并不存在泾渭分明的意识形态和利益界限,在野党也并非一味反对,在国会占优时也不一定始终充当反对党角色,有时候也会与执政党的总统举行联席会议,就重大问题进行磋商,谋求两党共识。实际上,美国国会大多数法案都是在两党共识基础上通过,两党出现相互扯皮、恶性党争的情况非常少。

美国执政党和在野党之间的模糊界限不仅表现在政策、立法层面,还表现人事方面。在美国,总统有组阁权,有权任命国务卿、国防部长、驻外大使等重要官员,这些官员不一定全部都是执政党的党员,有可能是在野党的党员,如奥巴马执政初期就留任了共和党的国防部长盖茨。从这个意义上说,美国两党执政和在野之间的边界并不十分明确,在野党参政现象非常普遍。

美国两党关系中还有一个非常重要的现象就是两党意识形态边界模糊,这也是美国两党被划为全方位型政党的原因。20世纪60年代,美籍德裔政治学者基希海默尔(Kirchheimer)提出的"全方位政党"(Catch-all Party)的概念,他主要通过考察联邦德国政党嬗变的历史经验得出来的。基希海默尔指出,全方位政党主要围绕竞选展开活动,党费在政党经费中比例大幅下降,政党主要依靠新政策和社会捐赠而非动员党员选举来赢得竞选,选民和党员之间界限模糊,选民和党员像消费者而非积极参加者那样采取行动。① 全方位型政党是第二次世界大战结束后，随着普选权和中间阶层力量崛起而形成的一种政党组织形态。"二战"结束后，世界政党面临新的形势：一是选举权的普及；二是中产阶级队伍壮大；三是新型传播媒介不断涌现；四是社会福利制度的建立。普选权使每个阶级、阶层的民众都成为了选民，这要求政党要继续发展就必须扩大社会基础，代表尽可能多的社会成员的利益，中间阶层的壮大改变了社会结构，而新型传播媒介的发展使信息不需要经过组织活动就可以迅速传递给大量个体，社会福利制度则使社会个体有更多的空闲时间参加政治活动，这些形势导致有固定意识形态和阶级利益边界的群众型政党越来越不适应社会形势的发展，全方位型政党应运而生。

全方位型政党很少用意识形态区分社会不同阶级、阶层，而是力图代表社会各个阶层的利益，有学者对此描述道："现代政党的意识形态色彩大为减弱，政党之间的分歧和对立开始淡化；政党内部上层领导集团的地位持续加强，党员的作用逐渐下降；政党减少对某一特定社会阶级阶层或社会群体的过多的倚重，转而谋求在社会全体成员中更广泛地吸引支持者，保持与各种利益集团的接近。"②

美国两党具有全方位型政党的绝大多数特征，特别是意识形态色彩淡化或中间化方面表现的尤为明显。

美国两党制形成以后，两党就阶级基础而言并未有本质性的区别，都信奉资本主义，都共同在美国既存的宪法和政治框架内运行，并认同这一套宪法和政治框架，虽然民主党的意识形态偏左一点，共和党的意识形态偏右一点，但两党之间的价值观差异远远小于价值观共同点。

一般而言，政党的意识形态主要体现在政治纲领之中，但美国两党均未有长期的政治纲领。虽然，两党4年一次的全国代表大会主要议程就是

---

① Kirchheimer, "The Transformation of West European Party System", in J.Lapalombara & M.Weiner (eds.), *Political Parties and Political Development*. Princeton: Princeton University Press, 1966, pp.177-200.

② 张小劲：《关于政党组织嬗变问题的研究：综述与评价》，载《欧洲》，2002年第4期。

通过党的政治纲领，但这些纲领并非长远的政治纲领，而是为了赢得总统选举和国会选举的竞选纲领，这些纲领只是短期的施政纲领或治理策略，而且对政党并不具有强制的约束力。

在大选中，政党要想赢得选举，必须尽可能多地争取选民支持，所以，两党在制订竞选纲领时都不能仅仅体现某一阶级、阶层或集团的利益而必须兼顾各种选民的多种要求，否则就会失去多数选民的支持而遭到失败。根据安东尼·唐斯的"中间选民定理"，两大政党为了赢得选举，不能再受既定的意识形态政纲的束缚，需要表现得像机会主义者一样。对政党来说，唯一的能最好的回应对方的政纲就是能使中间选民满意的政纲。实事上，在美国的政党制度下，明智的政党领袖总是按照中间路线办事，而避免采取可能使大部分选民惊慌和疏远的极端做法。候选人如果不走中间路线，就会冒失败的危险。例如巴里·戈德华特在1946年和乔治·麦戈文在1972年遭到的失败就是这样。[①]

此外，美国多元文化在政党内部长期存在，特别在面对重大问题时，两党包括其他政党内部各种力量都会进行分化组合，甚至会形成多个跨党派联盟。所以，两大党在竞选过程中，都十分谨慎，极力避免走极端，避免党内分裂，中间地带往往成为安全区域，正如唐斯所说的那样，政党必须在极左派和极右派之间采取中间的立场，以便最大限度地扩大人们对它的支持。[②]"在美国，没有一个大党总是真诚地拘泥于一个僵硬的纲领。各党内部有自由派和保守派、反对派和激进派，没有一个大党仅仅代表一个单一的利益。各党试图向城市和乡村的选民呼吁……一旦他们掌握了政权，党的领袖们就力求协调不同派系并实施一个尽可能满足诸多集团要求

[①]〔美〕哈罗德·F.戈斯内尔等：《美国政党和选举》，上海：译文出版社1980年版，第10页。

[②]〔美〕哈罗德·F.戈斯内尔等：《美国政党和选举》，上海：译文出版社1980年版，第167页。

的纲领。"① 两党中间化的大背景是，"二战"以后美国中产阶级崛起，美国社会结构呈现出中间大两头小的特征，走中间道路，获得人数最多的中间阶层的支持对政党赢得选举至关重要。否则，"一个候选人或一个政党如果持非中间派的观点，他（或它）就很容易遭到中间派的攻击而失去许多选票。"②

总之，因为政党的首要目标是赢得选举，为了争取更多选民支持，两党不断淡化意识形态边界，避免标新立异和走极端，两党在实际的政治运行中逐渐认识到：政党提出更坚定、更确切的意识形态声明也许会造成新的分裂，并最终导致党的分崩离析。不论哪一个党提出明确的"激进的"或"保守的"意识形态，都将付出选票的代价。③ 选票是政党生存和发展的重要支柱，显然两党都不会冒丢失选票危险，这致使两党之间的意识形态边界不断淡化、模糊。

三、美国政党的制度建设

美国的两大政党是典型的全方位型政党，从制度建设的角度来看，政党内部的规则制度建设成果多但效果差，主要表现为政党领袖、政党组织和党员本身受制度约束和规范较少。

（一）虚化的政党领袖

政党领袖的权力和地位严重虚化是美国政党的一个重要特点。在美国既存政治制度框架下，两党领袖的权力和作用远远比不上实行责任内阁制度下的政党领袖。这是因为：

（1）在美国，政党能否上台执政，不取决于在议会获得席位的多少，

---

① William B. Heselting, *Third-Party Movementin the United States*, Prineton, New Jersey, Toronto, New York, Lonton, 1962, p.9.

② 〔美〕哈罗德·F. 戈斯内尔等：《美国政党和选举》，上海：译文出版社1980年版，第167页。

③ 〔美〕托马斯·戴伊、哈蒙·齐格勒：《民主的嘲讽》，北京：世界知识出版社1991年版，第183页。

而取决于是否能够赢得总统大选,因此,两大党的最重要的政治任务就是组织并赢得总统选举,而负责总统选举的机构是党的全国代表大会和全国委员会。全国委员会主席即政党领袖,他的主要工作就是帮助本党争取在总统大选中获胜,一旦赢得总统选举,新当选总统即为政党的实质领袖,而全国委员会主席即形式领袖却在选举年后无事可做,权力和地位均被边缘化。

（2）美国总统从被提名为本党总统候选人开始,直至本党下一位总统候选人被推出时为止,是本党实事上的领袖,总统作为政党实事领袖拥有一定的权力,但这种权力不是来自政党,而是来自总统职位本身,这种模式被称为"以政领党"模式,观察美国政党与行政、立法机构的关系,便可看到此点。① 在这种情况下,政党领袖的权力既没有宪法的授予,也没有党内规章制度规定,完全取决于总统个人意愿。总统作为政党领袖对本党的控制,不是直接的领导,更多的是以领袖身份施加间接影响,而影响力的大小,往往因人而异。一般说来,威望较高、政绩突出的"强总统"影响力较大,反之,政治平庸、无所作为的"弱总统"影响力较小。同其他国家相比,美国总统作为政党领袖,带有荣誉性和象征性特征。②

（3）政党领袖、政党实事领袖即总统以及政党议会党团领袖,三者之间互不统属,政党领袖不是选举产生的,在党内不具有权力和威望,而总统虽然是党内选举提名的,但最终是由选民选举产生的,需要对选民负责,对党的责任较弱。参众两院中的政党领袖是由该党的国会党团议员选出的,其主要职责是领导和协调本党在两院的立法活动,与总统和政党领袖并无隶属关系,且总统选举和国会选举是分开进行的,总统和议员都有各自不同的代表和负责对象,虽同属一党,但利益和意见并不能完全保持一致,一旦发生冲突,双方均以各自选民利益为重,并不委曲求全。所

---

① 谢峰、王燕：《简析美国政党与政府关系的特征及成因》，载《科学社会主义》，2012年第4期。

② 张兹暑：《试论美国两党制的特点》，载《河北师范大学学报》（哲学社会科学版），2002年第6期。

以，对于总统提交国会的议案，本党议员多数情况下会投支持票，但有时也会投反对票。对于投反对票议员，总统或政党组织均无权对其进行纪律制裁。

（4）在总统选举中落败的政党，没有正式、固定的政党领袖，落选的总统候选人一般情况下会担任政党领袖，有时落选的总统候选人会退出政坛，这时则由以前有声望的本党前总统担任政党领袖，有时也会由本党内有名望的其他人来担任政党领袖。较之执政党，在野党的政党领袖更无明确的权力和地位，其作用只是象征性的。所以，不论执政还是在野，美国两党的领袖都是虚化的，这是美国政党组织结构的重要特点。

（二）松散的政党组织

美国政党纪律松散是不言自明的，在政府中，由总统提名的本党官员可以不受本党的严格控制，有时不与本党保持一致而改投本党不支持的政策；在议会中，本党议员对本党议案投反对票，或对另一党议案投赞成票的情况时有发生；在候选人竞选时，党员也是高度自由的，在州长竞选时把票投给本党候选人，但在州议会选举中有可能把票投给其他党，如此情况，不一而足。

美国两党都只有竞选纲领，没有长期固定的纲领，没有统一且强有力的党章，也没有统一且强有力的全国性组织，更没有统一的组织原则和严格的管理法规。所以，有学者说，美国政党是"无足轻重的党籍"、"若有若无的党纪"。① 两党党员不需要遵守党的纪律，也不要缴纳任何党费，甚至不一定为党工作，不一定要参加党的活动。

美国两党组织松散的原因在于美国的联邦制度，在联邦制度下，从联邦到地方，各级政权层层分权、高度自治，上级政权对下级政权并无干预和命令的权力，在这种层层分权体制下，政党分级建立自己的组织，并在各选区独立工作，由此造成政党组织松散、不统一、不严密的问题。

美国学者指出："为什么我国的政党一直如此分散？主要原因是我国

---

① 曹绍谦：《美国政治制度史》，兰州：甘肃人民出版社1982年版，第25—29页。

的联邦体制宪法决定了我国的政治制度，政治制度又决定了政府结构。政党则是这种循环关系的最好例证。它们往往是围绕着选举和担任公职者组织起来的。因为我国的联邦制是依照全国—州—地方这种体制办理选举和设置官员的，而我国的政党也是以同样的体制组织起来的。"① "两大政党的组织是美国独特的政治体制的产物。只要州的主权、联邦制、本地习惯、立法机构自主和区域自治以及分权等既定原则普遍地保持着，强有力的、高度集中的政党组织就难以在美国建立起来。"② 美国联邦制把选举和官职建立在全国—州—地方—基层选区基础之上，所以美国政党也在相同的基础上建立起四个层次的组织架构：党的全国代表大会、全国委员会（成员主要是党在国会的参众议员）；党的州代表大会、州委员会（成员主要是党在州议会中的参众议员与各地方市镇代表）；党的地方代表大会、地方（县市乡镇等）委员会（许多成员是当地的党积极活动分子）；党的基层选区代表大会、选区委员会。③ 这四个层级从结构上看是"金字塔"型，从权力结构上看却是"倒金字塔"型，即权力赋予是自下而上的，正如政治学家维尔指出的那样："尽管政党组织是一座由各级委员会构成的'金字塔'，但这并不意味着这座金字塔的较低几级受上面各级的控制和指挥"，"政党的全国组织'浮动'于州和地方政治的流沙之上。"④ 两党组织松散由此可见一斑，即使是两党的全国性党委员会，除了通过分配政党经费和选派参加全国代表大会的代表方面，能对各州、地方、基层选区的党组织施加一定的影响外，却不能对各州、地方、基层选区的党组织直接下令，也不能介入和干预州、地方、基层选区党组织的日常事务，更无权

---

① James Mac Gregor Burns and J. W. Peltason and Thornas E. Cronin, *Government By the People*, Englewood Cliffs, NewJersey, 1985, p.225.

② 〔美〕哈罗德·F. 戈斯内尔等：《美国政党和选举》，上海：译文出版社1980年版，第167页。

③ 高新军：《美国政党政治的特点和社会关系》，载《马克思主义与现实》，2005年第1期。

④ Everett C.Ladd Jr, *American Political Parties, Social Change and Political Response*, New York, London, 1970, p.28.

免除州、地方、基层选区的党组织选出的党的官员和党委委员的职务。从这个意义上说,美国两大党全国性的组织也严重空心化,只有州和地方政党的联盟,各州组织与地方组织之间的联盟关系还较为实在,正如美国一些学者所说:"我国的全国性政党在组织上仅仅是享有自治权的各州政党的一个松散的联盟,1841年存在着26个州党制(当时美国只有26个州),现在则存在着50个州党制。"① "美国的全国性政党是州党的松散的聚合,各州党又是个人、集团和地方组织的一种不固定的联合。"② "美国实际上有50个独立的共和党和50个独立的民主党。"③ "与其说是单一的政党制,还不如说是50个州党制"。④

(三) 党员忠诚度低

党员忠诚度问题的实质是政党认同问题,政党认同是指党员、民众对政党、政党体制和政党政治所形成的一种稳定的心理倾向和价值判断。政党认同危机即是这种心理倾向和价值判断变的不稳定或向一个反方向的稳定状态演化,主要表现为党员、民众对政党、政党体制和政党政治的情感和评价都在变坏。⑤ 党员对政党的认同突出地表现为党员数量和党员投票率,2012年2月,欧洲学者通过对近30年来欧洲各民主国家政党组织演变情况的汇总分析发现,欧洲各国政党无论是党员绝对数量,还是大选中党员占总选民比例,都已降至历史最低点。⑥ 伴随着党员数量减少的另一个问题是,民众对政党的认同感也在降低。有学者统计,在几乎所有的先进工业化民主国家中(19个国家中有17个拥有连续的数据证明),认同政

---

① Everett C.Ladd Jr, *American Political Parties, Social Change and Political Response*, New York, London, 1970, p.28.

② Robert L.1ineberry, *Government in America: People, Politics and Policy*, New York, 1991, p.265.

③ Kenneth Prewit, Sidness Verba Harper, *An Introduction to American Government*, New York: Harper& Row, 1974, p.243.

④ 〔英〕维尔:《美国政治》,北京:商务印书馆1988年版,第47页。

⑤ 孙林:《网络时代西方政党政治困境》,载《理论视野》,2013年第4期。

⑥ "Going, going, …gone? The decline of party membership in contemporary Europe" *European Journal of Political Research*, Vol.51, Issue 1, 2012, pp.24-56.

党的人口比例在过去25年里有所下降。同样，对政党忠诚的人口比例也在下降。① 在美国，政党认同问题主要表现在党员与政党之间的"弱忠诚"关系以及党员投票率下降。

一般而言，政党若要维系党员对政党的忠诚或认同，必须对党员进行组织和纪律上的约束，通过党章对党员资格存废和党内纪律作出明确规定，然而，美国两党却没有相应的规章制度，政党对党员活动几乎无法进行任何有效地约束。美国两大党均无严格的党籍管理制度，党员具备什么条件入党？党员权利和义务是什么？党员进入和退出政党的程序是什么？两党均无规范，唯一的条件就是享有选举权的美国公民。对于一个有选举权的美国公民而言，加入两党无须履行任何手续，"一个选民成为共和党党员或民主党党员，仅仅凭他自己声明"② 只要在选民登记时表明自己的党派意向、列名为某党党员或在选举时投某党候选人的票，就成为某党党员。甚至在选民登记后，还可按规定时限在正式投票前改变党派意向。③ 美国亚特兰大的选举机构在一次选举知识的普及问答中，对"我如何报名加入一个政党"一问时，是这样作答的："在你的选民登记表上勾一个政党即表示你加入了那个政党。"④

党员的身份变动不居，随时可以根据自己意愿选择，一般情况下，党员想改变自己的党籍，不需向政党提出申请，也不需要办理任何手续，只要在选举登记时登记为另一个政党并投票支持该政党即可。但若出现，一个登记时为此政党的党员，在大选投票时临时改变的主意，将票投给另外一个政党的候选人，这样也视为党籍发生了变化。在美国，由于政党特别

---

① Russell J.Dalton, "Political Support in Advanced Industrial Democracies", in Pippa Norris(ed.), *Critical Citizens:Global Support for Democratic Governance*, Oxford:Oxford University Press, 1999, pp.65-66.

② Everett C.Ladd Jr, *American Political Parties, Social Change and Political Response*, New York, London, 1970, p.29.

③ 张兹暑：《试论美国两党制的特点》，载《河北师范大学学报》（哲学社会科学版），2002年第6期。

④ 刘强：《美国人怎样入党》，载《乡音》，2003年第3期。

是两党政策中间化趋势明显，登记党员在经济政策上支持民主党，在外交政策上支持共和党的情况时有发生，在这种情况下，党员身份也会频繁地发生变化，甚至出现兼具两党党员的身份。正如美国前参议员威廉·博拉说过："一个人可能信奉民主党鼓吹的每一项政策，信奉自由贸易，信奉在国联中的无条件的成员资格，信奉州权，但只要他支持共和党的预选会，他就会立即变为一位共和党人。"①

综上所述，美国政党特别是民主、共和两大党的政党领袖虚化、组织涣散、党员忠诚度低等一系列问题，都与美国政党的内部规章制度直接相关。美国政党的内部规章制度大都属于原则性规范，方向性强、约束力弱。以民主、共和两大党为例，共和党党章开篇三段说明立规建制的目的："大部分政党，尤其是共和党，都缺乏用于解释该党原则并能阐释党首行事必须遵守界限的书面宪章。这便是促使起草该党章的原因之一。绝大多数共和党人都是理解并拥护美国宪法的。这些人因宪法限制了政府的权力从而使政府有了保护个人权利的可能，将宪法理解为以严谨态度撰写的精准法条。本党章的目的是说明共和党信奉的原则。这些原则都是建立在宪法和人权基本概念之上的。"② 这些显然属于原则性规范，很难具有操作性。美国民主党的章程也是如此，在民主党章程序言的第二段中说："我们为国家所追寻的、为人民所期望的是：公正社会框架下的个人自由，全体公民有效参与框架下的政治自由。由于受美国宪法的约束，并意识到政党必须对其相应的义务做出回应，我们承诺自己将会开放而真诚地努力，并以一种与自由人社会相应的方式来对公共事务进行管理。"③

纵观民主党和共和党的章程不难发现，两党章程都属于原则性规范，特点是只对党员资格、权利义务、会议程序、财务制度等做一般性规定，将操作层面的事务移至受法律管辖的公共领域，党内规章制度对普通党员

---

① *Political Parties of African：A Soviet Study*，Washigton 1997 d. g. joint，p.19.
② 《美国共和党章程》。
③ 《美国民主党章程及附则》。

约束力较弱，对专职党工约束力相对较强，但这也只是对于政党高层而言的。由于美国基层党组织的领导和工作人员绝大多数是临时性的志愿者①，甚至大部分地方党组织主席和委员会都是由志愿者组成，专职党工人数比较少，党内规章制度对地方及基层党组织成员约束力更弱。

正如有学者指出的那样："美国政党之所以能够在没有大批专职人员的情况下成功运作，主要是吸引了为政党志愿服务的许多政党积极分子。"② 2003年，中国社会科学院政治学研究所所长王一程率领5人考察团访问马里兰州台尔伯特县共和党总部时也了解到，在台尔伯特县共和党总部工作的人，从执委会主席到下面的工作人员，都是志愿者，各人都有自己的职业或者事业。执委会主席自我介绍说，他是自己公司的老板，为党工作是义务的。平时每周花2—3个小时处理党务工作，选举期间每周花30个小时在党的工作上，其他时间他要飞来飞去，处理其私人公司事务。③在政党事务外包给志愿者的情况下，志愿者和政党组织之间形成无需偿还的无因管理之债，所以，党内规章制度对这些志愿服务人员来说，显然是不可能形成有效约束力的。

四、美国政党政治制度建设的挑战与未来

美国政治制度经过200多年的发展已经非常完备，政党政治领域以及与之相关领域的制度建设也十分完善成熟，但这并不是说美国政党政治的制度建设已经完美，实际上，在选举制度、政党制度和政党内部规章制度方面还存在着一些不容忽视的缺陷，这也是美国必须面对的挑战。

---

① 周淑真、冯永光：《美国政党组织体制运行机制及其特点》，载《当代世界与社会主义》，2010年第3期。

② 周淑真、冯永光：《美国政党组织体制运行机制及其特点》，载《当代世界与社会主义》，2010年第3期。

③ 王一程领导的考察小组：《美国政党政治考察》[EB/OL]. http://chinaps.cass.cn/readcontent.asp? id=425, 2003-10-8.

导　言

（一）选举制度中的民主规则问题

美国选举制度中的选举人团制度早已饱受诟病，2000 年大选中，小布什与戈尔的选票争议，让总得票少的小布什当选，而得票多的戈尔败选，使选举人团制度的问题再一次凸显出来。选举人团制度是一种间接选举制度，它与美国人人平等的立国原则和一人一票的选举原则并不完全契合，由于"赢者通吃"规则，它可能会使 49.9% 的少数票成为废票，对选举总统没有影响，而另外 50.1% 的票却产生巨大的影响。此外，人口稀少的州的每张选举人票所代表的人数远远少于人口稠密的州的选举人票所代表的人数；这等于说，居住在不同州的个体选民对总统选举结果的相对影响力是不相同的。[①] 更为严重的是，选举人团制度着眼于州，而非着眼于选民，总统选举最后成为 51 个单位的游戏（50 个州再加上哥伦比亚特区），就是在这 51 个州也是不平等的，两党候选人对局势明朗的州和一些选举人票比较少的州投入的精力较少，而对一些摇摆州投注大量时间、精力和注意力，结果使候选人不仅失去同大州进行充分沟通的机会，而且失去了与更多选民进行充分沟通的机会，同时也失去了充分了解国情、提出更好施政纲领的机会。所以，有人甚至说，选举人团制度违反平等原则，是反民主的，是歪曲美国民意的怪兽。

第二个饱受诟病的民主规则是直接预选制度，这一制度将政党尚未最终确定的候选人直接推到选民面前，看似民主，实际上却削弱了政党在提名程序中的作用，使政党日益边缘化。此外，直接让选民选择本党候选人，而差额选举候选人会使政党面临内耗，直接预选制使候选人"同室操戈，兄弟阋墙"，在遇到真正的对手前先"自相残杀"，使获得提名的候选人"伤痕累累"，"窝里斗"揭出的"黑材料"轻易成了他党政敌猛烈攻击的"炮弹"。[②] 在政治学家看来，直接预选制降低了政党在选举中的作用，同时提升了媒体的"筛选"作用，最终结果是导致了选举之后政府治

[①] Lawrence D. Longley and Neal R. Peirce, *The Electoral College Primer*, New Haven and London: Yale University Press, 1996, pp. 143-148.

[②] 张立平：《美国选举制度剖析》，载《当代世界与社会主义》，2005 年第 2 期。

理的困难，政府成了不负责任的政党政府。①

第三个就是"赢则通吃"规则，这一点不需赘述。此外，美国竞选经费制度也存在很多缺陷，日益攀升的竞选经费，无孔不入的"软钱"，以及屡禁不止的权钱交易问题，都说明了美国竞选经费制度存在诸多缺陷。

美国选举制度中的问题远不止在民主规则方面，还有诸如选民登记制造成的低投票问题、选举周期过长问题、选票不统一问题、投票方式不统一问题等。这些问题都与宪法或其他政治制度、政治传统息息相关，哪一个都不好解决。

（二）美国政党组织松散问题

对于美国政党组织松散问题，在美国国内一直也不乏批评之声，其中长期存在的一种观点认为，美国松散分权型的政党组织及其对执政党政府无法有效施加影响，使政党自身存在的意义降低。② 在美国自由结社的环境下，美国各类社会运动、社会团体尤其是利益集团不断分蚀政党的政治功能，使政党不断被边缘化。此外，在竞选由以政党为中心转向以候选人为中心之后，利益集团因在竞选中能够向政党候选人提供各类帮助，因而能够对当选者的行政和立法行为产生巨大的影响，而这种影响又是排斥政党的，换言之，政党面临利益集团巨大的竞争压力。

另外，美国总统经由民选产生，候选人当选后通常自称全民总统，淡化党派色彩，这也进一步削弱了政党的地位。

更为严重的是，在美国面临金融危机时，美国国内始终缺乏一个强大的政治力量带领美国走出危机，有鉴于此，美国国内一些政治家和学者也呼吁两党加强组织制度建设，提升全国代表大会及其机构全国委员会的地位，赋予其更多职权；不断完善各级党组织；制订较为严格的规则制度，提高政党整体行动力等。但受到美国传统自由文化的影响，两党在加强制度建设方面还有很长的路要走。

---

① 张立平：《美国政党与选举政治》，北京：中国社会科学出版社2002年版，第174页。
② 谢峰、王燕：《简析美国政党与政府关系的特征及成因》，载《科学社会主义》，2012年第4期。

第一部分
宪法、全国性涉党法律

美利坚合众国宪法

（1787年制宪会议通过，1789年3月4日生效）

序　言

我们，合众国人民，为了建立一个更完善的联邦，树立正义，确保国内安宁，完备共同防御，增进公共福利，并保证我们自身和子孙后代永享自由的幸福，特制定美利坚合众国宪法。

第一条

第一款

本宪法所授予的全部立法权均属于由参议院和众议院组成的合众国国会。

第二款

众议院由各州人民每两年选举产生的议员组成，每州的选举人应具备该州州议会人数最多一院的选举人所需具备的资格。

年龄未满25岁，为合众国公民未满7年以及当选时非其选出州居民者，不得为众议院议员。

众议院人数和直接税税额均应按本联邦所辖各州的人口比例分配于各州，各州人口数目指自由人总数加上所有其他人口的3/5。自由人总数包括必须在一定年限内服役的人，但不包括未被征税的印第安人。人口的实际统计应于合众国国会第一次会议3年内，以及此后每10年内依照法律规定的方式进行。众议员人数以每3万人选出1人为限，但每州至少应有众议员1人。在实行此种人口统计前，新罕布什尔州可选出3人，马萨诸塞州8人，罗得岛州和普罗维登斯种植地1人，康涅狄格州5人，纽约州6人，新泽西州4人，宾夕法尼亚州8人，特拉华州1人，马里兰州6人，弗吉尼亚州10人，北卡罗莱纳州5人，南卡罗莱纳州5人，佐治亚州3人。

任何一州所选众议员中出现缺额时，该州行政长官应发布选举令以补足此项缺额。

众议院应选举该院议长和其他官员，并独自享有弹劾权。

第三款

合众国参议院由每州州议会选出2名参议员组成，参议员任期6年，每名参议员有1票表决权。

参议员在第一次选举后集会时，应即尽可能平均分为三组：第一组参议员应于第2年年终改选，第二组参议员应于第4年年终改选，第3组参议员应于第6年年终改选，以便每两年改选参议员总数的1/3。

在任何一州州议会休会期间，如因辞职或其他原因出现参议员缺额，该州行政长官可在州议会召开下次会议补足缺额之前，任命临时参议员。

年龄未满30岁，为合众国公民未满9年以及当选时非其选出州居民者，不得为参议院议员。

合众国副总统应为参议院议长，但除非出现该院全体参议员的赞成票和反对票相等的情况，无表决权。

参议院应选定本院其他官员，遇副总统缺席或行使合众国总统职权时，并应选举临时议长。

参议院享有审理一切弹劾案的全权。因审理弹劾案而开庭时，参议员应进行宣誓或作郑重声明。合众国总统受审时，应由最高法院首席大法官主持审判，无论何人，非经出席参议员2/3人数同意，不得被定罪。

弹劾案的判决，应以免职和剥夺其担任和享有合众国荣誉职位、信任职位或高收益职位的资格为限；但被定罪者仍应依法接受起诉、审讯、判决和惩罚。

第四款

举行参议员和众议员选举的时间、地点和方式，由各州州议会自行规定，但除选举参议员地点一项外，国会可随时以法律规定或改变此类规定。

国会每年至少应开会 1 次，除以法律另行指定日期外，会议应在 12 月第一个星期一举行。

第五款

各院应自行审查本院议员的选举、选举结果报告和议员资格；各院议员出席过半数即构成议事的法定人数；不足法定人数时可逐日休会，并可依照各院规定的方式与罚则强迫缺席议员出席会议。

各院可制定其议事规则，处罚扰乱秩序的议员，并可经 2/3 人数同意开除议员。

各院应保存本院的会议记录，并不时予以公布，但各院认为需要保密的那部分除外；各院议员对任何问题所投的赞成票和反对票应依出席议员 1/5 的请求，载入会议记录。

在国会开会期间，一院未经另一院同意不得休会 3 日以上，也不得从两院开会地点移往他处。

第六款

参议员和众议员应取得由法律规定，并从合众国国库中支付的服务报酬。两院议员，除犯有叛国罪、重罪和妨害治安罪外，在出席各自议院会议期间和往返于各自议院途中不受逮捕；也不得因其在各自议院发表的演说或辩论而在其他任何地方受到质问。

参议员或众议员在其当选期内不得出任合众国当局在此期间设置或增加薪俸的任何文官职务；在合众国属下供职者，在其继续任职期间，不得担任国会任何一院的议员。

第七款

所有征税议案应首先由众议院提出；但参议院可以如同对待其他议案

一样，提出修正案或对修正案表示赞同。

众议院或参议院通过的每一议案，均应在成为法律之前送交合众国总统；总统如批准该议案，即应签署；如不批准，则应附上异议书将议案退还给提出该项议案的议院，该院应将总统异议详细载入本院会议记录，并进行复议。如复议后，该院 2/3 议员同意通过，即应将该议案连同异议书送交另一院，另一院亦应加以复议，如经该院 2/3 议员认可，该项议案即成为法律。但在这种情况下，两院的表决应以投赞成票和反对票决定，投赞成票或反对票的议员的姓名应分别载入各该院的会议记录。如议案在送交总统后 10 日内（星期日除外）未经退还，即视为业经总统签署，该项议案即成为法律；但如因国会休会而阻碍该议案退还，则该项议案不能成为法律。

凡须经参议院和众议院一致同意的命令、决议或表决（有关休会问题者除外）均应送交合众国总统，以上命令、决议或表决须经总统批准始能生效。如总统不予批准，则应按照对于议案所规定的规则与限制，由参议院和众议院 2/3 议员再行通过。

第八款

国会拥有下列权力：

规定和征收直接税、间接税、进口税与货物税，以偿付国债、提供合众国共同防御与公共福利，但所有间接税、进口税与货物税应全国统一；

以合众国的名义借贷款项；

管理合众国与外国的、各州之间的以及与印第安部落的贸易；

制定全国统一的归化条例和破产法；

铸造货币，厘定国币和外币的价值，并确定度量衡的标准；

制定关于伪造合众国证券和通货的罚则；

设立邮局并开辟邮路；

保障著作者和发明者对其著作和发明在限定期间内的唯一权利，以促进科学与艺术的发展；

设立低于最高法院的各级法院；

明确划定并惩罚在公海上所犯的海盗罪与重罪以及违反国际法的犯罪行为；

宣战，颁发缉拿敌船许可证和报复性拘捕证，制定关于陆上和水上的拘捕条例；

招募陆军并供应给养，但此项用途的拨款期限不得超过两年；

装备海军并供应给养；规定征召民兵的组织、装备和纪律，规定可能征召为合众国服务的那部分民兵的管理办法；但民兵军官的任命和按照国会规定纪律训练民兵的权力由各州保留；

在任何情况下，对由某些州让与合众国，经国会接受，充作合众国政府所在地的区域（其面积不超过10平方英里）行使专有的立法权；并对经州立法机构同意由合众国在该州购买的一切用于修筑要塞、军火库、兵工厂、船厂及其他必要建筑物的地方行使同样权力。

制定为执行以上各项权力和依据本宪法授予合众国政府或政府中任何机关或官员的其他一切权力所必要的和恰当的法律。

第九款

现有任何一州认为应予接纳的人员移居或入境时，国会在1808年以前不得加以禁止；但对入境者可征收每人不超过10美元的税金或关税。根据人身保护令享有的特权，除非在发生叛乱或遭遇入侵，公共治安需要停止此项特权时，不得中止。

不得通过公民权利剥夺法案或追溯既往的法律。

除按本宪法前文对人口普查或统计结果规定的比例征税外，不得征收人头税或其他直接税。

对于从任何一州输入的货物不得征收直接税或间接税。

任何贸易条例或税收条例不得给予一州港口以优于另一州港口的特惠，开往或来自一州的船舶不得强令其在另一州入港、出港或交纳关税。

除依据法律规定拨款外不得从国库支款；一切公款的收支报告和账目应不时予以公布。

合众国不得授予贵族爵位；在合众国担任任何信托职位或高收益职位

者，未经国会许可，不得接受任何外国君主或国家所赠予的任何礼物、酬金、官职或爵位。

第十款

无论何州，不得缔结条约、结盟或加入联邦；不得颁发缉拿敌船许可证和报复性拘捕证；不得铸造货币；不得发行信用券；不得将金银币以外的任何物品作为偿还债务的法定货币；不得通过公民权利剥夺法案、追溯既往的法律或损害契约义务的法律；不得授予任何贵族爵位。

无论何州，不经国会同意，不得对进出口货物征收进口税或间接税，但为执行该州检查法令所绝对必要者不在此限。任何一州对进出口货物征得的一切间接税和进口税的净所得额应充合众国国库之用，所有这类法律都应由国会负责修订与控制。

无论何州，未经国会同意，不得征收船舶吨位税，不得在和平时期保持军队或战舰，不得与另一州或外国缔结协定或条约，除非已实际遭受入侵或遇到刻不容缓的危险，不得进行战争。

第二条

第一款

行政权属于美利坚合众国总统。总统任期为4年，副总统任期与总统任期相同。总统和副总统的选举办法如下：

各州应按照该州议会规定的方式选派选举人若干名，其人数应与该州所应选派于国会的参议员和众议员的总数相等；但参议员或众议员或在合众国政府中担任信托职位或高收益职位者不得被选派为选举人。

选举人应在本州集会，投票选举2人，其中至少应有1人不是选举人同州的居民。选举人应开列名单，写明所有被选举人和每人所得票数，在名单上签名作证，封印后送至合众国政府所在地，呈交参议院议长。参议院议长应在参议院和众议院全体议员面前开拆所有证明书，计算票数。获得选票最多者如选票超出选举人总数的一半即当选为总统。

如不止 1 人获得半数选票且票数相当,众议院应立即投票其中 1 人为总统。如无人获得过半数票,则众议院应以同样方式从名单上得票最多的 5 人中选举 1 人为总统。但众议院选举总统时应以州为单位投票,每州代表有 1 票表决权;以此种方式选举总统的法定人数为全国 2/3 的州各有 1 名或数名代表出席,并须取得所有州的过半数票始能当选。在总统选出后,获得选举人所投票数最多者即当选为副总统;但如有 2 人或数人获得相等票数,参议院应投票选举其中 1 人为副总统。

国会可决定选出选举人的时间以及选举人的投票日期,该日期须全国统一。

任何人除出生于合众国的公民或在本宪法通过时已为合众国公民者外,不得当选为总统。年龄未满 35 岁及居住于合众国境内未满 14 年者亦不得当选为总统。

如遇总统免职、死亡、辞职或丧失履行总统权力和职责的能力时,该项职务应移交给副总统;在总统与副总统均为免职、死亡、辞职或丧失履行总统权力和职责的能力时,国会得依法律规定宣布某一官员代行总统职权,该官员即为总统,直至总统恢复任职能力或新总统选出为止。

总统应在规定时间获得服务报酬,此项报酬在其当选任总统期间不得增加或减少。总统在任期内不得收受合众国或任何一州给予的任何其他酬金。

总统在就职前应作如下宣誓或郑重声明:

"我谨庄严宣誓(或郑重声明),我一定忠实执行合众国总统职务,竭尽全力,恪守、维护和捍卫合众国宪法。"

第二款

总统为合众国陆海军的总司令,并在各州民团奉召为合众国执行任务时担任统帅;他可以要求每个行政部门的主管官员提出有关他们职务的任何事件的书面意见,除了弹劾案之外,他有权对违犯合众国法律者颁赐缓刑和特赦。

总统有权缔订条约,但须争取参议院的意见和同意,并须出席的参议员中 2/3 的人赞成；总统应提出人选，并于取得参议院的意见和同意后，任命大使、公使及领事、最高法院的法官，以及一切其他在本宪法中未经明定、但以后将依法律的规定而设置之合众国官员。国会可以制定法律，酌情把这些下级官员的任命权，授予总统本人，或授予法院，或授予各部部长。

在参议院休会期间，如遇有职位出缺，总统有权任命官员补充缺额，任期于参议院下届会议结束时终结。

第三款

总统应经常向国会作有关国情的报告，并向国会提出他认为必要和适当的措施，供其考虑；在非常时期，总统可召集两院或其中一院开会，如两院对于休会时间意见不一致时，总统可使两院休会到他认为适当的时期为止；总统应接见大使和公使；他应监督一切法律的切实执行，并任命合众国的一切官员。

第四款

合众国总统、副总统及其他所有文官，因叛国、贿赂或其他重罪和轻罪而遭弹劾并被判定有罪时，应予以免职。

第三条

第一款

合众国的司法权属于最高法院以及由国会随时下令设立的低级法院。最高法院和低级法院的法官，如果尽忠职守得继续任职，并应在规定时间获得服务报酬，此项报酬在他们继续任职期间不得减少。

第二款

司法权适用的范围如下：一切基于本宪法、合众国法律以及根据合众国权力所缔结的以及将要缔结的条约而产生的普通法的及衡平法的案件；一切涉及大使、其他使节及领事的案件；一切有关海事法和海事管辖权的案件；以合众国为当事人的诉讼；两个州或数个州之间的诉讼；一州与另一州的公民之间的诉讼；一州公民与另一州公民之间的诉讼；同州公民之间对他州让与土地的所有权的诉讼；一州或其公民与外国或外国公民或国民之间的诉讼。

涉及大使、其他使节和领事以及以州为当事人的一切案件，其初审权属于最高法院。对上述的所有其他案件，无论是法律方面还是事实方面，最高法院有上诉审理权，但须遵照国会所规定的例外与规则。

一切罪案，除弹劾案外，均应由陪审团审判；审判应在犯罪发生的州内进行；但如不止在一个州内发生，审判应在国会以法律规定的一处或数处地点进行。

第三款

只有对合众国发动战争，或依附、帮助、庇护合众国敌人者，才犯叛国罪。无论何人，如非经由两个证人证明他的公然的叛国行为，或经由本人在公开法庭认罪者，均不得被判叛国罪。

国会有权宣布对于叛国罪的惩处，但对叛国罪犯公民权的剥夺，不得影响其继承人的权益，除剥夺公民权利终身者外，不得包括没收财产。

第四条

第一款

各州对其他州的公共法令、记录和司法诉讼程序应给予完全的信任和尊重。国会可用一般法律规定此类法令、记录和司法诉讼程序的验定方法及其效力。

第二款

每州公民应享受其他各州公民所有之一切特权及豁免权。

凡在任何一州被控犯有叛国罪、重罪或其他罪行的人于另一州被缉获时，该州应即依照该人所逃出之州的行政当局的请求，将其交出，以便押送到对该罪行有审理权的州。

凡根据一州之法律应在该州服兵役或服劳役者，逃往另一州时，不得根据逃往州的任何法律或规章解除该兵役或劳役，而应依照有权得到劳役或劳动的当事人的要求，将其交出。

第三款

国会可准许新州加入本联邦；不得在任何其他州的管辖权之内组成或建立新州，亦不得未经有关州议会和国会同意合并两州或数州的部分地区建立新州。

国会有权处置并制定合众国领土或其他财产的一切必要法章和条例；对本宪法条文，不得作有损于合众国或任何特定州的任何权利的解释。

第四款

合众国应保障联邦各州实行共和政体，保护各州免受入侵，并应根据州议会或州行政长官（当州议会不能召集时）的请求平定内乱。

第五条

国会应在两院各 2/3 议员认为必要时，提出本宪法的修正案，或根据全国 2/3 州议会的请求召开会议提出修正案。以上任何一种情况下提出的修正案，经全国的州议会或 3/4 州的制宪会议批准，即成为本宪法的一部分而发生实际效力；采用哪种批准方式可由国会提出。但在 1808 年前所制定的修正案不得以任何形式影响本宪法第一条第九款之第一、第四两项；任何一州，未经其同意，不得被剥夺它在参议院中的平等投票权。

第六条

本宪法生效前所负的一切债务和所签订一切契约在本宪法生效后对合众国仍然有效，其效力一如邦联时代。

本宪法及依照本宪法所制定之合众国法律以及根据合众国权力所缔结或将缔结的一切条约，均为全国的最高法律；即使与任何一州的宪法或法律相抵触，各州的法官仍应遵守。任何一州宪法或法律中的任何内容与之抵触时，均不得违反本宪法。

上述参议员和众议员、各州议会议员以及合众国政府和各州一切行政、司法官员均应宣誓或郑重声明拥护本宪法；但不得以宗教信仰作为担任合众国任何官职或公职的必要资格。

第七条

经过9个州的制宪会议批准，即足以使本宪法在批准本宪法的各州成立。

本宪法于耶稣纪元1787年，即美利坚合众国独立后第12年的9月17日，经出席制宪会议各州与会者一致同意后制定。我们谨在此签名作证。

乔治·华盛顿：会议主席、弗吉尼亚州代表

签署人：乔治·华盛顿，亚伯拉罕·鲍德温，理查德·巴西特，小冈宁·贝德福德，约翰·布莱尔，威廉·布朗特，戴维·布里尔利，雅各布·布鲁姆，皮尔斯·巴特勒，丹尼尔·卡罗尔，乔治·克莱默，丹尼尔·圣托马斯·詹尼弗，乔纳森·戴顿，约翰·迪金森，威廉·菲尤，托马斯·菲茨西蒙斯，本杰明·富兰克林，尼古拉斯·吉尔曼，纳撒尼尔·戈勒姆，亚历山大·汉密尔顿，贾里德·英格索尔，威廉·塞缪尔·约翰逊，鲁弗斯·金，约翰·兰登，威廉·利文斯顿，詹姆斯·麦迪逊，詹姆斯·麦克亨利，托马斯·米夫林，古弗尼尔·莫里斯，罗伯特·莫里斯，威廉·佩特森，查尔斯·科茨沃思·平克尼，查尔斯·平克尼，乔治·里德，约翰·拉特利奇，罗杰·谢尔曼，理查德·多布斯·斯佩特，休·威廉森，詹姆斯·威尔逊

美利坚合众国宪法修正案

依照宪法第五条的规定，经国会提出和各州州议会批准的美利坚合众国宪法增添与修正条文如下：

（以下一至十条修正案于1791年批准生效，也称为"权利法案"）

宪法修正案第一条

国会不得制定关于下列事项的法律：确立国教或禁止宗教活动自由；

剥夺言论或出版自由；剥夺人民和平集会和向政府诉冤请愿的权利。

宪法修正案第二条

管理良好的民兵是保障自由州的安全所必需，人民持有和携带武器的权利不得侵犯。

宪法修正案第三条

士兵在和平时期，非经房主许可不得驻扎于任何民房；在战争时期，除依照法律规定的方式外亦不得进驻民房。

宪法修正案第四条

人民保护其人身、住房、文件和财物不受无理搜查扣押的权利不得侵犯；除非有合理的根据认为有罪，以宣誓或郑重声明保证，并详细开列应予搜查的地点、应予扣押的人或物，不得颁发搜查和扣押证。

宪法修正案第五条

非经大陪审团提出报告或起诉，任何人不受死罪和其他重罪的惩罚，惟在战时或国家危急时期发生在陆、海军中或正在服役的民兵中的案件不在此限。任何人不得因同一犯罪行为而两次遭受生命或身体伤残的危害；不得在任何刑事案件中被迫自证其罪；未经正当法律程序，不得剥夺任何人的生命、自由和财产；非有恰当补偿，不得将私有财产充作公用。

宪法修正案第六条

在一切刑事诉讼中，被告应享受下列权利：由犯罪行为发生地的州和地区的公正陪审团予以迅速和公开的审判，该地区应事先已由法律确定；获知受控事件的性质和原因；与原告证人对质；以强制程序取得有利于自己的证据，并取得律师的帮助为其辩护。

宪法修正案第七条

在习惯法诉讼中，争执价额超过 20 美元者，由陪审团审判的权利应予保护；案情事实经陪审团审定后，除非依照习惯法的规则，合众国的任何法院不得再行审理。

宪法修正案第八条

不得索取过多的保释金，不得处以过重的罚金，或施加残酷的、非常的刑罚。

宪法修正案第九条

本宪法对某些权利的列举不得被解释为否定或轻视人民保有的其他权利。

宪法修正案第十条

本宪法未授予合众国也未禁止各州行使的权力，分别由各州或由人民保留。

宪法修正案第十一条（1798年2月7日批准生效）

合众国司法权不得被解释为可扩大受理另一州公民或任何外国公民或国民对合众国任何一州提出的或起诉的任何普通法或衡平法的诉讼。

宪法修正案第十二条（1804年6月15日批准生效）

选举人应在本州集会，投票选举总统和副总统，所选总统和副总统中至少应有一人不是选举人本州的居民；选举人应在选票上写明被选为总统之人的姓名，并在另一选票上写明被选为副总统之人的姓名。选举人须将所有被选为总统及副总统的人分别开列名单，写明每人所得票数，在名单上签名作证，封印后送至合众国政府所在地，呈交参议院议长。参议院议长应在参议院和众议院全体议员面前开拆所有证明书，然后计算票数。获得总统选票最多者，如所得选票超出选举人总数的一半，即当选为总统。如无人获得过半数票，众议院应以立即从被选为总统之人的名单上得票最多者（不超过3人）中投票选举其中1人为总统。但众议院选举总统时应以州为单位投票，每州代表有1票表决权。以此种方式选举总统的法定人数为全国2/3的州各有1名或数名代表出席，选出总统需要所有州的过半数票。如选举总统的权力转移给众议院而该院于次年3月4日前尚未选出总统，则副总统应按总统死亡或宪法所规定的其他有关丧失任职能力的条款代行总统职务。获得副总统选票最多者，如所得票数超过选举人总数之半，即当选为副总统。如无人获得过半数票，参议院应以从名单上得票最多者的 2 人中选举 1 人为副总统。以此种方式选举副总统的法定人数为参议员总数的 2/3，选出副总统需要参议员总数过半数票。但依宪法规定无资格当选为合众国总统的人不得当选为合众国副总统。

宪法修正案第十三条（1865 年 12 月 6 日批准生效）

第一款

在合众国境内或属合众国管辖的任何地方，不准有奴隶制或强制劳役存在，惟用于业经定罪的罪犯作为惩罚者不在此限。

第二款

国会有权以适当立法实施本条规定。

宪法修正案第十四条（1868 年 7 月 9 日批准生效）

第一款

在合众国出生或归化于合众国并受合众国管辖的人，均为合众国和他所居住的州的公民。无论何州均不得制定或实施任何剥夺合众国公民的特权或豁免的法律；无论何州未经正当法律程序均不得剥夺任何人的生命、自由或财产；亦不得拒绝给予在其管辖下的任何人以同等的法律保护。

第二款

众议员名额应按各州人口总数的比例分配，但不纳税的印第安人除外。各州年满 21 岁且为合众国公民的男性居民，除因参加叛乱或犯其他罪行者外，其选举合众国总统与副总统选举人、国会众议员、州行政与司法官员或州议会议员的权利被取消或剥夺时，该州众议员人数应按上述男性公民的人数同该州年满 21 岁的男性公民总人数的比例予以削减。

第三款

曾经作为国会议员、合众国官员、州议会议员或州行政或司法官员，宣誓拥护合众国宪法，而又参与反对合众国的暴乱或谋反，或给予合众国敌人以帮助或庇护者，不得为国会参议员或众议员、总统和副总统选举人，或在合众国或任何一州任文职、军职官员。但国会可以每院2/3的票数取消此项限制。

第四款

经法律认可的合众国公债，包括因支付对平定暴乱或叛乱有功人员的养老金与奖金而产生的债务，其效力不得怀疑。但合众国或任何一州都不得承担或偿付因资助对合众国作乱或谋叛而产生的债务或义务，或因丧失或解放任何奴隶而提出的赔偿要求；所有此类债务、义务和要求应视为非法和无效。

第五款

国会有权以适当立法实施本条各项规定。

宪法修正案第十五条（1870年2月3日批准生效）

第一款

合众国或任何一州不得因种族、肤色或以前的奴隶身份而否认或剥夺合众国公民的选举权。

第二款

国会有权以适当立法实施本条规定。

宪法修正案第十六条（1913年2月3日批准生效）

国会有权对任何来源的收入规定并征收所得税，所得税收入不必按比例分配于各州，也不必考虑任何人口普查或统计。

宪法修正案第十七条（1913年4月8日批准生效）

合众国参议院由每州人民选出两名参议员组成，参议员任期6年，各有1票表决权。

各州选举人应具备州议会中人数最多一院的选举人所必需的资格。

任何一州在参议院的议席出现缺额时，该州行政当局应发布选举令以填补此项缺额；但任何一州州议会在人民按照州议会指示进行选举补足缺额以前，可授权行政长官作出临时任命。

本修正案对于本条作为合众国宪法一部分被批准生效前当选的任何参议员的选举或任期不发生影响。

宪法修正案第十八条（1919年1月16日批准生效）

第一款

从本条批准起一年以后，禁止在合众国及其管辖下的一切领土内酿造、出售或运送致醉酒类，并且不准此种酒类输入或输出合众国及其管辖下的一切领土。

第二款

国会和各州均有权以适当立法实施本条规定。

第三款

本条除非在国会送达各州之日起7年内经各州州议会按照宪法规定批准为宪法修正案，不得发生效力。

宪法修正案第十九条（1920年8月18日批准生效）

合众国或任何一州不得因性别而否认或剥夺合众国公民的选举权。

国会有权以适当立法实施本条规定。

宪法修正案第二十条（1933年1月23日批准生效）

第一款

如果本条尚未获批准，则总统和副总统的任期应于原定任期届满之年1月20日正午终止，参议员和众议员之任期应于原定任期届满之年1月3日正午终止；其继任者的任期即在此时开始。

第二款

国会每年至少应开会一次，开会日期除以法律另行规定外，应于1月3日正午开始。

第三款

如当选总统在规定的任期开始之前死亡，当选副总统应成为总统。如在规定的总统任期开始时间以前总统尚未选出，或当选总统不符合资格，则当选副总统应代行总统职权直到有一名当选总统符合资格为止；如遇当选总统和当选副总统均不符合资格的情况，国会可依法律决定代理总统人选或选择代理总统的方式，此人即可依法代行总统职务，直至有一名总统或副总统符合资格为止。

第四款

当选举总统的权利转移到众议院，而可被该院选为总统的人中有人死亡；或选举副总统的权利转移到参议院，而可被该院选为副总统的人中有人死亡时，国会得以法律对此种情况作出决定。

第五款

第一与第二两款应在本条批准后之 10 月 15 日起生效。

第六款

本条如在国会送达各州之日起 7 年内，未经 3/4 州议会批准为宪法修正案，将不再发生效力。

宪法修正案第二十一条（1933 年 12 月 5 日批准生效）

第一款

合众国宪法修正案第十八条现予废止。

第二款

在合众国各州、各领地或属地内为交付或使用致醉酒类而进行的运送或输入，如违反有关法律，应予禁止。

第三款

本条除非在国会送达各州之日起 7 年内经 3/4 州议会批准为宪法修正案，不发生效力。

宪法修正案第二十二条（1951 年 2 月 27 日批准生效）

第一款

无论何人不得当选总统职务两次以上；无论何人在他人任期内担任总

统或代理总统超过两年者，不得当选担任总统职务两次以上。但本条不适用于在国会提出本条时正在担任总统职务的任何人；也不妨碍在本条开始生效的总统任期内可能担任总统职务或代理总统的任何人在此任期结束以前担任总统职务或代理总统。

第二款

本条除非在国会将其提交各州之日起 7 年内由 3/4 州议会批准为宪法修正案，不发生效力。

宪法修正案第二十三条（1961 年 3 月 29 日批准生效）

第一款

合众国政府所在的特区，应按国会指定的方式选派若干总统和副总统选举人，为此目的，该特区应被视为一个州，选举人数量应相当于它有权选举的国会参议员和众议员人数的总和，但不得超过人数最少的州的选举人人数；以上选举人是在各州选派的选举人之外所增添的，但为了选举总统和副总统，应被视为一个州所选派的选举人。他们应在特区集会并依照宪法修正案第十二条的规定履行其职责。

第二款

国会有权以适当立法实施本条规定。

宪法修正案第二十四条（1964 年 1 月 23 日批准生效）

第一款

合众国或任何一州不得以未交纳人头税或其他税款为理由，否认或剥夺合众国公民在总统或副总统、总统或副总统选举人或参议员、众议员的任何初选或其他选举中的选举权。

第二款

国会有权以适当立法实施本条规定。

第一部分　宪法、全国性涉党法律

宪法修正案第二十五条（1967 年 2 月 10 日批准生效）

第一款

如果总统免职、死亡或辞职，副总统应成为总统。

第二款

副总统职位出现空缺时，总统应提名一位副总统，经由国会两院多数票批准后就职。

第三款

如总统向参议院临时议长及众议院议长递交书面声明，宣称他无能力履行其权力与职责，则其权力与职责应由副总统作为代理总统履行，直至他递交相反的书面声明为止。

第四款

如副总统以及各行政部门或国会依法设立的此种其他机构的多数主要官员，向参议院临时议长及众议院议长递交关于总统无能力履行其权力与职责的书面声明，则副总统应作为代理总统立即承担以上权力与职责。

此后，当总统向参议院临时议长及众议院议长递交他丧失能力情况并不存在的书面声明时，除非副总统以及各行政部门或国会依法设立的此种其他机构的多数主要官员在 4 日内向参议院临时议长及众议院议长递交总统无能力履行其权力与职责的书面声明，总统应恢复其权力与职责。国会应对此作出裁决。如在休会期间，应在 48 小时之内为此目的召集会议。如果国会收到后一个书面声明 21 天之内，或处在休会期间被要求召集以后的 21 天之内，以两院的 2/3 票数决定总统不能履行其权力与职责，副总统应继续作为代理总统履行上述权力与职责；否则，总统应恢复其权力与职责。

宪法修正案第二十六条（1971 年 7 月 1 日批准生效）

第一款

合众国或任何一州不得因年龄而否认或剥夺已满 18 岁或 18 岁以上合众国公民的选举权。

第二款

国会有权以适当立法实施本条规定。

宪法修正案第二十七条（1992年5月7日批准生效）

改变参议院和众议院议员职位薪水的法律，必须在下届代表选举后生效。

（本章根据美国众议院网站的1787年美利坚合众国宪法翻译，译文摘自《世界各国宪法》，中国检察出版社2012年版）

（莫纪宏 译）

美国联邦选举法（摘译）

国　会

第 14 章　联邦选举竞选活动

第 1 节　联邦竞选资金的公开

§431. 术语定义

（1）"选举"包括：

（A）所有的大选、补选、初选和决选；

（B）有权提名候选人的政党代表大会和政党党团会议；

（C）为了选举产生参加政党全国提名大会的代表而举行的预选；以及

（D）为了表达对竞选总统职位的人选的提名偏好而举行的预选。

（4）"政治委员会"包括：

（A）一年中收到的捐款总额超过 1000 美元，或是开支总额超过 1000 美元的所有委员会、俱乐部、协会或其他团体；

（B）依据本卷第 441 b（b）节①条款创办的所有自主的独立基金；

（C）一年中接受捐款总额超过 5000 美元，或是为既不属于本节第（8）段所列"捐款"、也不属于第（9）段所列"开支"的项目付款总额超过 5000 美元；捐款或是募集到的捐款总额超过 1000 美元，或是花费的

---

① 见后文。

开支总计超过1000美元的所有政党地方委员会；

（6）"授权委员会"是指候选人按照本卷第432（e）（1）节规定授权的以其名义接受捐款或花费开支的主要竞选委员会或其他任何政治委员会。

（8）捐款

（A）"捐款"包括：

（i）任何个人为了影响联邦职位选举而提供的金钱方面或其他有价值项目的赠予、赞助、借予、垫支或保证；

（ii）任何个人为了补偿其他人不带有任何目的地为政治委员会提供服务而支付的报酬。

（B）"捐款"不包括：

（i）任何个人为某一候选人或某一政治委员会自愿提供的无偿服务的价值；

（ii）使用各种动产和不动产，包括社区成员出于非营利性目的定期使用教堂或社区活动室；个人在自己的住宅或教堂、社区活动室为与候选人或政党相关的活动提供个人志愿服务时，主动为政党候选人或政治委员会承担各种招待活动、食品和饮料的开销中，为一位候选人在一场选举中的花费不超过1000美元的部分，以及一年中为一个政党的所有政治委员会的花费不超过2000美元的部分；

（iii）卖主用于候选人的竞选活动或为了政党政治委员会，以低于正常的费用、但至少与其成本相当的费用出售食品和饮料，在一场选举中该卖主为一位候选人进行此类销售的累计价值不超过1000美元的部分，以及一年内为一个政党的所有政治委员会进行此类销售的累计价值不超过2000美元的部分；

（iv）个人为候选人或政党的政治委员会支付的未报销的差旅经费，在一场选举中为一位候选人的支付总额不超过1000美元的部分，以及一年内为一个政党的所有政治委员会支付的总额不超过2000美元的部分；

（v）政党的州或地方委员会在其所在州的选举中，为3位或更多竞选公职的候选人制作、展示、邮寄、分发诸如印制的候选人名单卡片、样本选票或其他印制的信息等相关宣传活动所支出的费用；但是这一条款并不适用于这些委员会为了在广播电台、或报纸杂志或类似的公众政治广告类媒介上宣传这些信息而支出的花费；

（vi）依据本卷第441b（b）节①规定，由企业或劳工组织支付或承担、但不列入这些企业或劳工组织开支的费用或债务；

（vii）依据相关法律和一般商业程序，由州立银行、联邦特许的储蓄机构或是由联邦存款保障公司或国家信贷联合管理机构存款或设立账户的存款货币机构发放的贷款，而非与支票或储蓄账户有关的透支。但是，这样的贷款应是：

（Ⅰ）按照每一位承兑人或担保人承担的未付余额与承兑人或担保人总数之间的比例关系，由承兑人或担保人担保的贷款；

（Ⅱ）基于有书面文据证明能够确保可以偿还、有到期日或分期偿还计划而发放的贷款；并且

（Ⅲ）贷款利率与借贷机构的普通利率和习惯利率一致。

（viii）② 符合一定条件时为下列对象提供的法律或会计服务：

（Ⅰ）当支付这些法律或会计服务费用的人是提供这些服务的人员的正式雇主，并且这些服务不会直接有助于竞选联邦职位的特定候选人的竞选活动时，为政党的政治委员会提供的法律或会计服务；

（Ⅱ）当支付这些法律或会计服务的人是提供这些服务人员的正式雇主，并且提供这些服务完全遵守了本法案第26卷的第95、96章，向候选人的授权委员会或其他任何政治委员会或是为了候选人的授权委员会

---

① 见后文。

② 2002年的《两党竞选活动改革法案》（BCRA）的第103条b款对本法案第431节第8条进行了修订，它对第viii款（有关政党建设资金捐款）提出了法律挑战，依据第xv款和第xiv款的内容把第ix款重新修订为第viii款。这一修订自2002年11月6日起生效。

或其他任何政治委员会提供的法律或会计服务；但是，接受服务的委员会需要按照本卷第434（b）节①的要求，报告上述正式雇主所支付或提供的这些法律或会计服务的总数。

（ix）符合下列情况时，由政党的州或地方委员会为该党提名人在有关志愿活动中使用的竞选宣传材料（比如竞选徽章、车尾贴、传单、海报、政党报纸和庭院标志等）支付的款项——

（1）这些款项并非用于支付在广播、报纸、杂志、露天广告牌、直接邮件或类似的大众传媒或政治广告中花费的竞选宣传材料或竞选活动；

（2）这些款项来源于遵守本法案各种限定、禁止条款的捐款；并且

（3）这些款项不是指定用于某一特定候选人或某些特定候选人的捐款；

（x）在支付所用的款项来源于遵守本法案各种限定、禁止性条款的捐款的前提下，候选人或候选人的授权委员会为了获得公共职位（包括州职位和地方职位）的竞选或提名而为竞选材料开支支付的款项；竞选材料既包括揭发或涉及其他候选人的竞选材料，也包括与志愿活动有关的竞选材料（比如竞选徽章、车尾贴、传单、海报和庭院标志等，但不包括使用广播、报纸、杂志、露天广告牌、直接邮件或类似的大众传媒或政治广告）；

（xi）符合下列情况时，由政党的州或地方委员会为该党提名人竞选总统和副总统组织投票人登记和各类动员投票活动的花费所支付的款项——

（1）这些款项未用于支付在广播、报纸、杂志、露天广告牌、直接邮件或类似的大众传媒或政治广告中花费的竞选宣传材料或竞选

---

① 见后文。

活动；

(2) 这些款项来源于遵守本法案各种限定、禁止条款的捐款；而且

(3) 不是指定用于某一特定候选人或某些特定候选人的捐款。

(xii) 候选人或候选人的授权委员会为获得选举投票提名支付的款项，以及为了获得选举投票提名政党政治委员会收到的款项；

(xiii) 所有的酬金（本卷第441i节①含义范围内）；以及

(xiv) 当贷款符合适用的法律和商业规则，且贷款人是依据个人事务的正常情况从该候选人经纪账户、信用卡、房屋净值信用额度或其他信用额度预付款中借贷时，来自于候选人经纪账户、信用卡、房屋净值信用额度或其他信用额度预付款的资金贷款。

(9) 开支

(A) "开支"一词包括：

(i) 任何个人为了影响联邦职位选举而为钱财或其他有价值物品购置、付费、分配、借贷、预付、保证或赠予的付出；

(ii) 履行支出的书面合同、承诺或协议。

(B) "开支"一词不包括：

(i) 广播电台、报纸、杂志或其他期刊发布的新闻故事、时评和重要社论，由政党、政治委员会或候选人所持有或控股的媒体发布的上述内容除外；

(ii) 旨在鼓励选民投票或登记投票的非党派活动；

(iii) 由并非为了对任何个人参与联邦职位的竞选提名或竞选施加影响而组建的会员组织或企业发起的其会员、股东或行政管理人员间的通信交流，除非这些会员组织（包括劳工组织）或企业用于通信交流的花费直接有助于明确支持选举或击败某位明确参选的候选人（而不是主要用

---

① 根据1991年已经废止的法律条文，此条引用已经无效，并不适于目前的第441i节。

于表达支持选举或击败某位明确参选的候选人的话题交流）。如果在任何一场选举或任何一场普选中这些花费超过2000美元，该会员组织或企业应分别按照本卷第434(a)(4)(A)(i)①款或本卷第(a)(4)(A)(ii)②款的规定向联邦选举委员会报告。

（iv）每个政党的州或地方委员会在其所在州的选举中，为3位或更多竞选公职的候选人制作、展示、邮寄、分发诸如印制的候选人名单卡片、样本选票或其他印制的信息等相关宣传活动所支出的费用；这一条款并不适用于这些委员会为了在广播电台，或报纸杂志，或类似的公众政治广告类型上宣传这些信息而支出的花费。

（v）依据本卷第441b(b)节③规定，由企业或劳工组织支付或承担、但不列入这些企业或劳工组织开支的费用或债务；

（vi）为候选人募集捐款而由授权委员会或候选人花费的开销，依据第434(b)节④规定所有此类开销均应上报；本条不适用于由候选人的授权委员会花费的、超过第441a(b)节⑤规定该候选人开支限额的20%的支出部分；

（vii）符合下列情况时，为法律或会计服务支付的薪酬：

（Ⅰ）当支付这些法律或会计服务费用的人是提供这些服务的人员的正式雇主，并且这些服务不会直接有助于竞选联邦职位的特定候选人的竞选活动时，为某个政党的政治委员会或代表某个政党的政治委员会所提供的法律或会计服务；或者

（Ⅱ）当支付这些法律或会计服务的人是提供这些服务人员的正式雇主、并且提供这些服务完全遵守了本法案或第26卷的第95、96章，

---

① 见后文。
② 见后文。
③ 见后文。
④ 见后文。
⑤ 见后文。

为某位候选人或政治委员会或是代表某位候选人或政治委员会所提供的法律或会计服务；但是，接受这些服务的委员会需要按照本卷第434（b）节①的要求，报告上述正式雇主所支付或提供的这些法律或会计服务的总数。

（viii）符合下列情况时，由政党的州或地方委员会为该党多位提名人在相关志愿活动中使用的竞选宣传材料（比如竞选徽章、车尾贴、传单、海报、政党报纸和庭院标志等）支付的款项：

（1）这些款项不是用于支付在广播、报纸、杂志、露天广告牌、直接邮件或类似的大众传媒或政治广告中花费的竞选宣传材料或竞选活动；

（2）这些款项来源于遵守本法案各种限定、禁止条款的捐款；并且

（3）这些款项并非来自指定用于某一特定候选人或某些特定候选人的捐款。

（ix）符合下列情况时，由政党的州或地方委员会为该党提名人竞选总统和副总统组织投票人登记和各类动员投票活动的花费所支付的款项：

（1）这些款项未用于支付在广播、报纸、杂志、露天广告牌、直接邮件或类似的大众传媒或政治广告中花费的竞选宣传材料或竞选活动；

（2）这些款项来源于遵守本法案各种限定、禁止条款的捐款；并且

（3）这些款项并非来自指定用于某一特定候选人或某些特定候选人的捐款；

（x）政党政治委员会为了获得选举投票提名而收受的款项中，转移给其他政党政治委员会或特定国家官员的部分。

---

① 见后文。

（14）"全国委员会"是指由联邦选举委员会确定的，依据一个政党的规章制度、在全国范围内负责该党日常运转的组织。

（15）"州委员会"是指由联邦选举委员会确定的，依据一个政党的规章制度、在州一级层面负责该党日常运转的组织。

（16）"政党"一词是指：在联邦职位竞选中，提名的候选人能够作为本团体、委员会或组织的候选人出现在选票上的团体、委员会或组织。

（17）独立开支①

"独立开支"一词指由符合下列条件的法人所支出的开支：

（A）该法人明确支持一位确认参选的候选人的竞选或失败；并且

（B）该法人支出的这些开支，并非是为了与上述候选人、候选人的授权政治委员会或他们的代表，或政党政治委员会及代表进行协作，或是在他们的要求或建议下作出的。

（20）联邦选举活动

（A）一般情况。"联邦选举活动"一词包括：

（i）在定期举行的联邦大选前的120天到选举日当天这段时间内的选民登记活动；

（ii）与竞选联邦职位候选人的选举有关的选民身份认定、动员投票活动或普通竞选活动，在这种选举中该候选人应出现在选票上（不管竞选州职位或地方职位的候选人是否也出现在选票上）；

（iii）与确认参选联邦职位候选人有关的（无论竞选州职位或地方职位的候选人是否也会提及或参与），助选、支持该职位的某位候选人或攻击、反对该职位的某位候选人的公众宣传（无论宣传是否明确表示投票支持或反对候选人）；或

（iv）政党的州、选区或地方委员会的工作人员，在任何一个月里付出超过25%的个人有偿时间为与联邦选举有关的活动所提供的服务。

---

① 2002年的《两党选举活动改革法案》第211节对本法案第431节独立开支的定义进行了修订。这一修订自2002年11月6日起生效。

（B）"联邦选举活动"不包括由政党的州、选区或地方委员会花费、支出的下列活动：

（i）当公众宣传不符合前文 A（i）或（ii）款所述的联邦选举活动时，只涉及一位明确表示竞选州或地方职位候选人的公众宣传；

（ii）捐款为竞选州或地方职位候选人组织的、并非指定用于前文 A 款所述的联邦选举活动的捐款；

（iii）州、选区或地方政治代表大会的所有花费；以及

（iv）仅仅指定、宣传一位州或地方职位候选人的基层竞选活动材料——包括圆形小徽章、车尾贴或庭院标志等——的花费。

（21）"普通竞选活动"是指为政党助选而不是为候选人或非联邦候选人助选的竞选活动。

§432.(e).(3).(A)

除以下情况外，任何支持超过一位候选人的政治委员会均不得认定为授权委员会：

（i）由政党提名竞选总统职位的候选人可以指定该党的全国委员会作为其主要的竞选委员会，但这个全国委员会只能就其功能来说作为主要的竞选委员会，在会计账目上需保持独立；而且

（ii）候选人可以指定仅仅为了他们联合筹集资金而建立的政治委员会作为授权委员会。

§433.(b)

（政治委员会登记需要）声明的内容。政治委员会的组织声明应包含以下内容：

（1）委员会的名称、地址和类型；

（2）与其有关的组织或其附属委员会的名称、地址、关系和类型；

（3）委员会的账目托管人的名称、地址和职务；

（4）委员会财务主管的姓名和地址；

（5）如果该委员会是由候选人授权成立，应提供该候选人的姓名、住

址、竞选的职位以及党派归属；以及

（6）委员会使用的所有银行、保险箱或其他财产受托人（公司）的清单。

§434. 报告要求

（a）政治委员会财务主管管理的收入和支出；提交报告的要求。

（2）竞选美国众议院或参议院议员的候选人的主要竞选委员会——

（A）在该候选人寻求当选或竞选提名的选举计划举行的当年，其财务主管应呈交下列报告：

（i）选前报告，应至少在该候选人寻求当选或竞选提名的选举的20天前完成，并且至少提前12天呈交（如果采取邮递或投递的方式，必须提前15天予以投递，可以采取以下方式：挂号信、带回执的邮件、能够投递确认的优先邮件、能够投递确认的快递或者使用具有在线追踪系统的隔夜快递服务）；

（ii）普选后报告，应在该候选人曾寻求当选的任何普选后的20天内完成，并且普选后30天内呈交；以及

（iii）额外的季度报告，应在每一个日历季度的最后一天完成并于之后的15天内呈交——除非是12月31日截止的季度报告，可以在第二年的1月31日前呈交；并且

（B）① 在所有的其他日历年均应上报季度报告，应在每一个日历季度的最后一天完成并于之后的15天内呈交——除非是12月31日截止的季度报告，可以在第二年的1月31日前呈交。

（3）总统职位候选人的主要竞选委员会，应按照下列规定呈交报告——

（A）在举行总统职位大选的日历年——

（i）如果该委员会在选举当年1月1日接受的捐款或花费的开支

---

① 2002年的《两党选举活动改革法案》第503节（a）对本节作了修订，要求在非参众两院竞选的年份中提供额外的报告。这一修订自2002年11月6日起生效。

总额达到100000美元，或预计当年接受的捐款或花费的开支总额会达到或超过100000美元，那么该委员会的财务主管应呈交月度报告；月度报告应于每月最后一天完成并于该月之后的20天内呈交，除了计划举行大选当年的11月和12月需要呈交的月度报告可以替换为其他报告：按照(2)(A)(i)段要求呈交的大选前报告、按照(2)(A)(ii)段要求呈交的大选后报告以及在下一年1月31日以前呈交的年终报告。

(ii) 总统职位候选人的其他主要竞选委员会的财务主管，应按照(2)(A)(i)段要求呈交大选前报告、按照(2)(A)(ii)段要求呈交大选后报告以及按照(2)(A)(iii)段要求呈交季度报告；并且

(iii) 一旦按照第(3)(A)(ii)段要求呈交报告的委员会在选举当年接受的捐款或花费的开支超过100000美元，该委员会的财务主管就应按照第(3)(A)(i)段要求在下一个报告周期开始呈交月度报告；并且

(B) 在所有其他的日历年，政治委员会的财务主管应呈交下列报告中的一种——

(i) 月度报告，应于每月最后一天完成，并于此后的20天内呈交；或者

(ii) 季度报告，应于每个季度的最后一天完成，并于此后的15内呈交。

(4) 除候选人授权的委员会外，所有政治委员会均应按照下列要求呈交有关报告——

(A)(i) 在按照正常计划举行普选的日历年，在每一个日历季度最后一天之后的15天内呈交季度报告——除非是结束于12月31日的季度报告，可以在第二年的1月31日前呈交；

(ii) 如果政治委员会为了候选人在任何一场选举中接受捐款或花费开支，那么该政治委员会就应至少在选举前20天完成选前报告，并提前12天将选前报告呈交给联邦选举委员会（如果采取邮递或投递的方式，必须提前15天予以投递，可以采取以下方式：挂号信、带回执的邮件、能够

投递确认的优先邮件、能够投递确认的快递、或者使用具有在线追踪系统的隔夜快递服务）

（iii）普选后报告，应在该普选后的 20 天内完成，并且在普选后 30 天内呈交；以及

（iv）在其他日历年中，在每年 7 月 31 日前呈交涵盖 1 月 1 日至 6 月 30 日这一期间的报告，在第二年的 1 月 31 日前呈交涵盖上年度 7 月 1 日至 12 月 31 日这一期间的报告；或者

（B）在每个日历年中均呈交月度报告，月度报告应在每月最后一天完成，并于之后的 20 天内呈交；除非计划举行普选当年的 11 月和 12 月，月度报告可以替换为其他报告：按照（2）（A）（i）段条款要求呈交的普选前报告、按照（2）（A）（ii）段要求呈交的普选后报告以及在下一年 1 月 31 日以前呈交的年终报告。尽管有上述规定，政党的全国委员会仍应按照（B）小段的要求呈交报告①。

（6）申报

（B）② 对源于个人资金的开支进行申报。

（i）有关定义。在本小段中，"源于个人资金的开支"是指——

（I）候选人使用个人资金支付的开支；以及

（II）候选人使用个人资金提供的捐款或贷款，或是候选人使用个人资金为其授权委员会担保的贷款。

（ii）申报目的。正式成为参议员候选人之日 15 天以内，该候选人应同时向下列主体提交声明，宣布其在超越每个州公平竞争竞选法则的选举中，计划或指定使用个人资金支付开支的总额——

---

① 2002 年的《两党竞选活动改革法案》第 503 节 b 款对本法案第 434 节 a 款 4 项进行了修订，要求政党全国委员会采取月度报告形式呈交。这一修订自 2002 年 11 月 6 日起生效。

② 2002 年的《两党竞选活动改革法案》第 304（b）节对本法案 434（a）（6）进行了修订，将（B）小段修订为（E）小段，并插入了新的（B）—（D）段内容。这一修订自 2002 年 11 月 6 日起生效。

（Ⅰ）联邦选举委员会；以及

（Ⅱ）同一场选举中的每一位候选人。

（ⅲ）初步声明。（ⅱ）条所述候选人使用个人资金支付或担保支付的开支总额超出相关选举的起点金额两倍时，该候选人应在24小时以内向下列主体提交声明——

（Ⅰ）联邦选举委员会；以及

（Ⅱ）同一场选举中的每一位候选人。

（ⅳ）附加声明。候选人按照（ⅲ）条规定提交初步声明以后，每次使用个人资金支付或担保支付的开支数额超过10000美元时，应向下列主体提交附加声明——

（Ⅰ）联邦选举委员会；以及

（Ⅱ）同一场选举中的每一位候选人。

附加声明需在上述开支发生后的24小时内提交。

（ⅴ）内容。（ⅲ）条或（ⅳ）条所述声明应包含下列内容——

（Ⅰ）候选人的姓名及其寻求竞选的职位；

（Ⅱ）每一笔开支的日期和金额；

（Ⅲ）截至声明所述开支发生之日，候选人在有关选举中使用个人资金支付或担保支付的开支总额。

（10）支持参选副总统职位候选人（而非政党提名人）的政治委员会的财务主管应依照§434.（a）(3)条的要求呈交报告。

（b）报告的内容。本节涉及的每一份报告均应披露下列内容：

（1）报告周期起始时拥有的现金总额；

（2）在报告周期和日历年（或对于竞选联邦职位候选人的授权委员会来说在选举周期），收到的所有款项总额以及收到的下列各类款项总额：

（A）来自个人而非政治委员会的捐款；

（B）对于授权委员会来说，来自候选人的捐款；

（C）来自政党政治委员会的捐款；

（D）来自其他政治委员会的捐款；

（E）对于授权委员会来说，来自同一候选人的其他授权委员会转移支付的款项；

（F）来自所属委员会转移支付的款项，以及如果报告委员会是政党政治委员会，来自于其他政党政治委员会转移支付的款项总额——无论这些委员会是否隶属于此报告委员会；

（G）对于授权委员会来说，由候选人作出或担保的贷款；

（H）所有的其他贷款；

（I）消费回扣、退款和其他抵扣补偿；

（J）红利、利息和其他形式的收入；以及

（K）对于总统候选人的授权委员会来说，依据第 26 卷第 95、96 章规定接受的联邦资金；

（3）下列各项的证明——

（A）在报告周期内向报告委员会作出捐款，且捐款数额或价值在一年内（对于联邦职位候选人的授权委员会来说在选举周期内）超过 200 美元或是报告委员会选定的更小数额的每一个人（而非政治委员会），及其作出这些捐款的日期及数额；

（B）在报告周期内向报告委员会作出捐款的每一个政治委员会，以及作出这些捐款的日期和数额；

（C）向报告委员会进行资金转移支付的每一个授权委员会；

（D）在报告周期向报告委员会进行资金转移支付的每一个附属委员会，以及如果该报告委员会是政党政治委员会，其他政党政治委员会向报告委员会转移支付的每一笔资金——无论这些委员会是否隶属于此报告委员会，还有这些资金转移支付的时间、金额等；

（E）在报告周期内贷款给报告委员会的每一个人、这些贷款的所有承兑人或担保人的身份以及贷款的时间、数额或价值；

(F) 在一年内（或对于联邦职位候选人的授权委员会来说在选举周期内）向报告委员会提供消费回扣、退款或其他抵扣补偿累计金额或价值超过 200 美元的每一个人，以及提供这些收入的时间、数额；以及

(G) 在一年内（或对于联邦职位候选人的授权委员会来说在选举周期内）向报告委员会提供红利、利息和其他形式的收入累计金额或价值超过 200 美元的每一个人，以及提供这些收入的时间、数额；

(4) 在报告周期和日历年（或对于竞选联邦职位候选人的授权委员会来说在选举周期），支出的所有款项总额以及支出的下列各类款项总额：

(A) 为候选人或委员会运转开支支付的花销；

(B) 对于授权委员会来说，向同一候选人的其他授权委员会转移支付的费用；

(C) 转移给附属委员会的款项，如果报告委员会是政党政治委员会，此报告委员会转移给其他政党政治委员会的款项，无论这些委员会是否隶属于此报告委员会；

(D) 对于授权委员会来说，由候选人支出或担保的贷款偿付；

(E) 所有其他贷款的偿付；

(F) 捐款退还以及其他捐款补偿；

(G) 授权委员会的其他所有支出；

(H) 对于所有政治委员会而非某一个授权委员会来说——

(i) 向其他政治委员会作出的捐款；

(ii) 报告委员会的贷款；

(iii) 独立开支；

(iv) 依据本卷第 441a(d) 节①规定支付的花销；

(v) 任何其他的支出；以及

---

① 见后文。

（I）对于总统候选人的授权委员会来说，不受第441a（d）节规定限制的支出；

（5）下列每一主体的名称和地址——

（A）为了支付候选人或委员会的运行开支，在一年内由报告委员会付给的累计金额或价值超过200美元的每一个人，同时需要报告这些运行开支的日期、金额以及用途；

（B）报告委员会把款项拨付给的每一个授权委员会；

（C）在报表周期内收到报告委员会拨付款项的每一个附属委员会，以及如果报告委员会是政党政治委员会，此报告委员会向其他政党政治委员会拨付的每一笔资金，无论这些委员会是否隶属于此报告委员会，同时需要报告这些款项拨付的日期、数额；

（D）在报告周期内收到报告委员会偿付贷款的每一个人，同时需要报告这些贷款偿付的日期、数额；以及

（E）收到来自于依据本节(3)（A）款规定上报捐款的报告委员会的捐款返还或其他捐款补偿的每一个人，同时需要报告这些支出的日期、数额；

（6）

（A）对于授权委员会来说，收到§434.(b)(5)未提及的所有支出、在一年内（对于联邦职位候选人的授权委员会来说在选举周期内）累计数额或价值超过200美元的每一个人的姓名和地址，同时需要报告收到每一笔上述支出的日期、数额；

（B）对于其他政治委员会来说，需要报告下列主体的名称和地址——

（i）在报告周期内接受报告委员会捐款的每一个政治委员会，同时需要报告接受这些捐款的日期和数额；

（ii）在报告周期内得到报告委员会贷款的每一个人，同时需要报告得到这些贷款的日期和数额；

（ⅲ）在报告周期内接受与报告委员会花费的独立开支有关的支出、一年内（对于联邦职位候选人的授权委员会来说在选举周期内）接受的支出累计金额或价值超过 200 美元的每一个人，同时需要报告的还有支出这些独立开支的日期、数额、用途，表明这些独立开支是否是用于支持或反对某位候选人的声明、该候选人的姓名和竞选的职位，以及基于伪证罪的处罚，对这些独立开支是否是经过与候选人或授权委员会或其代表协作、磋商或征得同意，或者在其要求或建议下支出所作出的证明；

（ⅳ）在报告周期内接受报告委员会支付的、与本章第 441a（d）节规定的开支有关的花费的每一个人，同时需要报告的既有支出这些花费的日期、数额、用途，还有以候选人名义支付这些花费的该候选人姓名、竞选的职位；以及

（ⅴ）在报告周期内接受了报告委员会支出的、本条或§434.（b）(5) 未提及的其他付款、且在一年内（对于联邦职位候选人的授权委员会来说在选举周期内）累计金额或价值超过 200 美元的每一个人，同时需要报告的还有支出这些付款的日期、数额和用途；

（7）在报告周期和一年内（对于联邦职位候选人的授权委员会来说在选举周期内），赠予该政治委员会的所有捐款总额以及补偿捐款的少量捐款总额，政治委员会花费的所有运行开支总额以及补偿运行开支的少量运行开支总额；还有

（8）该政治委员会欠下的或欠该政治委员会的未偿还借款和债务的数额和性质；并且如果已经还清的这些贷款和债务少于所上报的数额或价值，还需要对偿还这些贷款或债务的环境、条件以及相应的原因进行说明。

（e）①

（1）全国政治委员会和众议院政治委员会。政党的全国委员会、众

---

① 2002 年的《两党竞选活动改革法案》第 103 节对本法案第 434 节进行了修订，增加了第（e）条内容。这一修订自 2002 年 11 月 6 日起生效。

议院全国竞选委员会以及上述任何委员会的下属委员会,均应在报表周期内上报所有的收支情况。

(f)

(3)竞选活动报道。对于本小节来说——

(A)一般情况。

(i)"竞选活动报道"一词是指广播、有线电视或卫星通信播出的下列有关报道:

(I)提到了明确表示参加联邦职位竞选的候选人;

(II)在下列时段内播出:

(aa)在候选人所寻求的职位举行普选、补选或决选之前的60天内;

(bb)在候选人所寻求的职位举行预选或偏好选举举行前的30天内,或是在有权提名该职位候选人的政党全国代表大会或党团会议召开前的30天内;以及

(III)涉及除总统或副总统以外的职位候选人、针对特定选区的报道。

(ii)如果最终司法判决(i)条款就法规而言不足以支撑与此相关的法规,那么"竞选活动报道"则指广播、有线电视或卫星通信播出的,推动、支持某个职位候选人或是攻击、反对某个职位候选人,除了劝说投票支持或反对某位特定的候选人以外没有实质性内容的所有报道。本小段内容不得解释为影响美国联邦法典第11卷第100.22(b)节的解读或适用。

(B)例外。"竞选活动报道"一词不包括下列内容:

(i)出现在非政党、政治委员会或候选人拥有或支配的广播电台频道的新闻故事、评论和重要述评中的报道;

(ii)根据本法案规定构成一项开支或独立开支的报道;

(iii)按照联邦选举委员会通过的规定发布的构成候选人辩论

或专题讲话节目的报道,或只是为了宣传这样一场辩论或专题讲话节目的报道,并且这一报道是由赞助辩论或专题讲话节目的人或代表此人发布的;或者

（iv）按照联邦选举委员会为了保证本段规定的适度执行（在与本段要求保持一致的情况下）可能颁布的规定,不属于竞选活动报道的所有其他报道;然而根据那些规定,如果某个报道符合本段要求并且在301(20)(A)(iii)节[即:美国法典第2部§431(20)(A)(iii)]中论及,该报道就不在例外之列。

（C）以相关选区为目标的竞选活动报道。对于本段来说,如果提及某位明确表示参选联邦职位候选人的报道在下列区域中被50000人或更多人接收,那么该报道就是以相关选区为目标的竞选活动报道——

（i）对于竞选国会中的众议院议员、（马里兰、弗吉尼亚和西弗吉尼亚州的）州众议院议员或属地居民代表的候选人来说,在该候选人寻求代表的地区;或者

（ii）对于竞选参议院议员的候选人来说,在该候选人寻求代表的州。

（i）

（6）前述"委员会"。本段中的"委员会"是指经候选人、领导地位的政治行动委员会或政党委员会授权的委员会。

（8）术语定义。依照本小节的原则,下列术语是指:

（B）领导地位的政治行动委员会。该词指对于竞选联邦职位的候选人或任职于联邦职位的个人来说,由其直接或非直接建立、资助、维持或掌管而非其授权,或隶属于其授权委员会的政治委员会,该词不包括政党政治委员会。

§437. 关于全国代表大会资金情况的报告

符合下列规定的每一个委员会或其他组织:

（1）代表一个州或其政治分区或任何民众团体,与某一全国性政党的工作人员处理在本州或其政治分区举行的、与提名该党竞选总统或副总统

职位候选人的全国代表大会有关事务的委员会或相关组织；或

（2）代表一个全国性政党，为该党提名竞选总统或副总统职位候选人的全国代表大会从事筹备工作的委员会或相关组织，均应在政党全国代表大会结束 60 天以内（且至少比总统和副总统选举人的选出提前 20 天），以前述的格式和细致程度要求，向联邦选举委员会上报此次全国代表大会的全面、完整的财务报告，包括其资金的来源和用途。

§437c. 联邦选举委员会

（a）

（1）联邦选举委员会是一个已经建立的众所周知的委员会。它由参议院秘书长和众议院秘书长或他们的委派人员——他们是当然委员，但无权投票——以及由总统根据参议院的建议并征得其同意所任命的 6 名成员共同构成。① 本段中由总统任命的委员会成员中隶属于同一政党的成员不得超过 3 名。

（2）（A）除了下列首次被任命的委员以外，联邦委员会委员均只应任职一届，为期 6 年②：

（i）6 位成员中不属于同一政党的其中 2 位，任期可截至 1977 年 4 月 30 日；

（ii）6 位成员中不属于同一政党的其中 2 位，任期可截至 1979 年 4 月 30 日；

（iii）6 位成员中不属于同一政党的剩余 2 位，任期可截至 1981 年 4 月 30 日。

（5）联邦选举委员会从其委员（不含参议院秘书长和众议院秘书

---

① 哥伦比亚特区的美国上诉法院发现国务卿和众议院秘书长在联邦选举委员会上的当然委员身份是违反宪法的，最高法院随后以缺乏管理权限为由，裁定不接受联邦委员会的上诉，驳回联邦选举委员会诉 NRA 政治胜选基金一案，维持原判。自此，这些当然委员不再在联邦委员会任职。

② 除总统在 1997 年 11 月 30 日之前宣布其提名某人的意向以外，此任期限制适用于 1997 年 12 月 31 日以后由总统提名成为联邦选举委员会委员的所有人。

长）中选举产生主席和副主席，主席和副主席任期一年。每位委员在其任职期间只能担任一次主席。主席和副主席不得属于同一政党。在主席不在或无法履行主席职能抑或主席一职出现空缺时，由副主席代行主席职权。

§437f. 意见报告

（a）法人、候选人或授权委员会提出的请求；相关事项；回应的时间。

（1）联邦选举委员会收到某位法人依据本法案第26卷第95、96章或联邦选举委员会制定的规章或条例就某一特定事项或活动提出完整书面请求后，应在60天之内向该法人给出关于上述事项或活动的书面报告陈述。

（2）如果候选人或该候选人的授权委员会在提出要求的政党所参选的联邦职位选举举行前60天内要求报告陈述，那么联邦选举委员会应在收到完整的书面请求之后的20天内，对上述请求作出书面的报告陈述。

（d）公开请求；相关人员提交书面意见。联邦选举委员会应公开依照本段（a）小节规定提出报告陈述的所有请求。在作出报告陈述之前，联邦选举委员会应在公开请求后的10天内接受相关各方提交的书面意见。

§437h. 司法审核[①]

联邦选举委员会、每个政党的全国委员会、或是有资格在总统竞选中投票的每一个人，都可以在美国适当的地区法院提出诸如要求解释本法案各项条款是否符合宪法的诉讼，包括宣告式判决。地区法院应立即向所在巡回审判区的美国上诉法院确认本法案合宪性涉及的所有问题都是符合宪法的，上诉法院应对此事进行全席审理。

[①] 2002年的《两党竞选法案》第403节对质疑联邦选举法案条款合宪性的行为作出了特殊规定。详见《美国法典》第437h节的注释2

§439a. 关于特定用途政治捐款的使用规定①

(a) 允许使用的范围。候选人接受的捐款，以及联邦职位官员所接受的支持其各项活动的任何捐款，可以用作以下用途：

(4) 不受限制地拨付给政党的全国委员会、州委员会或地区委员会；

§441a. 限额、捐款和开支

(a) 捐款的数额限制

(1) 除了 (i) 分章②和 315A 节（即美国法典第 2 卷 §441a-1）③的规定外，任何个人不得作出下列捐款④：

(A) 在每次联邦选举中捐款给任何一位候选人及其授权委员会总额超 2000 美元；

(B) 每年捐款给由全国性政党组建并管理、而非候选人授权委员会的政治委员会的总额超过 25000 美元；

(C) 每年捐款给其他政治委员会 [非 (D) 段所列的委员会] 的总额超 5000 美元；或者

(D) 每年捐款给由政党的州委员会组建并管理的政治委员会的总额超 10000 美元。

(2) 支持多位候选人的政治委员会不得作出下列捐款：

(A) 每次联邦职位选举中，向任何一位候选人及其授权委员会捐

---

① 2002 年的《两党竞选法案》第 301 节修改了在第 439a 节插入的替代性语言。这一修订自 2002 年 11 月 6 日起生效。2005 年综合拨款法案第 V 款 H 部分的 532 节对本法案第 439a 节进一步作了修改，增加了 (a) 部分的第 (5) 条和第 (6) 条。这一修订在 2004 年 12 月 8 日签署成为法律。

② 见下文。

③ 见 §441a-1。

④ 2002 年的《两党竞选法案》第 102 章和第 307 章，对本法案第 441 章 (a) 进行了修订，修改了捐款限额。《两党竞选法案》第 319 章 (b) 进一步修订了本章内容，从而使第 441 章 (a) (1) 与新的分章 (i) 的内容相互对应。这些修订条款适用于自 2003 年 1 月 1 日及以后的政治捐款。

款的总额超过 5000 美元；

（B）每年向由全国性政党组建并管理、而非候选人授权委员会的政治委员会捐款的总额超过 15000 美元；或者

（C）每年向其他政治委员会捐款的总额超过 5000 美元。

（3）在奇数年 1 月 1 日至下一个偶数年 12 月 31 日之间的时期，任何人的捐款总额不得超过下列规定：

（A）赠予候选人和候选人授权委员会的捐款总额不得超过 37500 美元；

（B）其他的捐款不得超过 57500 美元，这些捐款中向非全国性政党政治委员会给予的捐款不得超过 37500 美元。

（4）上述第（1）和（2）段中所列的捐款限额并不适用于同一政党的全国、州、地区、当地等各级委员会（包括其下属委员会）之间的拨付款。对于第（2）段来说，"支持多位候选人的政治委员会"是指按照本章第 433 节规定登记、组建时间不少于 6 个月的政治委员会，并且该政治委员会应已经收到至少 50 人的捐款，且除了向政党的州组织捐款以外已经捐款了至少 5 位联邦选举中的候选人。

（5）对于第（1）、（2）段规定的捐款限额来说，除以下情况外，由任何企业、劳工团体、或其他个人——包括这些企业的母公司、子公司、分公司、分部、部门或当地机构，劳工组织，或其他个人，或这些人组成的任何团体——组建、资助、管理、控制的政治委员会作出的所有捐款，均应认定为由一个单个的政治委员会作出的捐款：

（B）对于第（1）、（2）段规定的捐款限额来说，由政党的全国委员会组建、资助、管理、控制的单个政治委员会和州委员会组建、资助、管理、控制的单个政治委员会作出的所有捐款，不应认定为一个单个的政党委员会作出的捐款；

(7)

（B）.(ii)①对于本小节来说：任何个人（非候选人或候选人的授权委员会）在政党全国、州或地方委员会的要求或建议下，在合作、咨询、协同工作方面的花费均应认定为对该党委员会的捐款。

（C）如果：

（i）任何个人为竞选活动宣传支付费用或签约支付费用[按照第304节(f).(3)的规定，即美国法典第2卷§434.(f).(3)]；并且

（ii）这些费用与候选人或其授权委员会、联邦、州、地方政党或其委员会，或是该候选人、政党或委员会的代表或行政人员的开支一致；

那么这些费用或合约将被认定为对通过竞选活动宣传支持该候选人或该候选人所属政党的捐款以及该候选人或其政党的花销；并且

（D）赠予政党提名的美国副总统职位候选人的捐款或为其筹集的捐款将被认定为赠予该党总统职位候选人或为其筹集的捐款。

（b）总统职位候选人的开支限额

---

① 2002年的《两党竞选法案》第214节对本法案第441节a.（a）.（7）进行了修订，把原来（B）段的（ii）小节作为（iii）小节，插入了新的第（ii）小节。《两党竞选法案》第202节进一步修订了本法案第441节a.（a）.（7），把原来的（C）段作为（D）段，并插入新的（C）段。这些修订自2002年11月6日起生效。《两党竞选法案》第214节还包含对联邦选举委员会执行本法案§441.a.（a）.（7）的有关规定，这些内容收入了美国法典§441.a.的注释2："（b）当前规定的废除。按照第（c）段[如前所述的第402节（c）.（1）]规定，关于对个人而不是候选人、候选人的授权委员会或政党委员会支付的配合报道的有关规定，之前由联邦选举委员会正式通过并发布在2000年12月6日的联邦公报上、收录进联邦公报第65卷第76138页，在联邦选举委员会发布新的有关规定之时废止。（c）联邦选举委员会的有关规定。联邦选举委员会将对个人而不是候选人、候选人的授权委员会或政党委员会支付的配合报道做出新的规定。这些规定不要求对建立配合达成一致或形成正式合作关系。除了应由联邦选举委员会决定的事项以外，这些规定还涉及了：

（1）再版竞选活动资料的支出；（2）使用常用供应商的支出；（3）由曾经作为某候选人或政党雇员的人导演、制作的宣传报道的支出；（4）由对媒体与候选人或政党进行大量讨论的人制作的宣传报道的支出。"

（1）依据第 26 卷第 9003 节（与获得补偿资格的条件有关的条款）或第 26 卷 9033 节（与获得补偿资格有关的条款），从财政部长那里接受补偿的总统职位候选人花费的开支不得超过下列规定：

（A）对于竞选总统职位候选人提名的竞选活动来说，除了根据本小段规定在任何一个州的总开支不得超过 16 美分乘以该州达到法定投票年龄的人口数［按照本节(e)小节的确认数］或 200000 美元以外，开支总额不得超过 10000000 美元；

（B）对于竞选总统职位的竞选活动来说，开支总额不得超过 20000000 美元。

（2）对于本段：

（A）由政党提名的竞选副总统职位的候选人或代表其花费的开支，均应认定为该党总统职位候选人或以其名义花费的开支；

(c) 基于物价指数上涨对限额的增加

（1）

（A）每年年初（从 1976 年开始），得到美国劳工部劳工统计局的统计数据后，劳工部长应向联邦选举委员会确认并在联邦公报上公开此前 12 个月物价指数与基准周期的物价指数的百分比差。

（B）除了（C）小段的规定以外，2002 年以后每年——

(i) (a).(1).(A)、(a).(1).(B)、(a).(3)、(b)、(d) 以及(h)小节规定的所有限额均应根据(A)小段确定的百分比差予以增加；

(ii) 所增加的每项数额只在当年有效；

(iii) 如果按照（i）条款调整后的金额无法构成 100 美元的倍数，那么该金额应四舍五入为 100 美元的最接近倍数。

（C）对于(a).(1).(A)、(a).(1).(B)、(a).(3) 以及(h)小节规定的所有限额来说，所增加的金额只能用于奇数年；并且这些增加依然在两年内有效，此两年开始于限额增加当年的最后一场大选举行后的第一天，结束于下一场大选开始之日。

（2）对于（1）段来说：

（A）"物价指数"一词是指由劳工统计局在一年中每月公布的消费者物价指数（涵盖美国所有城市平均水平全部消费品）的平均值；并且

（B）"基准周期"一词是指

（i）对于（b）和（d）小节来说，是指1974年；且

（ii）对于(a).(1).(A)、(a).(1).(B)、(a).(3)以及(h)小节来说，是指2001年。

（d）由全国委员会、州委员会、或是州委员会的下属委员会支出的与竞选联邦职位候选人的大选活动有关的开支①

（1）尽管法律条款对于开支和捐款有种种限制，但是政党的全国委员会和州委员会，包括州委员会的任何下属委员会，都可以在遵守本小节（2）、（3）、（4）段的限额规定前提下，为竞选联邦职位的候选人支付大选竞选活动的有关花销。

（2）如果隶属于本党的总统候选人在大选竞选活动中的花费超过了2美分乘以全国符合法定投票年龄人数〔根据本节(e)段规定所确认的人数〕的总额，则该党的全国委员会不得支付任何超额部分的开支。本段中所列的所有开支均应列入作为总统候选人的主要竞选委员会的政党政治委员会花费的开支。

（3）如果隶属于本党的州联邦职位候选人在竞选活动中的开支超出下列额度时，那么该党的全国委员会和州委员会，包括州委员会的所有下属委员会，均不得支付任何超额部分的开支：

（A）对于竞选参议员职位或仅有一个名额的州的众议员职位的候选人来说，竞选活动开支超出了下列情况中较高的额度：

（i）2美分乘以该州符合法定投票年龄人数的数额〔根据本节（e）段规定所确认的人数〕；或

（ii）20000美元；

---

① 2002年的《两党竞选法案》第213节对本法案第441节a.(d)进行了修订，对（1）作出了一个符合性修订，增加了（4）。这一修订自2002年11月6日起生效。

（B）对于在其他各州竞选众议院议员、准州列席代表或属地居民代表的候选人来说，竞选活动开支超出 10000 美元。

（4）政党支付的独立开支和配合开支①。

（A）一般情况。政党提名候选人当天及其之后，该党的任何委员会都不应承担下列情况的有关开支：

（i）如果政党政治委员会在选举周期内支付了与候选人有关的任何独立开支［术语定义见第 301.（17）节，即美国法典第 2 卷 §431.（17）款］，那么该党的任何委员会均不应再在此选举周期内支付与该候选人有关的本小节所指的配合开支。

（ii）如果政党委员会在选举周期内支付了与候选人有关的本小节所指的配合开支，那么该党的任何委员会均不应再在此选举周期内支付与该候选人有关的独立开支［术语定义见第 301 节（17）款，即美国法典第 2 卷 §431.（17）节］。

（B）条款的适用。对于本段来说，由全国性政党组建并运转的所有政治委员会（包括所有的国会竞选委员会）以及由州政党组建并运转的所有政治委员会（包括州委员会的所有下属委员会），均应认定为一个单独的政治委员会。

（C）资金拨付。已经向候选人支付本小节所指的配合开支后，政党委员会在一个选举周期内，不得向已经或有意为该候选人提供独立开支的政党委员会拨付任何资金、授权其提供本小节所指的配合开支或接受其资金拨付。

（e）确认并公布预估的符合法定投票年龄人数

1975 年以及随后每一年 1 月的第一周，商务部应向联邦选举委员会确认全国、各州以及各国会选区符合法定投票年龄人数的预估情况，并将上述情况公布在联邦公报上，作为下一个确认日期之前的 7 月份第一天的人数预判。"符合法定投票年龄人数"一词是指年满 18 周岁的常住人口数。

---

① 在 2003 年 McConnell 诉 FEC 一案中，最高法院裁定本法案第 441 节 a.(d).(4) 违宪。

(h) 参议员候选人

尽管本法案有相关条款规定,但是本法案允许向参加参议员选举或选举提名的候选人提供总计不超过 35000 美元的捐款,时间限于共和党或民主党的参议员竞选委员会或某一政党的全国性委员会或这些委员会的联合组织举办的、该人确为选举候选人的选举当年。

(i)[1] 允许接受来自个人资金的开支的限额增加

(1) 限额增加

(A) 一般情况。根据(2)段规定,如果与参议员职位选举候选人有关的反对派个人资金数额超出了起点金额,那么按照(a).(1).(A)小节[2]规定与该候选人有关的限额(在本小节是作为"适用限额"提及的)即为增加的限额。

(B) 起点金额。

(i) 适用于每个州具有竞争性且公平的竞选活动的计算公式。在本小节中,与(A)小段所述候选人的竞选周期有关的起点金额等于下列两项数额的合计:

(I) 150000 美元;以及

(II) 0.04 美元乘以符合法定投票年龄人数的数额。

(ii) 符合法定投票年龄人数。本小段"符合法定投票年龄人数"一词,对于参议员职位候选人来说,是指其所在州的符合法定投票年龄人数[按照 315(e)节,即美国法典第 2 卷 §441a.(e)节所确认的人数]。

(C) 限额增加。除了(ii)条所列的限制以外,对于(A)小段的规定来说,如果反对派个人资金数额超过下列情况:

(i) 超过起点金额的 2 倍、但尚未超过起点金额的 4 倍——

---

[1] 2002 年的《两党竞选法案》第 304 节对本法案第 441 节 a 作了修订,增加了小节(i)。这一修订自 2002 年 11 月 6 日起生效。这一修订并不适用于 2002 年 11 月 6 日以前因选举而发生的决胜选举或有争议性选举的重新计票。详见《两党竞选法案》第 402 节(a).(4),引自美国法典第 2 卷 §431 的注释。

[2] 即 §441a.(a).(1).(A)。

(Ⅰ) 增加的限额将是适用限额的 3 倍；并且

(Ⅱ) 如果候选人在可能接受捐款期间，这笔捐款是按照(A)小段规定所增加的限额筹集的，那么(a).(3)小节①所规定的限额将不适用于筹集给该候选人的这笔捐款。

(ⅱ) 超过起点金额的 4 倍，但不超过起点金额的 10 倍——

(Ⅰ) 增加的限额将是适用限额的 6 倍；并且

(Ⅱ) 如果候选人在可能接受捐款期间，这笔捐款是按照(A)小段规定所增加的限额筹集的，那么(a).(3)小节所规定的限额将不适用于筹集给该候选人的这笔捐款。

(ⅲ) 超过起点金额的 10 倍——

(Ⅰ) 增加的限额将是适用限额的 6 倍；

(Ⅱ) 如果候选人在可能接受捐款期间，这笔捐款是按照(A)小段规定所增加的限额筹集的，那么(a).(3)小节所规定的限额将不适用于筹集给该候选人的这笔捐款；并且

(Ⅲ) (d) 小段②所规定的限额也将不适用于政党的州或全国委员会所支付的开支。

(D) 反对派个人资金数额。反对派个人资金数额与下列金额的超额部分（如果有的话）相等：

(ⅰ) 反对派候选人在同一场选举中使用个人资金［术语定义见 304(a)(6)(B)，即美国法典第 2 卷 § 434.(a).(6).(B)］所支付开支中的最高总额；超过

(ⅱ) 上述选举的候选人使用个人资金所支付的开支总额。

---

① 即 § 441a.(a).(3)。

② 即 § 441a.(d)。

（E）① 关于候选人竞选资金的特殊规定。

（i）一般情况。在确定（D）.（ii）小段所规定的个人资金所支付的开支总额时，该金额应包括候选人授权委员会的总收入优势。

（ii）总收入优势。对于上述（i）款来说，"总收入优势"一词是指（I）中所述总额超出（II）中所述总额的部分（如果存在的话）：

（I）在大选举行的前一年6月30日到12月31日之间的选举周期内，候选人授权委员会可能用于支付与选举有关的开支而接受的收入总额（不包括来自候选人个人资金的捐款）中的50%；超过

（II）在大选举行的前一年6月30日到12月31日之间的选举周期内，反对派候选人授权委员会可能用于支付与选举有关的开支而接受的收入总额（不包括来自候选人个人资金的捐款）中的50%。

（2）在限额增加时接受捐款的情况

（A）一般情况。按照（B）小段内容规定，在（1）段所列限额增加的情况下，候选人及其授权委员会不应接受任何捐款，政党委员会也不应支付任何开支，下列情况除外：

（i）该候选人已经收到了第304.（a）.（6）.（B）节［即美国法典第2卷§434.（a）.（6）.（B）］所规定的反对派个人资金捐款数额的通告；并且

（ii）当计入之前接受的捐款和根据本小节所规定的增加限额为选举周期花费的政党开支的总金额之后，这些捐款超过了反对派个人资金捐款数额的110%。

（B）反对派候选人退出选举的影响。如果由于反对派候选人而使限额增加，那么自这位反对派候选人退出选举之日起，在限额增加的范围内候选人和候选人的授权委员会不应接受任何捐款，政党不应支付任何

---

① 2002年的《两党竞选法案》第316节对本法案第441a（i）（1）节作了修订，增加了（E）小段。这一修订自2002年11月6日起生效。此条并不适用于2002年11月6日以前举行的决胜选举或有争议性选举的重新计票。详见《两党竞选法案》第402节（a）.（4），引自美国法典第2卷§431的注释。

开支。

(3) 多余捐款的处理。

(A) 一般情况。按照(1)段对增加限额的规定,候选人或其授权委员会所接受的、但没有用于与捐款有关的选举开支的捐款数额,应在上述选举结束后 50 天以内按照(B)段所述方式处理。

(B) 返还捐款人。候选人或其授权委员会应将剩余捐款返还给作出捐款的个人。

§441a-1.① 关于众议院议员候选人应对反对者个人资金开支的限制条款的修订。

(a) 提升限额的有效性

(1) 一般情况。按照第(3)段的规定,对于竞选众议院、准州列席代表或属地居民代表职位的候选人来说,如果反对派个人资金数额超过 350000 美元,那么:

(A) 对于该候选人来说,(a).(1).(A)[即美国法典第 2 卷§441a(a).(1).(A)]小节所规定的限额即应增至 3 倍;

(B) 如果在该候选人可能接受某笔捐款期间,该捐款是按照上述(A) 小段许可的增加限额作出的,那么(a).(3)[即美国法典第 2 卷§441a.(a).(3)]小节所规定的限额并不适用于向该候选人作出的所有捐款;并且

(C) (d) 小节[即美国法典第 2 卷§441.a.(d)]所规定的、由政党的州或全国委员会以该候选人名义支付的所有开支限额也均不适用。

(3) 在限额增加时接受捐款的情况。

(A) 一般情况。按照(B)小段规定,在(1)段所列限额增加的情况下,候选人及其授权委员会不应接受任何捐款,政党委员会不应支

---

① 《两党竞选法案》第 319 节(a)对本法案进行了修订,增加了新的章节 441a-1。这一修订自 2002 年 11 月 6 日起生效。但这一修订并不适用于 2002 年 11 月 6 日以前因选举而发生的决胜选举或有争议性选举的重新计票。详见《两党竞选法案》第 402 节(a).(4),引自美国法典第 2 卷§431 的注释

付任何开支，下列情况除外：

（i）该候选人已经收到了(b).(1)①小节所规定的反对派个人资金数额的捐款；并且

（ii）当计入之前接受的捐款和根据本小节所规定的增加限额为选举周期花费的政党开支的总金额之后，捐款这些捐款超过了反对派个人资金数额的100%。

（B）反对派候选人退出选举的影响。如果由于反对派候选人而使限额增加，那么自这位反对派候选人退出选举之日起，在限额增加的范围内候选人和候选人的授权委员会不应接受任何捐款，政党不应支付任何开支。

（b）来源于个人资金的开支报告

（1）一般情况。

（A）定义。在本段中，"来源于个人资金的开支"一词是指：

（i）候选人使用个人资金所支付的开支；以及

（ii）候选人使用个人资金作出的捐款或贷款，或是候选人使用个人资金为其授权委员会担保的贷款。

（B）意图报告。正式成为国会的众议员、州众议员或属地居民代表职位候选人之日起15天内，该候选人应提交一份公告，说明如果选举开支超出350000美元，其打算使用个人资金支付或担保支付的开支总额。

（C）初步报告。一旦（B）小段所述的候选人在有关选举中使用个人资金支付或担保支付的开支总额超过350000美元，其应在24小时之内提交一份报告。

（D）附加报告。候选人按照（C）小段要求提交报告之后，每次使用个人资金支付或担保支付的开支数额超过10000美元时，均应提交一份附加报告。上述附加报告应于支付开支后的24小时内提交。

（E）内容。（C）小段或（D）小段所述的报告应包含下列内容：

---

① 见后文。

第一部分　宪法、全国性涉党法律

（ⅰ）候选人的姓名以及竞选寻求的职位；

（ⅱ）每一笔开支的日期、金额；以及

（ⅲ）截止到报告所述开支之日，该候选人在选举中使用个人资金已经支付或已经担保支付的开支总额。

（F）报告提交的各方。候选人按照（C）、（D）或（E）小段规定提交的每一份公告或报告，均应同时提交给——

（ⅰ）联邦选举委员会；以及

（ⅱ）在同一场选举中的每一位候选人以及每一位候选人所属的全国性政党。

§441b. 全国性银行、企业以及劳工组织提供的捐款或开支

（b）

（1）本节所谓"劳工组织"是指：有雇员参加的任何性质的组织、机构、职工代表委员会或职工代表计划，以及完全或部分旨在与雇主处理员工申诉、劳动争端、工资、薪酬等级、工作时间或工作条件等有关问题而建立的组织、机构、职工代表委员会或职工代表计划。

（2）对于本节及第15篇§791.（h）[1]来说，"捐款或开支"包括那些在第301节（美国法典第2卷§431）定义中的所列诸项捐款或开支，以

---

[1] 2005年8月8日，美国法典第15篇§791（h）因2005年《能源政策法案》第1263节而废止。在此之前，该条款如下：

（h）禁止的政治捐款

对于任何登记的控股公司或其附属公司，通过直接或间接利用邮件或其他方式，或州际贸易等其他手段进行下列政治捐款的，均为非法：

（1）为了在国家、州或州的政治分区或上述一个或多个专门机构、行政管理当局或机构中谋求官职或职位的人确保候选资格、获得提名权、参与竞选或接受任命等所有活动相关提供的捐款；或是

（2）为了支持政党或委员会或他们的代理机构提供的捐款。

本小节所使用的"捐款"一词包括所有的礼品、捐款、贷款、预付款、存款或其他有价值的东西，也包括各类合同、协议以及无论在法律上是否可实行的捐款承诺。

及与本节内容所涉及的职位竞选有关的或为了相应的竞选宣传活动①推进，直接或间接提供给候选人、竞选委员会、政党或政治组织的所有付款、发放、贷款、预付款、存款、捐款、服务或有价值的东西（除了全国银行或州立银行依照适用的银行法和规定以正常业务流程发放的贷款），但并不包括下列各项的捐款或开支：

（A）企业与其股东及行政管理人员及他们的家庭成员之间，或劳工组织与其会员及会员的家庭成员之间围绕不同话题展开的宣传活动；

（B）企业针对其股东及行政管理人员及他们的家庭成员，或劳工组织针对其会员及他们的家庭成员组织的无党派选民登记和动员投票活动；以及

（C）向企业、劳工组织、会员组织、合作社或无股本金额的有限公司出于政治目的而成立的独立运作的基金会所提供的各种捐款的设立、管理和募集。

（3）下列行为均为非法——

（A）对于提供捐款或开支的基金会来说，使用暴力、工作歧视、资金报复威胁等方式获取的金钱或有价值物品；或是使用作为成为劳工组织会员条件之一而收取的会费、费用或要求的其他资金，或是使用在商业交易中获得的资金；

（B）对于个人来说，为了向该基金会提供捐款而雇佣员工，但在雇佣时未向该员工告知上述基金的政治意图；

（C）对于个人来说，为了向该基金会提供捐款而雇佣员工，但在

---

① 2002年《两党竞选改革法案》第203节（a）和第214节（d）对本法案第441节b.(b).(2)进行了修订。这些修订自2002年11月6日起生效。2007年6月25日，最高法院在FEC v. Wisconsin Right to Life一案中认为，鉴于原告是第501节（c）（4）所规定的非盈利性公司，对于所谓的"适用对象"——原告2004年大选之前准备刊登的广告来说，第441节b.(b).(2)中的规定是违宪的。因此，最高法院判定，由于这些广告并不是明确的宣传广告或具有同等的作用，因此把这些资金筹集的限制规定适用于这些广告是违宪的。更多信息详见FR72899（2007年12月26日）。

雇佣时未向该员工告知其拥有拒绝如此捐款而不会因此受到报复的权利。

（4）

（A）除了下述（B）、（C）和（D）小段所规定的以外，下列行为均为非法：

（i）对于企业或由企业成立的独立运作的基金会来说，向其股东以及他们的家庭成员、其行政管理人员以及他们的家庭成员以外的其他人募集捐款；以及

（ii）对于劳工组织或由劳工组织成立的独立运作的基金会来说，向其会员以及他们的家庭成员以外的其他人募集捐款。

（B）根据本节规定，企业、劳工组织或由上述企业或劳工组织成立的独立运作的基金会在一年内，向其股东、行政管理人员、企业雇员或是上述群体的家庭成员发出两份书面的捐款募集是合法的。本小段所述的募集只能以邮寄的方式按其住所发给股东、行政管理人员或雇员，并且运作募集活动的企业、劳工组织或独立运作的基金会不得决定募集捐款的结果，即谁捐款50美元或不到50美元、谁不会捐款。

（C）本段规定不应妨碍会员组织、合作社、无股本金额的公司或由会员组织、合作社、无股本金额的公司成立的独立运作的基金会向其成员募集捐款。

（D）本段规定不应妨碍行业协会或由行业协会成立的独立运作的基金会向加入该行业协会的成员公司的股东和行政管理人员以及他们的家庭成员募集捐款，只要这些股东、行政管理人员以及他们的家庭成员的募捐得到了相关成员公司独立而明确的认可，并且这些成员公司在一年中不会认可多个这样的行业协会发出的募集。

（5）尽管有其他法律规定，但是法律允许公司对于其股东和行政管理人员使用的号召向公司成立的独立运作的基金会义务捐款或促使作出义务捐款行为的方式，同样适用于劳工组织对其成员使用。

（6）采取某种方式募集义务捐款或促使作出义务捐款行为的公司，包括其子公司、分公司、部门和附属公司等，均应按照书面要求以及以仅

补偿其因此花费的支出为代价，向代表上述公司及其子公司、分公司、部门和附属公司工作人员的劳工组织提供所采取的方式。

（7）本小节"行政管理人员"一词是指：由公司雇佣的，支付薪水而不是时薪，承担决策责任、管理责任、职业责任或监督责任的个人。

§441c. 政府订约人的捐款

（a）禁止性规定。对于任何人来说，下列行为均为非法：

（1）政府全部或部分地使用来自国会的专用拨款购买劳务服务或物资、军需品、装备、土地或建筑物，与美国政府或其部门、机构签订合同提供劳务服务、供给物资或军需品、出售土地或建筑物的订约人在（A）协议签订之初为了以后这些合同的顺利履行；或是在（B）协议终止以后及时拿到这些物资、军需品、装备、土地或建筑物的付款，而直接或间接地向政党、委员会或寻求公共职位的候选人或有政治目的或用途的人捐钱或其他有价值的东西，或明确承诺或暗示提供诸如此类的捐款；或者

（2）在协议履行期间为了上述目的而故意向那些订约人要求此类捐款。

§441e. 外国公民的捐款和捐赠①

（a）禁止性规定。下列情况均为非法：

（1）外国公民直接或间接地：

（B）向政党的会员捐款或捐物；

§441h

（a）.（1）任何竞选联邦职位的候选人或该候选人的雇员或代理人，均不得谎称代表其本人或其掌控的委员会或组织，就伤害其他候选人、政党或他们的雇员或代理人的事件向上述候选人、政党、或他们的雇员或代理人发表演讲、撰写文章、采取行动；

（b）.（1）任何人不得为了筹集捐款或捐赠，而在发言、撰文或其他行

---

① 2002年《两党竞选改革法案》第303节对本法案第441节e进行了修订，修改了本节的标题以及小节（a）的措辞。这一修订自2002年11月6日起生效。

动中谎称代表某位候选人、政党或他们的雇员或代理人。

§441i. 政党募集的软钱①

(a) 全国委员会

(1) 一般情况。政党的全国委员会（包括政党的全国国会竞选委员会）不得募集、接受或命令其他人提供与本法案限制性条款、禁止性条款和报告要求不符的捐款、捐赠，不得拨付与本法案限制性条款、禁止性条款和报告要求不符的资金或其他有价值的东西，不得花费与本法案限制性条款、禁止性条款和报告要求不符的资金。

(2) 适用性。(1) 段所确立的禁止性规定适用于所有这样的全国委员会，以这样的全国委员会名义行动的干事或代理人，以及直接或间接由这样一个全国委员会组建、资助、维持或控制的实体单位。

(b) 州、地区和当地委员会

(1) 一般情况。除了 (2) 段所规定的，政党的州、地区或当地委员会（包括由上述委员会直接或间接组建、资助、维持、控制的实体单位以及以这些委员会或实体单位名义行动的干事或代理人）、竞选州或地方职位的候选人联盟或类似团体、州或地方职位的在职者联盟或类似团体为联邦选举活动支付或花费的总金额应来自于遵守本法案限制性条款、禁止性条款和报告要求的资金。

(2) 适用性。

(A) 一般情况。尽管第301节(20).(A)条[即美国法典第2卷§431.(20).(A)]的(i)或(ii)有相关规定且要遵守(B)小段规定，但是只要政党的州、地区或当地委员会为上述任何条款所列活动支付或花费的金额是在下列资金额度内拨付的（依据联邦选举会制定的规章）：

(i) 单独由符合本法案限制性规定、禁止性规定和报告要求

---

① 在1991年8月14日《立法部门拨款法案》第6节(d)废除该条款之前，441节i规定可以接受参议员、政府官员以及参议院雇员给予的酬金。2002年《两党竞选改革法案》第309节对本法案进行了修订，增加了新的第441节i，规范政党的非联邦资金使用。这一修订自2002年11月6日起生效。

［除了（B）（iii）小段规定的金额以外］的捐款组成的数额；以及

（ii）不在本法案的限制性规定、禁止性规定和报告要求［除了（B）小段（iii）中规定的数额外］范围的其他数额

那么（1）段内容不适用于政党的州、地区或当地委员会为任一条款所列竞选活动支付或花费的金额。

（B）适用条件。只有在下列情况下，（A）小段规定才具有适用性：

（i）竞选活动不涉及某一位明确确认竞选联邦职位的候选人；

（ii）除了宣传报道只能涉及一位明确竞选州或地方职位的候选人以外，支付或花费的金额不得用于任何的广播、有线电视或卫星宣传报道的开销；

（iii）除非没有捐款者（包括这些捐款者建立、资助、维持或控制的任何个人）在一年内为这些开支或花费向政党的州、地区或当地委员会捐赠超过10000美元，否则（A）（ii）小段所述的支付或花费的金额，需使用根据州法律和（C）小段各项要求捐赠的资金来支付；以及

（iv）支付或花费的金额单独由支付这些开支或花费的州、当地或地区委员会筹集的资金组成，且这些金额不得包括来自下列各方提供给这些委员会的资金：

（I）州政党的其他州、当地或地区委员会；

（II）政党的全国委员会（包括政党的全国国会竞选委员会）；

（III）代表（I）或（II）条所列委员会行动的干事或代理人；或

（IV）由（I）或（II）条所列委员会直接或间接组建、资助、维持、控制的实体单位。

（C）禁止全国性政党、联邦职位候选人和现任者以及州政党联合参与。尽管（e）小节［除（e）小节第（3）条］有所规定，只要资金符合下列情况，按照（B).(iii)小段规定要求特别指明用于开支的金额即满足本小段的要求：

(i)这些金额不是由(a)或(e)小节所列的个体或其名义募集、接受、管理、拨付或支出的；并且

(ii)这些金额不是由政党及其代理机构的2个或多个州、地方、选区委员会通过联合举办筹款活动募集、接受或管理的，也不是由政党的一个州、地方或选区委员会在一个州或多个州代表政党的州、地方、选区委员会或其代理机构通过举办筹款活动募集、接受或管理的。

(c)筹款费用

(a)或(b)小节中所列的个人为筹集全部或部分用于联邦竞选活动开支和花销而支付的数额，应来自于遵守本法案各项限制性规定、禁止性规定和报告要求的资金。

(d)免税组织

政党的全国、州、地区或当地委员会（包括政党的全国国会竞选委员会），由这些全国、州、地区或当地委员会及其代理机构直接或间接建立、资助、维持、控制的实体，以及代表这些政党委员会或实体行动的干事或代理人，均不得为下列组织募集任何资金或提供、管理捐款：

(1) 1986年《国内税收法典》第501节（c）所列、根据该法案第501节（a）规定免于纳税（或根据该节规定已经提交确认税收免除情况申请），且为与联邦职位有关的选举支付费用（包括为联邦选举活动的开支和花费）的组织；或

(2)《国内税收法典》第527节所列的组织（除了政治委员会，政党的州、地区或当地委员会，以及竞选州或地方职位的候选人指定的竞选委员会）。

(e)联邦职位候选人

(1)一般情况。联邦职位候选人、现任者、候选人或现任者的代理人，或由1个或多个联邦职位候选人、现任者直接或间接建立、资助、维持、控制的实体，或代表1个或多个联邦职位候选人、现任者行动的实体，不应：

(A)募集、接受、管理、拨付或花费与联邦选举有关的资金，包

括为开展联邦竞选活动的资金,除非这些资金符合本法案的各种限制性规定、禁止性规定和报告要求;或

(B)募集、接受、管理、拨付或花费与除联邦职位竞选以外的选举有关的资金,或为这样的选举支出资金,除非这些资金:

(i)按照第315节(a)的(1)、(2)和(3)段[即美国法典第2卷§441.a.(a)]规定,不超过允许捐赠给候选人和政治委员会的总额;并且

(ii)不是来自本法案所禁止的与联邦职位选举有关的捐款。

(2)州法律。如果州法律允许募集、接受或花费资金,并且这些行为只与正在或曾经竞选州或当地职位的候选人有关或与该候选人竞选相同的州或当地职位的其他候选人有关或与二者都有关,那么(1)段规定并不适用于其段落所述的现在或曾经是州或当地职位候选人的个人仅仅为州或当地职位有关的选举募集、接受或花费的资金。

(3)筹款活动。尽管(1)段或(b)小节(2).(C)有相关规定,但是联邦职位候选人或现任者可以在政党的州、地区或当地委员会的筹款活动中出席、发言或担任特邀嘉宾。

(4)法律允许的筹款。

(A)常规筹款。尽管本小节有其他一些规定,但(1)段所述个人可以代表任何一个1986年《国内税收法典》第501节(c)条所列、按照此法案第501节(a)条规定免予纳税(或已经按照第501节规定递交了确认免税资格申请)的组织[而非第301节(20).(A)[即美国法典第2卷§431.(20).(A)]的(i)和(ii)条所列、以举办竞选活动为其主要目的的实体]开展常规筹款活动,然而筹集到的资金不得指定其应如何花费。

(B)特殊筹款。除了(A)小段规定的常规筹款以外,(1)段所述个人可以明确为了获得资金而组织筹款,用于推进301.(20).(A)的(i)和(ii)条款[即美国法典第2卷§431.(20).(A)]所述的竞选活动或资助以举办上述竞选活动为主旨的实体,但要满足下列条件:

(i)这种筹款只针对个人;并且

(ii)每年从同一人那里筹集的金额不得超过20000美元。

(f) 州职位候选人

(1) 一般情况。只有当资金使用遵守本法案的各种限制性规定、禁止性规定和报告要求时,竞选州或当地职位的候选人,州或当地职位的现任者,或候选人或现任者的代理人才能为301.(20).(A).(iii)节[即美国法典第2卷§431.(20).(A)]所列的宣传报道花钱。

(2) 宣传报道的特例。如果相关的宣传报道与竞选州或当地职位的选举有关,且只涉及这一个候选人,或涉及与该候选人竞选或拥有同一个州或当地职位的其他候选人,或二者都涉及,那么(1)段规定并不适用于其所述的个人。

§441k.① 禁止未成年人捐款

17岁及以下年龄的个人不得向候选人捐款,不得向政党委员会捐款或捐赠。

第Ⅱ节 总则

§453.(b)

政党的州和当地委员会。尽管本法案有其他规定,但是政党的州或当地委员会可以在遵守州法律的情况下,单独使用不受本法案各种禁止性规定、限制性规定和报告要求限制的资金,为该委员会购买或建造办公大楼。

国内税收法典

第95章 总统选举竞选资金

§9002. 术语定义

(1) "授权委员会"是指:参加美国总统和副总统竞选的政党候选人为了支出费用来推进其竞选活动,而以书面形式授权的政治委员会。这种

---

① 2002年《两党选举改革法案》第318节对本法案进行了修订,增加了第441k节。这一修订自2002年11月6日起生效。然而,在2003年McConnell诉FEC一案中,最高法案裁定第441k节规定违宪。

授权应致函该政治委员会主席，并且授权的复印件应由此候选人提交给联邦选举委员会备案。任何授权的撤销也应按照授权的同样方式书面进行，致函授权委员会主席并提交给联邦选举委员会备案。

（2）对于总统选举来讲，"候选人"一词是指：

（A）由大党提名参加美国总统职位或副总统职位竞选的个人；或

（B）作为参选总统职位或副总统职位的政党候选人，在10个或10个以上的州具备了使其名字出现在选票上的资格（或是获得了选举团的选举人承诺其出现在选票上的资格）。

对于本节第（6）和（7）段以及§9004.（a）.（2）来说，"候选人"一词指的是，在上述总统选举中获得投给总统职位民众选票的人。该词不包括在一个以上的州主动停止竞选美国总统或副总统职位的人。

（4）"合格候选人"一词指的是：按照本章在9003节所列的各项要求，参加美国总统和副总统竞选、并且具备接受竞选资金付款资格所有相关条件的政党候选人。

（6）"大党"一词指的是：对于总统选举来说，在以前举行的总统选举中，其政党候选人在所有总统职位候选人中得票率不低于25%的政党。

（7）"小党"一词指的是：对于总统选举来说，在以前举行的总统选举中，其政党候选人在所有总统职位候选人中得票率低于25%、但不低于5%的政党。

（8）"新党"一词指的是：对于总统选举来说，既不是大党、也不是小党的政党。

（11）"合规竞选开支"一词指的是下列开支：

（A）（i）政党的总统候选人为了推进自己的竞选活动，或该党副总统职位候选人的竞选活动，或两人的竞选活动花费的开支；

（ii）政党的副总统候选人为了推进自己的竞选活动，或该党总统候选人的竞选活动，或两人的竞选活动花费的开支；或

（iii）政党的总统候选人和副总统候选人的授权委员会为了推进其中一位候选人或两位候选人的竞选活动而花费的开支。

（B）发生在［第（12）段所定义的］支出报告期内或发生在这个时期开始之前，但是为了在该报告期内使用的财产、服务或设施花费的开支；并且

（C）无论是花费的开支还是支付的款项均不得违反美国联邦法律和花费、支付这些开支所在州的州法律。

如果一笔开支是由候选人或授权委员会所授权的个人支出，比如可能是代表该候选人或该委员会支出这笔开支，那么这笔开支应认定为由该候选人或该委员会的支出。如果政党的总统候选人、副总统候选人的授权委员会为了推进一位或多位竞选联邦、州或地方职位的其他人的竞选活动而花费开支，那么该委员会所花费的、没有明确指出是为了推进其他人竞选活动的开支，应依照联邦选举委员会规定的相应比例，计入推进该党总统和副总统候选人竞选活动的开支范围。

（12）对于总统选举而言，"支出报告期"一词是指：

（A）对于大党来说，此周期开始于总统选举前的9月份第一天，或如果最早的话，开始于该党在其全国代表大会上提名参选美国总统职位竞选的候选人的那一天，结束于总统选举日之后的第30天；而

（B）对于非大党的政党来说，此周期与（A）小段所规定的大党在总统选举中最短的支出报告周期相一致。

§9003. 获得总统选举竞选资金需要具备的条件

(a) 一般条件。按照§9006规定，为了有资格获得总统选举竞选资金，政党的候选人在总统选举中，应以书面形式：

（1）同意向联邦选举委员会收集并提供所要求的、证明上述候选人的竞选开支符合合规竞选开支要求的有关证据；

（2）同意向联邦选举委员会保留并提供要求的有关记录、账目以及其他信息；并且

（3）同意联邦选举委员会按照§9007规定进行账目审计和审查，并支付规定中需要支付的费用。

(b) 大党。按照§9006规定，为了有资格获得竞选资金，总统选举中

的大党候选人应向联邦选举委员会做出下列保证，如有违反将接受有关伪证罪的惩处：

（1）这些候选人和他们的授权委员会的合规竞选开支总额，将不超过§9004规定所赋予他们的支出总额；并且

（2）除非因适用于§9006.(c)条的规定而有必要从接受的资金中弥补支出的赤字以外，这些候选人或他们的授权委员会不得接受用于支付合规竞选开支的捐款，以及用于支付那些如果没有§9002.(11).(C)规定即为合规竞选开支的支出的捐款。

这些保证应依照惯例或规定，在总统大选之前、联邦选举委员会规定的时间内做出。

（c）小党和新党。按照§9006规定，为了有资格获得竞选资金，总统选举中的小党或新党候选人应向联邦选举委员会做出下列保证，如有违反将接受有关伪证罪的惩处：

（1）这些候选人和他们的授权委员会的合规竞选开支总额，将不超过§9004规定所赋予一个大党的所有有资格候选人的支出总额；并且

（2）只有当这些候选人及其授权委员会所支出的、符合（1）段规定所要保证的合规竞选开支，超过这些候选人依照§9006规定从总统选举竞选资金中收到的总金额时，这些候选人和他们的授权委员会才会接受、花费或持有用于支付合规竞选开支的捐款。

这些保证应依照惯例或规定，在总统大选之前、联邦选举委员会规定的时间内做出。

§9004. 合格候选人获得竞选资金的权利

（a）一般情况。按照本章规定：

（1）总统竞选中每一个大党的合格候选人，均有权得到§9006所规定的同样的竞选资金，总额度将不得超过按照§441a.(b).(1)所规定的、适用于这些候选人的合规竞选开支数额。

（2）(A)总统竞选中小党的合格候选人，均有权得到§9006所规定的竞选资金，总额度与按照第（1）段规定给予大党的补贴金额之间具有一

个比例关系,这一比例与在以前的总统选举中,小党的总统候选人获得的选票数量与所有大党的总统候选人获得的选票平均数之间的比例相同。

(B) 如果一个或多个政党(不包括大党)的总统候选人曾经是以前总统选举中的候选人,并且曾经在所有总统候选人总得票数中得票率超过5%、但低于25%,那么该候选人及其竞选副总统的竞选伙伴将按照§9003.(a)和(b)的规定被认定为有资格获得竞选资金的合格候选人,有权得到§9006所规定的竞选资金,资金额度将按照(A)小段的方法、通过计入该总统候选人在以前总统选举中获得的所有选票数量计算得出。如果按照本小段规定小党的所有合格候选人都有资格获得竞选资金补贴,那么这些补贴将根据(A)小段规定所给予的补贴数额而减少。

(3) 在总统竞选中,如果小党或新党的总统候选人在这次选举中作为候选人获得的选票数超过总统选举投票总数的5%,那么按照§9006规定该党的所有合格候选人均有资格获得竞选资金,资金额度与按照第(1)段规定给予大党的资金金额之间的比例,与在此次总统选举中该总统候选人获得的选票数量与所有大党的总统候选人获得的选票平均数之间的比例相同。对于符合(2)段规定、有资格获得竞选资金的合格候选人来说,如果有限制的话,本段所规定的资金金额应限于前述规定的资金金额中超出第(2)段所规定的部分。

(b) 限额。按照(a)小节(2)和(3)的规定,政党合格候选人在总统选举中应得到的竞选资金总额,不得超过下列各项中较少的数额:

(1) 合格候选人及其授权委员会支出的合规竞选开支数额减去这些候选人和委员会接受并花费或留存的用于支付合规竞选开支的捐款数额;或

(2) 按照(a).(1)小节规定,大党合格候选人得到的竞选资金总额减去本小节第(1)段所列的捐款数额。

(c) 资金使用限制。只有将竞选资金用于下列用途时,政党合格候选人才有资格依据(a)小节规定得到竞选资金:

(1) 支付这些合格候选人或其授权委员会的合规竞选开支;或

（2）偿还其收益曾用于支付这些合规竞选开支或归还用于支付这些合规竞选开支的资金（而非这些候选人或委员会所接受并花费的、用于支付合规竞选开支的捐款）的贷款。

（d）来自个人资金的开支。为了具备§9006所规定的获得竞选资金的资格，在总统选举中，无论是大党、小党还是新党的候选人均应向联邦选举委员会保证，其使用其个人资金或其直接亲属的个人资金用于总统竞选活动的开支总额不会故意超过50000美元，如有违反将接受有关伪证罪的惩处。对于本小节而言，大党、小党或新党的副总统职位候选人使用其个人资金用于竞选的开支将被视为该党的总统职位候选人的开支。

（e）直系亲属的定义。对于（d）小节来说，"直系亲属"一词指的是候选人的配偶、子女、父母、祖父母、兄弟、同父异母（同母异父）兄弟、姐妹或同父异母（同母异父）姐妹，以及这些人的配偶。

§9005. 联邦选举委员会的确认

（a）初步确认。根据本章§9003的规定，在竞选美国总统和副总统的政党候选人满足所有的适当条件而具备资格获得公共资金补贴的10日内，联邦选举委员会应向财政部长确认按照§9006规定、向符合§9004规定的合格候选人以全额形式拨付他们的竞选资金补贴。

§9006. 给予合格候选人的竞选资金

（a）竞选基金的设立。"总统选举竞选资金"是美国财政部在册的一项特殊资金。财政部长应时常向总统选举竞选资金拨付款项，款项额度不应超过第6096节所规定个人指定捐入竞选资金额度的总数（继上一次总统选举之后）。每个财政年度，竞选资金的数额不应与财政部的普通资金数额相当，而应与当年按照上述指定捐入的数额相当，且对于竞选资金来说该数额的使用不受财政年度的限制。

（b）拨付总统选举竞选资金。接到联邦选举委员会按照§9005规定出具的关于应向政党的合格候选人拨付竞选资金的确认书后，财政部长应从总统选举竞选资金中向这些候选人拨付经联邦选举委员会确认的金额。拨付给这些候选人的金额完全由这些候选人支配。

(c) 总统选举竞选资金中不足的金额。如果财政部长接到联邦选举委员会按照§9005规定出具的关于应向政党的合格候选人拨付竞选资金的确认书时,断定总统选举竞选资金中的金额不足以或可能不足以满足所有政党的合格候选人的全额补贴,他应从应拨付的补贴中扣减其认为需要的数额,以确保每一个政党的合格候选人都能够按其全额补贴的一定比例获得竞选资金补贴。一旦财政部长确定总统选举竞选资金的数额足以向补贴遭到扣减的所有合格候选人支付全额补贴或部分补贴时,由于前述原因扣减的补贴即应予以拨付;但是,如果竞选资金数额不足以拨付所有政党合格候选人的全部补贴,扣减的补贴金额应以各政党的合格候选人获得其全额补贴的比例予以拨付。根据(b)小节、9008(b).(3)节、9037(b)节规定,当财政部长确定总统选举竞选资金的数额不足以拨付竞选资金补贴时,无论如何都不能为了拨付这些竞选资金而通过其他来源筹集资金。

§9007. 检查和审计;竞选资金返还

(a) 检查和审计。每次总统选举结束之后,联邦选举委员会都将对每一个政党的总统和副总统候选人的合规竞选开支进行全面的检查和审计。

(b) 竞选资金返还。

(1) 如果联邦选举委员会判定,按照9006节规定拨付给一个政党的所有合格候选人的竞选资金中,存在任何超出9004节规定候选人有权获得竞选资金总额的部分,联邦选举委员会将通知上述候选人,这些候选人应按照超出的相应数额将资金返还给财政部长。

(2) 如果联邦选举委员会判定,政党的合格候选人以及他们的授权委员会花费的合规竞选开支超过了9004节所规定的大党的合格候选人有权获得的竞选资金总额,联邦选举委员会将通知上述候选人超出的资金数额,这些候选人应向财政部长返还同等数额的资金。

(3) 如果联邦选举委员会判定,大党的合格候选人或这些候选人的任何一个授权委员会收受捐款[不是根据9006节(c)的适用性规定为了弥补竞选资金补贴产生的赤字而接受的捐款]用于支付合规竞选开支[而不是与第(2)段要求的支付有关的合规竞选开支],联邦选举委员会将通知上述候选人以上述目的所接受的捐款数额，这些候选人应向财政部长返还同等数额的资金。

（4）如果联邦选举委员会判定，按照9006节规定拨付给一个政党的所有合格候选人的竞选资金中，有任何资金用于除下列用途以外的其他用途：

（A）支付与拨付这些竞选资金有关的合规竞选开支；或

（B）偿还其收益曾用于支付这些合规竞选开支的贷款，或者归还用于支付这些合规竞选开支的基金（不同于这些候选人或委员会接受、花费的用于支付合格竞选开支的捐款）

联邦选举委员会将通知上述候选人不当使用的资金数额，这些候选人应向财政部长返还同等数额的资金。

（5）根据本小节规定，政党的合格候选人无须返还竞选资金，直到加上这些候选人按照本小节规定应返还的其他竞选资金，数额超过了这些候选人按照9006节规定已经获得的竞选资金总额。

（c）通知。联邦选举委员会不应在总统选举之日后的3年以后，才按照（b）小节规定发出与那场总统选举有关的通知。

（d）返还竞选资金的存储。按照（b）小节规定财政部长收到的所有返还的竞选资金，均应由其存入财政部的普通资金。

§9008. 用于总统提名代表大会的竞选津贴

（a）设立账户。除了按照9006节（a）规定要求管理好总统选举竞选资金账户以外，财政部长还应在竞选资金中为每一个大党和小党的全国委员会管理一个单独的资金账户。财政部长应向每一个这样的账户存入一笔资金，资金数额与每一个上述委员会按照（b）小节规定可以得到的资金数额相等。这些存款应从6096节所规定的由个人指定捐入的竞选资金额度中提取，并且应按照9006（a）节规定在合格候选人进行账户资金转移之前存入。

（b）从总统选举竞选资金中获得总统提名代表大会竞选津贴的权利。

（1）大党。依照本节条款，大党的全国委员会有权获得第（3）段所规定的与总统提名代表大会有关的竞选津贴，总额不超过 4000000 美元；

（2）小党。依照本节条款，小党的全国委员会有权获得第（3）段所规定的与总统提名代表大会有关的竞选津贴，津贴数额不得超过与大党全国委员会按照（1）段规定所得竞选津贴成一定比例的数额，该比例与在以前的总统选举中，这个小党总统候选人获得的选票数量与大党的总统候选人所获选票平均数之间的比例相同。

（3）拨付竞选津贴。收到联邦选举委员会按照（g）小节规定给予的确认后，财政部长应通过按照（a）小节规定①管理的相应账户，向按照本小节规定参加选举、有权获得竞选津贴的大党或小党的全国委员会拨付竞选津贴。这些津贴应由这些委员会遵照（c）小节的条款合理使用。

（4）限额。按照本小节规定，拨付给大党或小党全国委员会、来自指定用于这些委员会账户的竞选津贴，应限于拨付资金之时该账户的资金额度。

（5）权利调整。本小节所规定的这些权利，将以与美国法典第 2 卷 441a.(b)节和 441a.(d)节对开支限额的规定相同的方式予以调整，调整将遵循该篇 441a.(c)节的相关条款。

（c）津贴的使用。根据（b）小节要求，竞选津贴不得用于支付参加总统提名大会的候选人或代表的个人开支。这些津贴只能用于下列用途：

（1）与获得这些津贴的全国委员会或代表获得这些津贴的全国委员会所举办的总统提名代表大会有关的花费；或

（2）偿还其收益曾用于支付这些大会开支的贷款，或在其他方面恢复用于支付大会开支的基金（不是这些委员会为了支付这些开支而接受的捐款）。

（d）开支限额。

（1）大党。除了第（3）规定的以外，大党全国委员会用于总统提名代表大会的有关开支，总额不得超过按照(b).(1)小节规定该委员会有

---

① 见后文。

权获得的竞选津贴总额。

（2）小党。除了第（3）规定的以外，小党全国委员会用于总统提名代表大会的有关开支，总额不得超过按照(b).(1)小节规定大党全国委员会有权获得的竞选津贴总额。

（3）例外。联邦选举委员会可以批准某个大党或小党的全国委员会的支出总额超过本小节第（1）或（2）段设定的限额。这种批准应基于联邦选举委员会确定，由于出现特别的、不可预见的情况，有必要产生这些开支以保证这些委员会组织的总统提名代表大会有效运行。

（4）关于法律或会计服务的规定。根据本节规定，对于总统提名代表大会的开支限额来说，由个人而不是政党的全国委员会（除非为这些服务付款的人不是提供这些服务的人的固定雇主）为向政党全国委员会或代表政党全国委员会提供法律或会计服务的人员支付的报酬，不应被认定为由这些委员会或代表这些委员会花费的开支。

（e）竞选津贴的获得。按照(b).(3)小节规定，大党或小党的全国委员会可以从该党总统提名代表大会召开当年的前一年7月1日起获得竞选津贴。

（f）总统选举竞选资金转移。如果有关的政党全国委员会已经得到了按照本节规定有权获得的竞选津贴，并且在总统提名代表大会结束以后该委员会的津贴账户中仍有资金余额，财政部长应将这些剩余的资金转入总统选举竞选资金。

（g）联邦选举委员会的确认。任何大党和小党均应按照联邦选举委员会要求的时间、形式和方式提交一份声明，确定该党的全国委员会。声明除应包括433（b）节要求提供的信息以外，还应包括联邦选举委员会要求提供的其他信息。收到按照前述规定提交的声明后，联邦选举委员会应根据其制定的有关程序和标准及时对声明进行核实，并向财政部长确认按照（b）小节规定应向这些有权获得竞选津贴的委员会全额拨付的津贴。这些确认需要接受联邦选举委员会组织开展的检查和审计，检查和审计工作必须在有关总统提名代表大会召开当年的12月31日以前进行。

（h）津贴返还。与联邦选举委员会有权根据9007.(b)节规定要求合格的候选人返还竞选资金一样，联邦选举委员会同样有权要求大党或小党的全国委员会返还总统提名代表大会竞选津贴。9007.(c)节段和9007.(d)节的条款均适用于本小节联邦选举委员会要求返还的总统提名代表大会竞选津贴。

§9009. 提交给国会的报告；有关规定

(a) 报告。每次总统选举结束以后，联邦选举委员会应尽早向参众两院提交一份完整的报告，说明下列内容：

(1) 每个政党的候选人以及他们的授权委员会支出的合规竞选开支（以联邦选举委员会确定必要的详细程度报告）；

(2) 联邦选举委员会根据9005节规定，确认拨付给每个政党的合格候选人的竞选津贴数额；

(4) 大党或小党的全国委员会在总统提名代表大会中支出的费用①。

§9011. 司法审查

(b)

(1) 联邦选举委员会，任何一个政党的全国委员会，以及有权投票选举总统的个人都有权针对本章条款的执行或解释是否适当提出诉讼，包括要求宣告式判决或禁令救济的诉讼。

§9012. 刑事处罚

(a) 超额支出

(1) 对于在总统选举中竞选总统和副总统的政党合格候选人或他的授权委员会来说，故意使合规竞选开支超出9004节所规定的总统选举中大党的合格候选人可以获得的竞选资金额度，即为非法。对于大党或小党的全国委员会来说，故意使总统提名代表大会的开支超出9008.(d)节所规定的适用于该委员会的开支限额，即为非法，除非发生的这些开支按照9008.(d).(3)节规定经过了联邦选举委员会的批准。

(b) 捐款

---

① 这一报告不再要求提供。见众议院文献 No.103-7，美国法典31篇§1113的注释所述。

（1）除非有必要因适用于9006.(c)节条款规定而接受捐款来弥补竞选资金的赤字，或有必要接受捐款来支付那些没有9002.(11).(C)的规定即为合规竞选开支的支出，否则在总统选举中，大党合格候选人或他的授权委员会故意接受用于支付合规竞选开支的捐款，即为非法。

（2）如果在总统选举中，政党（非大党）的合格候选人或其授权委员会故意接受、花费或留存的用于支付合规竞选开支的捐款数额，超过了该合格候选人和他的授权委员会所参与的选举应该支出的合规竞选开支额度，即为非法。

（c）竞选资金的违法使用

（2）大党或小党的全国委员会收到9008.(b).(3)节规定的总统提名代表大会竞选津贴后，如果将这些津贴用于或授权用于9008.(c)节所规定以外的其他用途，即为非法。

（e）回扣和违法资金

（1）任何人故意给予或收受与合格候选人或他们的授权委员会的合规竞选开支有关的回扣或违法资金，都是非法的。大党或小党的全国委员会故意给予或收受与这些委员会召开总统提名代表大会支出的费用有关的回扣或违法资金，也是非法的。

（2）触犯第（1）段条款的人应处以10000美元以下罚款，或5年以下监禁，或二者并罚。

（3）除了第（2）段规定的惩罚条款以外，任何人如果收受了与合格候选人或其授权委员会支出的合规竞选开支有关的回扣或违法资金，或与大党或小党的全国委员会召开总统提名代表大会的支出有关的回扣或违法资金，应向财政部长支付相当于所收受回扣或违法资金125%的资金数额，存入财政部的普通基金中。

（f）未授权的支出和捐款

（1）除了第（2）段的规定以外，在总统选举中，如果竞选总统和副总统的政党合格候选人非授权的政治委员会为了促进该候选人的竞选活动，故意花费开支总额超过1000美元，即为非法；因为这笔开支如果由该候选人的授权委员会支出，应归入合规竞选开支。

§9032. 术语定义

（1）"授权委员会"一词是指，对于竞选美国总统和副总统的政党候选人来说，得到这些候选人的书面授权、以支出经费来促进该候选人竞选活动的政治委员会。这种授权应函告这一政治委员会的主席，并且这一授权的复印件应由该候选人向联邦选举委员会提交备案。授权的撤销也应与授权采取同样方式，书面撤销授权、函告委员会主席、向联邦选举委员会提交备案。

（5）"配额资金账户"一词是指，按照9037.(a)节规定所设立的总统预选配额资金账户。

（6）"配额资金周期"一词是指，开始于美国总统职位大选举行当年之初、结束于候选人寻求提名的政党全国代表大会正式提名该党总统候选人之日的这段时期；对于不是由全国代表大会决定候选人提名的政党来说，这段时期的结束时间早于：

（A）这类政党正式提名该党总统候选人之日；或

（B）大选当年大党召开最后一次全国代表大会的最后一天。

（7）"预选"一词是指，为了选出代表参加本党的全国提名代表大会，或为了表达对参选美国总统职位选举人员的提名偏好，政党所举办的包括决胜选举、提名代表大会、党团会议等形式的选举。

§9033. 获得总统预选配额资金的资格

（b）

（2）该候选人必须向联邦选举委员会保证其正在寻求竞选美国总统职位的政党提名。

（c）配额资金的终止

（1）通则

（B）如果某人在第二场连续预选中的得票率在本党所有参选同一职位候选人中占比不足10%，并且在第二场连续预选30天以后准许或认可自己的名字出现在选票上，那么按照9037节的规定，不得向其支付总统预选配额资金，除非此人向联邦选举委员会证实他在所参与的预选中不是积极参与的候选人。

(4) 资格的重新获得

(B) 尽管(1).(B)①段条款有所规定，但是如果在那场作为终止某位候选人获得总统预选配额资金依据的党内预选之后，该候选人在同一政党举办的预选中得票率在所有候选人中占比不低于20%，那么即使该候选人的预选配额资金曾经按照(1).(B)段规定停止给予，他仍可以再次获得配额资金[包括那些曾因(1).(B)段条款规定而没有得到的配额资金]。

§9036. 联邦选举委员会的确认

(a) 初步确认。候选人按照9033节规定具备了获得9037节所规定的总统预选配额资金的资格之后10天以内，联邦选举委员会应按照9037节有关规定向财政部长确认，按照9034节规定该候选人有权得到的配额资金的全部数额。联邦选举委员会还应根据需要，对允许候选人接受9037节所规定的针对捐款的配额资金予以额外确认。

(b) 决定的结局性。联邦选举委员会按照(a)小节所作出的初步确认以及按照本章规定所作出的所有决定，均是不可更改的、结论性的，除非这些决定未能通过联邦选举委员会按照9038节规定进行的检查和审计以及按照9041节规定开展的司法审查。

§9037. 给予合格候选人的配额资金

(a) 建立账户。财政部长应在其所管理的、遵照9006(a)节规定设立的总统选举竞选资金中的所有账户之外，设立一个称为"总统预选配额资金"的独立账户。财政部长在确定拥有足额资金用于支付9006.(c)节和9008.(b).(3)节所规定的款项后，应将上述资金存入总统预选配额资金账户，以便按照9033节规定有资格获得总统预选配额资金的政党候选人所用。

(b) 来自配额资金账户的资金。收到联邦选举委员会按照9036节规

---

① 即§9033.(c).(1).(B)。

定所作出的确认之后、但不得早于配额资金周期开始之前，财政部长应及时将联邦选举委员会确认的资金数额从配额资金账户中拨付给候选人。向同一个政党的候选人拨付这笔资金时，财政部长应按照（a）小节的规定使拨付的资金在候选人中间得到公平的分配，而且财政部长在尽量实现公平分配配额资金时还应综合考虑联邦选举委员会给予确认的顺序。

§9039. 提交国会的报告；有关规定

（a）每一轮配额资金周期结束之后，联邦选举委员会都应尽快向参议院和众议院提交一份完整的报告，列明：

（1）每一个政党的候选人及其授权委员会的合规竞选开支数额（以联邦选举委员会认为有必要的详细程度）。

罪行和刑事诉讼程序

第19章 选举与政治活动

§600. 为了政治活动而许诺提供工作或其他恩惠

无论任何人，只要他直接或间接地向别人许诺提供工作、职位、报酬、合约、任命或其他恩惠——完全或部分缘于其促成了某项国会法案或因特殊原因掌握了上述任何一种恩惠——作为对方参与其政治活动的报酬、利益或奖励，或作为对方支持或反对有关候选人或政党的报酬、利益或奖励，这些候选人或政党或与竞选政治职位的普选或补选有关，或与挑选竞选政治职位候选人的预选、政党代表大会或党团会议有关，那么按照本篇规定，许诺者应被处以罚款或1年以下监禁或二者并罚的惩处。

§601. 为了政治捐赠而剥夺工作机会或其他利益

（a）无论何人，只要他通过拒绝提供或剥夺，或威胁拒绝提供或剥夺下列利益的手段：

（1）就业机会，职位，或是在美国政府、州或州的下一级行政区的实体或专业行政机构的工作，或由这些就业机会、职位或工作所带来的报酬、利益；或者

(2) 联邦、州或州的下一级行政区的项目的资金或利益；

直接或间接地故意或试图让别人为了候选人或政党的利益而捐赠值钱的东西（包括各种服务），那么按照本篇规定，此人应被处以罚款或1年以下监禁或二者并罚的惩处。

(b)

(2) 本节"选举"一词指的是：

(1) 普选、补选或决胜选举；

(2) 政党举行的旨在提名候选人的代表大会或党团会议；

(3) 为挑选参加政党提名代表大会的代表而举行的预选；

(4) 为了表达对竞选总统职位人选的提名偏好而举行的预选；以及

(5) 为了提出美国宪法或州法律的修正案而举行的、选出制宪会议代表的选举。

国内税收法典（选录）

§271. 政党债务等

(a) 通则。由于政党债务的无价值性，因此按照166节（有关坏账）以及165.(g)节（有关抵押物的无价值性）的规定，对于纳税人（不是581节所定义的银行）来说不允许存在扣税项目。

(b) 定义。

(1) 政党。对于(a)小节来说，"政党"一词指的是：

(A) 某个政党；

(B) 某个政党的全国委员会、州委员会或地方委员会；或者

(C) 为了影响或试图影响总统或副总统候选人的选举，或者为了影响或试图影响其名字出现在联邦、州、地方选任公共职位竞选中的人的选举——无论此人是不是被选举产生的——而接受捐款或花费开支的委员会、团体或组织。

(2) 捐赠。对于(1).(C)段来说，"捐赠"一词包括礼物、捐款、

贷款、预付款或存款，或任何有价值的东西，还包括无论法律上是否有效的关于捐赠的契约、承诺或协议。

（3）开支。对于(1).(C)段来说，"开支"一词包括资金或其他有价值东西的支付、分配、借贷、预付、存储或给予，还包括无论法律上是否有效的关于支出的契约、承诺或协议。

（c）例外。对于使用权责发生制核算法的纳税人来说，如果出现下列情况，则（a）小节条款不适用于在纳税人正常的职业或工作往来中，以优惠的价格出售物品或提供服务而产生的应收未收账款：

（1）在这些应收账款产生的税收年度内，纳税人正常的职业或工作往来所产生的全部应收未收账款中，超过30%的应收账款是由政党欠下的；并且

（2）纳税人为催收债务花费了持续不断的努力。

§276. 给予政党的间接捐赠

（a）不得进行税收扣除的项目。除本章另有规定以外，因下列情况支付或产生的费用不得进行税收扣除：

（1）在政党代表大会的议程表上刊登广告，或在其他出版物上刊登广告——该出版物收益的每一部分均直接或间接地给予（或试图给予）或用于某一个政党或某一位政治候选人；

（2）获准参加其收入直接或间接地给予（或试图给予）或用于某一个政党或某一位政治候选人的晚餐会或活动；

（3）获准参加支持某一政党或某一位政治候选人的就职舞会、就职晚会、就职游行、就职音乐会或其他类似活动。

（b）术语定义。对于本节来说：

（1）政党。"政党"一词指的是：

（A）某个政党；

（B）某个政党的全国委员会、州委员会或地方委员会；或者

（C）为了影响或试图影响任何参加联邦、州、地方选任公共职位竞选的个人的选拔、提名或选举，或为了影响或试图影响总统或副总统候

选人的选举——无论那些个人或候选人是否参与了选拔、提名或选举——而接受[271.(b).(2)节所定义的]捐赠或花费[271.(b).(3)节所定义的]开支的委员会、团体或组织，无论这些委员会、团体或组织是否相互合作。

（2）给予或用于政治候选人的收益。只有在下列情况下，收益才能被认定为给予或用于某一位政治候选人：

（A）这些收益是直接或间接地用于参加选任公职的候选人在选拔、提名、选举中进一步巩固候选人资格；并且

（B）这些收益并非来自该候选人正常的职业或工作往来（担任选任公职的职业或工作除外）。

（c）相互参照条目。关于不得花费的部分招待项目等开支，参见第274节。

§527. 政治组织

（e）定义。对于本节来说：

（1）政治组织。"政治组织"一词指的是，主要为了直接或间接地接受捐款，或花费开支，或两者同时进行以达到免除税收的目的而组建运作的政党、委员会、团体、基金会或其他组织（无论这些组织是否相互合作）。

（i）政治组织必须向财政部长报告其属于527节所规定的政治组织。

（5）例外。本小节规定不适用于下列组织：

（C）州或地方候选人的政治委员会，或者政党的州或地方委员会。

（j）对开支和捐赠进行必要的信息披露。

（5）与其他规定的兼容性。本小节规定并不适用于下列情况：

（B）政党的州或地方委员会，或州或地方候选人的政治委员会。

（6）选举。对于本小节来说，"选举"一词指的是：

（A）某一联邦职位的普选、补选、预选或决胜选举；

（B）有权提名参加联邦职位候选人的政党代表大会或党团会议；

（C）为了选拔参加政党全国提名代表大会的代表而举行的预选；

或者

(D) 为了表达对参选总统职位竞选人的提名偏好而举行的预选。

§6033. 免税组织的收益

(g) 政治组织需要报告的收益。

(3) 无须提交备案的强制性例外。本节条款不适用于下列组织:

(A) 政党的州或地方委员会,或者州或地方候选人的政治委员会;

(B) 州或地方官员的核心会议或团体;

(C) 联邦职位候选人的授权委员会[正如1971年联邦选举法案301.(6)节,即美国法典第2卷§431.(6)的定义];

(D) 政党的全国委员会[正如1971年联邦选举法案301.(14)节,即美国法典第2卷§431.(14)的定义];

(E) 政党委员会的众议院竞选委员会或参议院竞选委员会;

(F) 按照1971年联邦选举法案规定,需要报告的政治委员会[定义参见联邦选举法案301.(4)节,即美国法典第2卷§431.(4)];

(G) 鉴于本节(f).(1)款的规定,在纳税年度适用于第527节规定的组织。

§6096. 个人指定(用于总统选举竞选资金)

(a) 一般情况。在一个应纳税年度内所得税负债不低于3美元的每一个人(除非居民是外国人),可以按照9006.(a)节条款的规定,指定向总统选举竞选资金支付3美元。对于所得税负债不低于6美元的夫妻联合报税来说,每一方均可指定向总统选举竞选资金支付3美元。

(b) 所得税负债。对于(a)小节来说,个人在一个应纳税年度内的所得税负债,等于按照有关规定对其在该应纳税年度内征收的税额(显示在其收益中)减去相关法律规定所认可的该人的贷款总额(显示在其收益中)。

(c) 指定的方式和时间。(a)小节所规定的指定可以按照下列方式,在任何一个应纳税年度内作出:

（1）在该纳税年度提出退税申请之时；或者

（2）在财政部制定的规章中有详细说明的其他时间（在该纳税年度提出退税申请之后）。

如果个人指定是在纳税年度提出退税申请之时作出的，那么个人应在退税申请第一页或纳税人签名页作出个人指定。除此以外，上述个人指定应按照财政部制定的规章所述方式作出。

[本章根据美国联邦选举委员会 2007 年 9 月通过的《美国联邦选举法》（文件号：20463），华盛顿 2008 年 4 月版翻译]

（中央党校　孟婕　译）

第二部分
主要政党内部规章制度

美国民主党宪章及附则

序　言

我们美利坚合众国民主党人，因共同的目标而联合起来，以此为曾经支撑我们党的信念而奋斗终生。由于认识到政治制度的活力是国家长盛不衰的源泉，我们认为一个希望领导人民的政党，必须倾听它要领导的人民；一个要求人民信赖它的政党，必须证明它也信赖人民；一个希望唤醒国家所能达到的最好状态的政党，必须体现这个国家最好的遗产与传统。

我们为国家所追寻的、为人民所期望的是：公正社会框架下的个人自由，全体公民有效参与框架下的政治自由。由于受美国宪法的约束，并意识到政党必须对其相应的义务作出回应，我们承诺自己将会开放而真诚地努力，并以一种与自由人社会相应的方式来对公共事务进行管理。

以上帝之名，为达致这些目标和以上这些信念，我们特此创制并施行这部美利坚合众国民主党宪章。

第一条　美利坚合众国民主党

美利坚合众国民主党应当：

第一款　提名并帮助民主党候选人竞选美国总统及副总统职务。

第二款　吸纳并宣扬政策主张。

第三款　帮助各州及地方民主党机构的候选人竞选和对选民进行培训。

第四款 设立各项标准和议事规则，使民主党全体成员都能享有完整、及时、平等的机会参与确定候选人、拟定政策及管理其他党务等决策，而不含任何基于性别、种族、年龄（或投票年龄）、肤色、信仰、原国籍、宗教、经济地位、性取向、族群认同或生理缺陷的偏见，而且应能促进公平的竞选实践和对争端的公正裁决。因此，民主党各级事务在设定议程时，应当考虑到总量巨大的宗教少数派的存在，他们的参与水平可能会受到影响。

第五款 为民主党的顺利运转筹集并支配所必需的资金。

第六款 与各级民主党政府官员合作，以实现民主党的宗旨。还要

第七款 鼓励和支持那些体现伦理导向的实体规则的，适用于联邦政府、州政府及地方政府官员和雇员的各项政治伦理规范，以确保政府官员应始终以无愧于其从事职位的方式来引导自己，应不会利用职位来谋求特权和私利，他们的公权力应在其受到个人利益或职位对独立判断造成不利影响时受到限制。

第二条　全国代表大会

第一款 民主党应在每个举行美国总统职务选举的年份召开全国代表大会。

第二款 根据本宪章规定，全国代表大会是民主党的最高权力机关。全国代表大会应承认国家与其他政党有权参与管理民主党（包括州代表大会、地方代表大会和委员会在内）的全国事务。与全国代表大会代表选举有关的国家政党规定和国家法律应当得到遵守，除非其与本宪章及依据本宪章施行的其他规定包括全国代表大会的决议或其他措施相冲突。在发生上述与国家法律相冲突的情况时，各州党必须采取积极的措施以使其符合法律，还应执行全国代表大会或民主党全国委员会所要求采取的措施。

第三款 全国代表大会应当提名1位美国总统职务候选人，提名1位美国副总统候选人，施行纲领并执行其认为适当的其他事宜。

第四款 全国代表大会应由男女人数相等的代表组成。代表应由以下

程序选出：

（a）确保全体民主党选民有完整、及时和平等的机会参与选举，包括以此为目标的肯定性行动计划。

（b）确保代表们公平反映了参与总统提名程序的选民们所表达的不同意见。

（c）任一级选举都不采用单位投票制。

（d）不因无法支付费用、酬金或人头税而拒绝参与。

（e）允许所有民主党选民的善意参与，而且在各州民主党为自身利益起见而决定的范围内，也允许未注册或从属于任何政党的选民的善意参与。

（f）根据本宪章及附则，以及由民主党全国委员会在《代表大会召集令》中特别授权通过的代表选定条例所制订的标准，自全国代表大会召开的该日历年内之始，除本条第五款 b 项指涉的有关人员之外，于上届总统竞选之后选出并经公平分配与公开选定的各州民主党委员会，在选定本州的那一部分代表时不应受到妨碍。

（g）禁止未承诺和未被授权的代表参与地区级别的选举，除非这些代表或候补代表表现出了高度的投票倾向，在这种情况下，如果这种投票倾向达到了代表全区及类似的代表或候补代表的相应门槛或资格，这些代表则类似于总统候选人，应当被分配到该偏好。

（h）任何与此款相反的条款不在此列：

（i）民主党全国委员会全体成员都将担任未承诺的代表；

（ii）允许未承诺的代表由以下的人组成：

1）美国总统和副总统，如果他们是民主党人的话；

2）美国国会的民主党参议员和众议员；

3）民主党人州长；

4）前美国民主党总统和副总统；

5）前美国参议院民主党多数党领袖；

6）前美国众议院民主党议长；

7）前民主党全国委员会主席；

8）上述代表不得有候补代表，此类代表是本条第四款 b 项的例外。

第五款 分配到各州的代表选票由附则规定，应坚持以下方式：

（a）对人口同等重视，这点以总统大选中民主党候选人所得的选举人票和民主党选民票来衡量；并且

（b）若民主党全国委员会在《代表大会召集令》中有特别指定的，符合民主党全国委员会在该召集令中指定的条件，将给予额外的代表选票，这是为了给代表大会召开当年随后为各州总统提名程序的首个决定性阶段安排活动提供激励措施，否则应当在无激励措施下安排这些活动。

（c）也将为民主党全国委员会成员提供额外的代表职位；并且

（d）根据第四款的规定，也将为民主党的当选政府官员提供额外的代表名额，具体由民主党全国委员会在《代表大会召集令》中来确定。

第三条 民主党全国委员会

第一款 根据本宪章和全国代表大会的其他决议或其他行动，民主党全国委员会在两次全国代表大会之间负责民主党的一般事务。这些责任包括：

（a）颁布《全国代表大会召集令》；

（b）指挥党的总统竞选活动；

（c）在提名总统和副总统中填补空额；

（d）制定和宣传党的政策主张；

（e）选举或任命 1 位主席、5 位副主席（其中 3 位副主席的性别应为主席的异性，其中 1 位应是州民主党主席联合会主席，另一位应是负责选民登记和参与的副主席）、1 位会计、1 位秘书、1 位全国财务主席和全国委员会的其他适当职员，还要填补空额；和

（f）其他为贯彻本宪章的条款和民主党的目标的所有必要的和适当的行动。

第二款　民主党全国委员会由下列人员组成：

（a）来自各个被认可的州民主党和关岛、维京群岛、美属萨摩亚民主党的主席及与之性别相反的职位最高的人；

（b）根据本宪章第二条第五款 a 项分配到各州的额外 200 名成员，要与本宪章的第八条第三款和第四款的全面参与目标相一致，条件是每州至少要有两个这样的额外名额；

（c）两名额外成员，由来自关岛、维京群岛和美属萨摩亚的各 1 名全国委员会男委员和 1 名女委员组成；

（d）民主党州长联合会主席和另外两位联合会选举的州长，其中至少有 1 位的性别在可能的情况下，应当与主席的性别相反；

（e）美国参议院民主党领袖和众议院民主党领袖及这两位领袖各自任命的一位成员，在可能的情况下，应当与各自领袖的性别相反；

（f）民主党全国委员会主席、5 位副主席、全国财务主席、会计和秘书；

（g）全国民主党市长会议主席和会议选举的另外两位市长，其中至少有 1 位的性别必须与主席的性别相反；

（h）美国青年民主党主席和该组织每两年召集的代表大会上选举的额外两位成员，其中至少有 1 位的性别与主席的性别相反；

（i）民主党县官主席和该组织选举的另外两位县官，其中至少有 1 位的性别必须与主席相反；

（j）民主党州立法活动委员会主席和该委员会选举的另外两位州议员，其中至少有 1 位的性别必须与主席相反；

（k）全国市政官员协会主席和协会选举的另外两名市政官员，其中 1 位要与主席的性别相反；

（l）全国民主党妇女联盟主席和另外两位联盟选举的副主席；

（m）美国大学民主党每年选举出的主席和与之性别相反的副主席；

（n）全国民主党州会计联合会主席和联合会选出的与之性别相反的副主席；

（o）全国民主党副州长联合会主席和联合会选出的与之性别相反的副主席；

（p）民主党州秘书联合会主席和联合会选出的与之性别相反的副主席；

（q）民主党检察长联合会主席和联合会选出的1名与之性别相反的副主席；

（r）民主党全国民族协调委员会选出的非全国委员会成员的主席和1名与之性别相反的额外成员；

（s）民主党全国老年人协调委员会选出的非全国委员会成员的主席和1名与之性别相反的额外成员；

（t）本宪章的第九条规定的额外成员。前述的增加进去的全国委员会的其他成员不得超过75名。

第三款 分配给各州的全国委员会成员和那些第七条规定的不是凭党的职务进去的成员，可以根据民主党的规则由各州民主党选举，其任期始于这一届全国代表大会闭幕之日，终于下一届全国代表大会闭幕之日。这些成员将在全国代表大会举行的年份选举，通过确保完整、及时、平等的参与的程序来选举。空额由州政党按规则来补充。每一州的民主党成员必须分为等额的男女成员。由于担任公职或党的职务而成为民主党全国委员会的成员只有在担任公职期间才成为成员。民主党全国委员会额外增加的成员的任期与担任全国委员会主席同起讫，通过选举新主席，直到选出他们的继任者，这一类的成员将有权投票选举新主席。由担任州政党职务的民主党全国委员会成员将根据这样的政党来选举，与附则中规定的参与标准一致。

第四款 附则规定，只要有2/3的投票就可以撤销全国委员会的成员，他也可以要求继续留在全国委员会内，继续担任成员的条件是确定地支持民主党总统和副总统候选人。章程也会规定民主党全国委员会成员出席委员会会议的最低限度。附则可规定连续3次缺席民主党全国委员会会议的委员会成员无法达到最低出勤率并被视为辞职。

第五款　民主党全国委员会至少每年开1次会。会议将应全国委员会主席、全国委员会执行委员会或者不少于1/4的全国委员会成员的书面请求而召开。

第四条　执行委员会

第一款　根据宪章、全国代表大会和民主党全国委员会的规则，应当成立民主党全国委员会执行委员会，并负责民主党各项事务。

第二款　执行委员会应由民主党全国委员会的成员选举和担任。执行委员会的规模、组成和任期应当由全国委员会决定，条件是民主党全国委员会成员的地区核心会议选举的成员数目不少于24位，但少于通过其他方式选举的人数。

第三款　执行委员会至少每年召开4次会议，会议可以应全席或1/4以上的成员的书面请求而召开。执行委员会要保留一份公开的会议记录。

第五条　全国委员会主席

第一款　民主党全国委员会主席应执行全国代表大会和民主党全国委员会的计划和政策。

第二款　全国委员会的主席、5位副主席、全国财务主席、会计和秘书通过以下方式选出：

（a）民主党全国委员会在总统选举后第一年3月1日以前召开的会议上选出；而且

（b）当出现空额的时候，全国委员会主席可以由民主党全国委员会的绝对多数票选举或废除，每一届的任期到下一任选出时为止。

第三款　全国委员会主席主持民主党全国委员会和执行委员会的会议。在全国委员会主席的职位空缺的情况下，由附则中第二条第十二款b项所规定的指定的副主席或者出席会议的比全国委员会主席次一级的最高官员主持会议。

第四款 全国委员会主席是专职主席,其薪水补贴由本人与民主党全国委员会商定。在经管民主党全国委员会的事务和日程中,特别是当他们着手进行总统提名程序的准备工作时,主席必须在总统候选人之间和各场竞选之间保持公正。主席还要确保民主党全国委员会的官员和职员在民主党总统提名过程中保持公正,不偏袒任何一位候选人。

第六条 党的会议

民主党可以在两次代表大会之间举行党的会议,会议的性质、日程、成员、时间和地点由民主党全国委员会决定。

第七条 全国财务组织

第一款 民主党全国委员会应成立全国财务机构,全面负责民主党的财务事宜。这些党的全国财务机构应筹集资金来支持民主党,要在州政党和候选人为其目的筹款时提供咨询和资助。

第二款 全国财务主席由民主党全国委员会选举或批准。

第八条 全体参与

第一款 美国民主党向所有愿意支持民主党或想加入民主党的人开放。

第二款 在民主党事务中,禁止基于性别、种族、年龄(或投票年龄)、肤色、信仰、原国籍、宗教、经济地位、性倾向、族群认同或残疾的歧视,为此目的,各级民主党都是开放的政党。

第三款 为了鼓励所有民主党人全面参与民主党的所有事务,根据附则中的定义,在代表选举程序中,特别考虑到少数群体、黑人、土著美国人、亚太裔美国人、拉美裔美国人、妇女和青年,全国民主党和州民主党根据前述群体在民主党选民中的百分比采用和执行肯定性行动项目,尽可能地使之有平等的代表权。肯定性行动的项目包括为实现这一目的的具体的目标和时间表。

第四款　如附则所规定，这一目标并不是在任何一级的选举代表的程序中或其他党的事务中，直接或间接地通过全国和州民主党的强制的硬性配额来实现；但是，如本条规定按照少数群体、黑人、土著美国人、亚太裔美国人、拉美裔美国人、妇女和青年在民主党选民中的百分比，尽可能平等地选出代表不应被看成是配额。

第五款　对已批准的肯定性行动项目的执行和全国代表大会的代表团人员构成，会被看做是对州代表团提出质疑的相关依据。如果一个州政党采纳和执行了已批准及监督的肯定性行动项目，政党就不会仅仅由于代表团的构成或仅仅由于预选结果而受到质疑。

第六款　尽管有上述第五款，但是在任何一级的代表或委员会职位男女数目相等并不因此而违反任何条款。

第九条　一般条款

第一款　民主党指美利坚合众国民主党。

第二款　附则规定，民主党总统提名人或对提名人作出承诺的选举人不会出现在用做分配公式的选举的州的选票上。

第三款　按照本宪章的目的，哥伦比亚特区应按有适当数目的国会选区的州加以对待。

第四款　按照本宪章的目的，波多黎各应按照有适当数目的国会选区的州对待。

第五款　有些地区的公认的民主党组织在总统选举中没有投票权，但可以按民主党全国委员会在《代表大会召集令》中的规定，选出参加民主党全国代表大会的有投票权的代表。

第六款　关岛、维京群岛、美属萨摩亚在民主党全国委员会中各有一票，这一票由主席、与之性别相反的最高职位的官员、全国委员会的男成员和女成员分享，除非附则中另有规定。海外的民主党人在民主党全国委员会中有2票，这两票由主席、与之性别相反的最高职位的官员、3名民主党全国委员会男成员、3名民主党全国委员会女成员分享，除非附则中另有规定。

第七款　附则应规定党的地区组织。

第八款　为了保证竞选美国总统的民主党提名人由公正、公平的程序产生，民主党全国委员会可以发表它认为适当的与总统提名程序有关的及时的政策声明，并与州政党一起合作来达成这些声明中的目标。

第九款　民主党全国委员会应维护和发布一套公平竞选法，并建议所有以民主党人身份竞选的候选人遵守。

第十款　民主党不会要求一名出席党的代表大会或核心会议的代表投票支持与他/她所表达的倾向相反的人。

第十一款　代表大会上不允许委托投票。只有在附则中规定的民主党的事务中才允许委托投票。

第十二款　民主党全国委员会、执行委员会及其他所有党的大会、小会的所有会议将对外公开，不采取秘密投票的原则。

第十三款　民主党全国委员会要准备并公开发表一份有关民主党财务的年度报告。

第十四款　在没有其他条款的情况下，民主党的所有会议应采取《罗伯特议事规则》（新修订版）。

第十五款　根据合理的要求，人们可以得到宪章和附则或其中部分的其他语言文本。

第十六款　民主党全国委员会、执行委员会、州民主党中央委员会及所有全国正式的党的代表大会、委员会、小组委员会及类似团体的成员男女人数应相等。州政党要采取可以证明的积极步骤，实现立法改变，以便当本条款与州的法律文献冲突时，使州法律依照本条款。

第十七款　民主党的信条。我们民主党是美国最古老而精神上又是最年轻的政党。我们将继续保持如此，因为我们乐于接受治理的挑战。近两个世纪以来，民主党一次次入主政府——建设和捍卫国家、鼓励贸易、教育儿童、促进机会平等、发展科学和工业、支持艺术和人文科学、恢复土地、开发并保护我们人类和自然资源、保护和改善环境、消除贫困、探索太空。我们已实现艰难而关键的目标。

我们意识到政府是有限的，但我们认为民主政府是行善的力量和希望的源泉。

我党核心中最基本的一条信念是：美国人不仅是自由的，而且必须生活在一个公正的社会中。

我们认为政府有责任帮助人们实现这一公正的社会：

·在这一社会中，我们承诺不动摇社会保障，老年人和残疾人可以过一种有尊严的生活。

·在这一社会中，所有人都能在一个全面就业的增长的经济中找到工作。

·在这一社会中，毫无疑问，所有工人保证有加入他们自己选择的工会的法律权利，也有为体面的工资和就业环境进行集体谈判的法律权利。

·在这一社会中，税收显然要依据付税能力而定。

·在这一社会中，宪法要保障妇女享有与男人平等的权利。

·在这一社会中，要全面保障少数群体的公民权利，人人都有机会过上更好的生活。

·在这一社会中，基于种族、性别、年龄、肤色、信仰、原国籍、宗教、族群认同、性取向、经济地位、哲学倾向或身体残疾的公开和私下的歧视都应受到谴责，政府要积极地通过法律手段来结束这些歧视。

·在这一社会中，我们意识到，家庭的稳固和对儿童的保护对于我国的健康发展来说是必不可少的。

·在这一社会中，对每个公民来说，合理的教育、适当的营养、高质量的保健、支付得起的住房、安全的街道及健康的环境都是可能的。

·在这一社会中，我国农民的家庭生计就像他们融入美国特性的价值观一样稳固。

·在这一社会中，强大的国防要靠共同努力来维持，促进人权是我国外交政策的一项基本价值观，我们要通过结束核军备竞赛来确保未来。

这就是我们的目标和我们的承诺。

第十条 修正案、附则和规则

第一款 本宪章可以通过出席全国代表大会的全体代表的绝对多数投票修改，条件是这种修改要等随后的民主党全国委员会全体成员的绝对多数投票批准才生效。本宪章也可以由民主党全国委员会全体成员的2/3的绝对多数投票修改。根据此款采取行动的全国委员会的任何会议至少要在30天前发出书面通知，任何提议的修改草案要传给全国委员会的全体成员，并散发给全国媒体。本宪章也可以根据宪章授权，为修改目的召开的民主党会议上的全体代表的2/3的绝对多数票通过而加以修改。

第二款 采用民主党附则处理那些宪章未规定的党的事务。附则的采用或修改要由下列的绝对多数投票决定：

（a）全国代表大会；或

（b）民主党全国委员会，条件是任何章程或修改条例的建议草案必须提前30天书面通知民主党全国委员会的所有成员。

除非以本宪章的修正案的形式采纳或其他方式制定，全国代表大会采纳的任何有关管理党务工作的决议应当被视为附则。

第三款 据本宪章成立的民主党的任何正式机构履行责任时必须遵照书面的规则，这些规则要与本宪章、附则、据本宪章授权而采纳的其他条款、包括代表大会的决议和其他活动保持一致。民主党全国委员会要保留所有规则的复印件，以便人们要求时可以得到它们。

第四款 每一个受到承认的州民主党采纳和履行事务时要与这些书面规则保持一致。因此，这些规则和任何变化或修改的复印件在被采纳30天后要在民主党全国委员会存档。

采纳决议

第一款 美利坚合众国民主党根据1972年民主党全国委员会采纳的决议和会议的召集令而召开一个关于民主党组织和政策的会议,在此采纳了处理党务的宪章,特附于此。

附则 根据美国民主党宪章施行

第一条 民主党全国代表大会

第一款 根据民主党宪章的条款,民主党全国代表大会是民主党的最高权力机构。

第二款 在每一届全国代表大会召开时,全国代表大会要采纳一些永久性的行事规则,代表大会及其活动因此要受《代表大会召集令》中所设定的临时规则来行事。

第三款 全国代表大会的代表名额将根据与宪章相一致的《代表大会召集令》来分配。

第二条 民主党全国委员会

第一款 权利和义务。根据宪章和代表大会其他正式行动的决议,民主党全国委员会在两届代表大会期间负责处理党的一般事务,这包括但不限于:

（a）颁布《代表大会召集令》；

（b）管理党的总统竞选事宜；

（c）在提名总统和副总统的过程中填补空缺；

（d）资助州和地方民主党组织进行候选人的竞选和选民教育；

（e）通过民主党全国委员会成员的参与,通过民主党全国委员会主席授权下的具体项目的管理,制定和宣传党的政策,促进公共政策议题的项目的系统研究；

（f）提供选举或任命一位主席、五位副主席（其中三位副主席的性别必须与主席的性别相反；其中一位必须是州民主党主席联合会主席，另一位必须是"投票登记和参与"的副主席）、一位会计、一位秘书、全国财务主席和全国委员会的其他适当职员，还要填补空缺；

（g）建立和维护全国民主党活动中心；

（h）促进和鼓励每一级的政党活动，包括但不限于：

（i）促进和鼓励完成全党的使命；

（ii）完成党纲的承诺和其他承诺；

（iii）建立和支持一个适当的政治研究系统；

（iv）在其成员和普通人中准备、散发和交流党的信息；

（v）建立和维持党的公共关系；并且

（vi）建立党的委员会、组织、群体、民主党官员和成员之间的协调项目。

（i）设计和举行党的筹款活动；

（j）采取必要的和适当的行动来贯彻宪章、章程、决议和其他正式行动来实现党和代表大会的目标；

（k）批准民主党全国委员会的预算。

第二款　成员。民主党全国委员会由下列成员组成：

（a）如宪章第九条规定，每一个被认可的州政党和关岛、维京群岛、美属萨摩亚民主党的主席和与之性别相反的最高职位的人；

（b）根据宪章第二条第五款a项分配到各州的另外200名成员，条件是每州至少要有两名这样的额外成员；

（c）两名额外成员，由来自关岛、维京群岛和美属萨摩亚的各一名全国委员会男委员和一名女委员组成；

（d）民主党州长联合会主席和另外两位联合会选举的州长，在可能的情况下，其中至少有一位的性别应当与主席的性别相反；

（e）美国参议院民主党领袖和众议院民主党领袖，以及这两位领导人各自任命的一位成员，在可能的情况下，这两位成员应当与各自领袖的性别相反；

（f）全国委员会的主席、五位副主席、全国财务主席、会计和秘书；

（g）全国民主党市长会议主席和会议选举的另外两位市长，其中至少有一位的性别必须与主席的性别相反；

（h）美国青年民主党主席和该组织每两年召集的代表大会上选举的另外两位成员，其中至少有一位的性别与主席的性别相反；

（i）全国民主党妇女联盟主席和联盟选举的另外两位副主席；

（j）民主党县官主席和该组织选举的另外两位县官，其中至少有一位的性别必须与主席相反；

（k）民主党州立法领袖联合会主席和该联合会选举的另外两位州议员，其中至少有一位的性别必须与主席相反；

（l）全国市政官员协会主席和协会选举的另外两位市政官员，在可能的情况下，其中一位的性别要与主席相反；

（m）宪章第九条规定的其他成员；

（n）美国大学民主党每年选出的主席和与之性别相反的副主席；

（o）全国民主党州会计联合会主席和联合会选出的与之性别相反的副主席；

（p）全国民主党副州长联合会主席和联合会选出的与之性别相反的副主席；

（q）民主党州秘书联合会主席和联合会选出的与之性别相反的副主席；

（r）民主党检察长联合会主席和联合会选出的一名与之性别相反的副主席；

（s）民主党全国民族协调委员会选出的非全国委员会成员的主席和一名与之性别相反的额外成员；

（t）民主党全国老年人协调委员会选出的非全国委员会成员的主席和一名与之性别相反的额外成员；

（u）前述增加进去的全国委员会其他成员不超过75名。

第三款　选举成员。

（a）根据本条第二款 b 项的规定及宪章第九条的规定，将民主党全国委员会的成员分配到各州，这些成员不包括那些各州或各地区的民主党依据本条第十一款通过确保全面、及时、平等的机会参与程序，凭借党的职务而选举的成员各州或地区的党规中具体规定此类成员的选举办法，应当是下述方法中的一种或几种：

（i）在全国代表大会召开那一年，在有效的日程公布后，有权选举全国委员会成员的州或地区的全国代表大会的代表团通过召集公开的会议（来选举成员）；

（ii）在全国代表大会召开那一年，通过州或地区的预选（来选举成员）；

（iii）在全国代表大会召开那一年，在有效的日程公布后，州或地区的党委员会通过召集一次公开的会议（来选举成员）；

（iv）在全国代表大会那一年，在有效的日程公布后，有权选举全国委员会成员的州或地区的代表大会通过召集一次公开的会议（来选举成员）；

（v）通过州或地区民主党采用的、民主党全国委员会同意的其他办法（来选举成员）。

（b）如果根据法律、宪章和民主党全国委员会同意的规则建立了选举机构，那么以上任何一种选举都要满足全面、及时、平等的机会参与的要求。

（c）通过担任党的职务而欲成为全国委员会成员的，要经各州或地区的民主党根据本条第十一款的有关参与的标准来选举。

（d）根据本条第二款 b 项或宪章第九条将成员的名额分配到各州或地区时，男女成员数目各一半。在分配名额为奇数的情况下，男女差额不能大于一人。

（e）根据本条第二款 q 项，民主党全国委员会所分配的成员要由全体成员选举，条件是任何这种提名通知要在选举前七天以上邮寄通知全体委员会成员。

第四款 成员的核实和资格。

（a）本条第二款中规定的民主党全国委员会的成员要通过下列方式向全国委员会核实：

（i）在第二款 a 项、b 项和 c 项规定的成员要由州或地区的适当的党的机构核实；

（ii）由第二款 d 项规定的成员要由民主党州长联合会的主席核实；

（iii）由第二款 e 项规定的成员要由美国参议院民主党领袖和众议院民主党领袖核实；

（iv）由第二款 g 项规定的成员要由民主党市长会议主席核实；

（v）由第二款 h 项规定的成员要由美国青年民主党主席核实；

（vi）由第二款 i 项规定的成员要由全国民主党妇女联盟的主席核实；

（vii）由第二款 j 项规定的成员要由民主党县官会议主席核实；

（viii）由第二款 k 项规定的成员要由民主党州立法活动联合会主席核实；

（ix）由第二款 l 项规定的成员要由全国民主党市政官员会议主席核实；

（x）由第二款 n 项规定的成员要由美国大学民主党主席核实；

（xi）由第二款 o 项规定的成员要由全国民主党州会计联合会主席核实；

（xii）由第二款 p 项规定的成员要由全国民主党副州长联合会主席核实；

（xiii）由第二款 q 项规定的成员要由民主党州秘书联合会主席核实；

（xiv）由第二款 r 项规定的成员要由民主党检察长联合会主席核实；

（xv）由第二款 s 项规定的成员要由民主党全国民族协调委员会主席核实；

（xvi）由第二款 t 项规定的成员要由民主党全国老年人协调委员会主席核实；

（xvii）其他由第二款规定的成员要由民主党全国委员会主席核实。

（b）那些不是或不继续是他/她代表的合法的投票目的的在任者，将没有资格担任这一职务。

（c）那些资格有问题的人没有投票权。

（d）全国委员会根据章程中第二条第十款 b 项的有关规定受理和裁决成员的争议或对问题成员的资格纠纷。

第五款　成员辞职或被解职。

（a）全国委员会成员可以向全国委员会主席提出书面辞呈而辞职，这类辞职立即生效。

（b）在全国委员会通知和提供公证会的机会发现有充足的理由后，全国委员会可以以 2/3 的绝对多数票解除一名成员。

（c）在全国代表大会休会 30 天后，全国委员会的任何成员没有肯定地宣布他/她对总统和副总统提名人的支持，即构成解除成员资格的充足理由。

第六款　空额。全国委员会的任何成员因辞职或被解职而产生的空额有下列方式来填补：

（a）分配到州或地区的成员的空额，要根据本条第二款 b 项和宪章第九条，在有效地公布日程后由州或地区政党开会填补；

（b）由于州主席或与之性别相反的最高级官员的解职或辞职而产生的空额，只能根据本条第三款 b 项由他们的继任人来填补；

（c）全国委员会的任意成员的空额由全国委员会来填补；

（d）民主党州长联合会、民主党市长会议、参众两院的领袖、美国青年民主党、民主党县官会议、州立法领袖联合会、全国民主党妇女联盟、全国民主党市政官员会议、美国大学民主党的职位空额由选举机构来填补，在选举机构休会或选举机构空额一年后还将不召开会议的情况下，由会议之间全体的执行组织承担填补空额的责任。

第七款　会议。

（a）全国委员会在全国代表大会休会后，应全国委员会主席的召集尽早开会。全国委员会与已选举好的那些成员一起负责组织会议,包括第十款 b 项第四节中规定的有权出席委员会的第一次会议的任何临时成员。他们要选出执行委员会的成员,这些成员由地区核心会议来选举,他们将同那些人一起服务,任期到民主党全国委员会的下一次常会。

(b) 民主党全国委员会根据主席的召集令并在通知成员后,至少每年开两次会议,除非全国委员会全体成员先前以绝对多数票取消这类会议。

(c) 全国委员会的特殊会议可以应主席的要求并获得执行委员会的同意及广泛通知成员后召开,在此类特殊会议上不会采取行动,除非行动建议已包括在特殊会议的通知中。尽管前面说过,但填补全国职位上的空缺的特殊会议还是应当由主席召集,主席根据这些章程中第二条第八款 d 项的有关程序规则来安排这类会议的日期。

(d) 民主党全国委员会秘书应在每一次例行会议召开 30 天以前,及民主党全国委员会特殊会议召开前尽早地将此类会议的日期、时间、地点和临时日程书面通知全国委员会的所有成员。

(e) 应全国委员会 1/4 以上成员的书面请求,主席有义务在从收到这类请求后的 15 天内召集全国委员会会议。这类会议的日期由主席确定,不迟于通知后的 30 天和不早于通知后 15 天。

第八款　考勤、法定人数和投票。

(a) 根据本条第二款规定中分配的全国委员会成员,如果连续缺席三次民主党全国委员会的会议,则达不到最低出勤率并被视为从全国委员会辞职。任何因未达到最低出勤率而产生的成员空额应按照本条第六款的规定进行填补。在任何会议上委托投票不被计入最低出勤率。

(b) 民主党全国委员会全体成员的一半以上出席会议或委托投票即构成法定人数,条件是构成法定人数中本人出席会议的不少于全体的 40%;但是,为了填补全国职位的空额,法定人数必须有一半以上的成员由本人出席。

(c) 全体出席成员或委托投票的 40%,或 50 名本人出席的成员,无论哪种人更少,都应构成以下会议的法定人数:

（i）民主党全国委员会中负责信任案、决议、规章细则以及预算和财务的常务委员会；

（ii）东部、南部、中西部、西部地区党团会议；

（iii）拉美裔、非洲裔、亚裔和太平洋岛屿美国人以及美国同性恋、双性恋、变性者党团会议；和

（iv）根据此附则第十款f项中的规定产生的其他常务委员会或临时委员会。

（d）除非宪章或附则中另有规定，否则民主党全国委员会的所有问题都由那些由本人出席会议或委托投票的成员中的绝对多数票决定。

（i）由留任成员根据宪章第三条第二款增加的全国委员会多达75位其他任意成员以及根据章程第三条第二款全国委员会选举的11位代表全区的执行委员会成员，可以由本人或委托投票的简单多数选举；还有

（ii）可以应出席和投票的25%的全国委员会成员的请求，进行唱名投票。

（e）除了海外民主党人在全国委员会有四票外，全国委员会的每一位成员有权就每一个议题投票。这一票在主席、投票的主席、与之性别相反的最高级别的官员、全国委员会男成员和女成员之中平分。海外民主党人在民主党全国委员会有两票，这两票在主席和投票的主席、与之性别相反的最高级别的官员、全国委员会男成员和女成员之中平分。

（f）投票填补全国职位的成员空额应遵循规章委员会和民主党全国委员会采纳的程序规则。

（g）允许委托投票。委托投票可以是一般性的，也可以是限制性的；可以是有指导的，也可以是没有指导的。所有委托投票必须是书面的，并且具体说明委托给何人。非全国委员会成员，在任何时候拥有或行使全国委员会成员的委托权最多一次；但条件是，在填补全国职位的成员空缺的投票中不允许委托投票。

（h）全国委员会主席可以通过邮寄的方式将问题提交给全国委员会成员考虑和投票，然而，假如累计有全体成员的20%以上的请求，这些问题

可以放到全国委员会的下次会议上讨论。

第九款 地区党团会议。民主党全国委员会由下述四个地区党团会议构成：

东部地区：康涅狄格、特拉华、哥伦比亚特区、缅因、马里兰、马萨诸塞、新罕布什尔、新泽西、纽约、宾夕法尼亚、波多黎各、罗德岛、佛蒙特、维京群岛、海外民主党人（1/2票）。

南部地区：亚拉巴马、阿肯色、佛罗里达、佐治亚、肯塔基、路易斯安那、密西西比、北卡罗来纳、南卡罗来纳、田纳西、德克萨斯、弗吉尼亚、西弗吉尼亚、海外民主党人（1/2票）。

中西部地区：伊利诺伊、印第安纳、艾奥瓦、堪萨斯、密歇根、明尼苏达、密苏里、内布拉斯加、北达科他、俄亥俄、俄克拉荷马、南达科他、威斯康星、海外民主党人（1/2票）。

西部地区：阿拉斯加、美属萨摩亚、亚里桑那、加利福尼亚、科罗拉多、关岛、夏威夷、爱达荷、蒙大拿、内华达、新墨西哥、俄勒冈、犹他、华盛顿、怀俄明、海外民主党人（1/2票）。

第十款 委员会。

(a) 除了宪章中规定的其他委员会外，民主党全国委员会还有下列常务委员会：

(i) 资格认证委员会；

(ii) 决议委员会；

(iii) 规章委员会；

(iv) 预算与财务委员会。

(b)

(i) 资格认证委员会受理和裁决有关民主党全国委员会成员资格的一切质疑纠纷；

(ii) 被质疑的任何州或地区的民主党人，或民主党全国委员会的任何成员，可以对委员会的资格提出质疑，可以由登记的信函（应要求退给收据）处在选举这个成员的30天内提出抗议；

(ⅲ)资格认证委员会要审定那些当选的全国委员会成员的资格的合法性,并对一切在职成员的质疑作出裁决。资格认证委员会将为争议的每一方提供一个合理的听证的机会和递交简介和口述争论的机会,并就争端向全国委员会提交书面报告;

(ⅳ)全国委员会召开会议,把此类争议的裁决视为第一要务,如果可能的话,包括受到质疑的成员的暂时席位;以便成员可以在全国委员会上参加其他事务。

(c)

(ⅰ)决议委员会收集和考虑全国委员会成员建议全国委员会采纳的政策方面的一切决议,并做出书面报告。口述报告包括推荐给委员会采纳的每一个文本,以及表明没有推荐给委员会采纳、但已考虑的决议;

(ⅱ)决议至少要在全国委员会开会前 21 天提交给民主党全国委员会的秘书,所有这些决议至少要在开会前 14 天送给各位成员,假如执行委员会投票,尽管没有在这期间提交给成员,但亦可将紧急的决议及时递交给全国委员会。

(d)

(ⅰ)规章委员会收集并考虑所有关于美国民主党宪章和全国委员会的规则修改和采纳的建议;

(ⅱ)关于美国民主党宪章修改的建议至少应在民主党全国委员会召开例行会议前 60 天让规章委员会收到,除非执行委员会同意将宪章修改的建议直接递交,如果符合宪章的其他时间要求的话;

(ⅲ)民主党全国委员会规则修订案及其采纳的建议,至少要在全国委员会开会前的 30 天内提交给规章委员会,全国委员会的秘书在全国委员会开会前 30 天,将这些建议寄给各位成员。全国委员会成员有责任递交一份规则修改建议,并在规则要求考虑的时间内将它散发给全体成员,或者向秘书递交申请,以便有足够的散发时间;

(ⅳ)执行委员会可委托规章委员会预先考虑《代表大会召集令》中全国代表大会的临时规则、执行委员会可以采纳规章委员会的建议,如全国代表大会临时规则之类的建议；

（ⅴ）规章委员会继续研究规则、章程和宪章，周期性地提出修改、扩充和其他活动的建议，条件是规章委员会的任何这类建议都要在提出日程时递交给全国委员会的成员；而且

（ⅵ）规章委员会的报告必须是书面的，并包括所建议的活动的全部文本，并标明哪些建议是委员会不同意采纳的。

（e）预算与财务委员会

（ⅰ）预算与财务委员会应当由会计、全国财务主席以及民主党全国委员会在财务及管理上经过培训或有经验的其他不超过九名成员组成；

（ⅱ）预算与财务委员会应当与民主党全国委员会的主席充分磋商，不断审查民主党全国委员会的预算，并定期做报告，包括要呈送给执行委员会和整个民主党全国委员会，有关民主党全国委员会及其工作人员的开支目标与目的、开支结果的年度报告；

（ⅲ）预算与财务委员会应当与全国主席、首席财务官和法律顾问一道，形成并向执行委员会提交以下方面的政策和程序：

（a）民主党全国委员会的合同以及商品与服务的采购，包括肯定性行动政策；和

（b）避免利益冲突。

（ⅳ）预算与财务委员会的会议不适用本宪章第九条第十二款的规定。

（f）全国委员会随时都可建立这类它认为合适的常设委员会和临时委员会。

（g）除非宪章和这些章程中另有规定，全国委员会下属的所有委员会的成员必须由民主党全国委员会主席与执行委员会协商后任命，并经民主党全国委员会批准，委员会成员的服务期与主席的任期一样。尽管有上述的规定，这种悬而未决的任命通知必须在批准的投票前7天以上邮寄给全国委员会的成员。

（h）连续3次缺席全国委员会下属委员会会议的成员将无法达到最低

出勤率并构成从委员会自动辞职。除在任何会议上委托投票不被计入最低出勤率外，本条第八款g项的规定适用于全国委员会的下属委员会。全国委员会下属委员会的出勤记录应每年向执行委员会报告。

（i）委托给任何理事会、特别委员会、常设委员会、会议或其他任何下设的组织的所有事务必须按委托机构的要求办理，并将其行动向委托机构作口头汇报。

第十一款 参与全党的事务。

（a）美国民主党对所有愿意支持它的人和愿意表明自己是民主党的人敞开大门。根据美国民主党宪章中的非歧视原则和肯定性行动的原则，人人都可以参与民主党事务。

（b）

（i）为了鼓励所有民主党人全面参与民主党的一切事务，全国民主党、州和地方的民主党组织要实施肯定性行动的项目。"全党的事务"的含义是从最低一级的正式的政党组织的一切活动向上，一直到全国民主党的一切活动。这些活动必须包括但不必限于：选举民主党全国代表大会的代表；党的官员的提名或任命；党的政策、党纲、规则的制定；投票登记的日常项目；公共教育和公共关系。这些项目的制定和主持要与民主党全国委员会合作。

（ii）全国政党和州政党要实施一些有助于增加中低收入阶层的人参与的项目。这些项目必须包括接触和招募的条款和资源，以实现代表权和公正地消除阻碍这些人全面参与的经济因素。

（iii）全国政党和州政党要采取一些肯定性行动，以便制定和完成一些针对中低收入的民主党人的适当教育、培训、筹款和接触项目，并对党的规章制度进行最富有建设性的解释，以便增加中低收入者的参与和代表权。有关本条第十一款b项和宪章第八条第二款规定的非歧视原则，要严格执行。

（c）

（i）每一州和地区的政党必须要求举行会议的每一个政党组织，要有效而及时地公布所有这些会议的日期、时间和地点，以及负责这些会议的人的名字。

（ii）如本条所要求的，会议通知必须在会前发布。这些通知可以是法律通知、付费广告、新闻类别、直接邮递、广播和电视通知或以其他合理的、旨在通知开会的民主党人的形式发布，条件是不要求州、地区和县政党购买付费广告；而且

（iii）假如受到质疑，州或地区政党必须遵守本条的规定，拿出报告本政党组织有效通知的证据。

（d）如果一个县或任何一个州或地区的地方政党组织没有遵守本条前述款项，州或地区政党有责任为地方会议设定日期、时间和地点，并按本款的规定发出会议通知。

（e）每个州或地区的地方政党可以建立确保遵守本款的必要程序和结果，包括评估州内的任何政治组织不遵守本款的指控。

（f）如果一个州或地区的政党被指控没有遵守本款，该党组织要免责就必须向民主党全国委员会证明：指控者不是本地合法的居民，或者指控者没有指明政党做出的所有遵守本款的努力，就得出指控结论。

第十二款　主席的责任和义务。

（a）主席是民主党全国委员会的执行官，他/她行使着代表民主党全国委员会和民主党全国委员会执行委员会的权力，贯彻委员会的日常活动。

（b）在主席选举后的下一届民主党全国委员会开会时，他/她必须指定一位副主席，在主席职位出现空缺或主席不能行使职务时，能够行使代理主席的权力。在这种继承职位的情况下，被指定的副主席要行使主席的职权，直到下一届例行的民主党全国委员会全体会议选举出新主席为止。

第三条　执行委员会

第一款　权利和义务。民主党全国委员会的执行委员会在全国委员会休会期间负责民主党的日常事务。这一责任包括但不限于：

（a）行使民主党全国委员会休会期间的权力；

（b）建议批准民主党全国委员会的预算；而且

（c）向民主党全国委员会报告它的所有会议内容。

第二款　成员。执行委员会由下列成员组成：

（a）必然是民主党全国委员会成员的民主党全国委员会地区会议主席；

（b）每一个民主党全国委员会地区会议选举出的四名成员，这四名成员中男女各两人，并且必须是民主党全国委员会的成员；

（c）民主党全国委员会的主席、五位副主席、会计和民主党全国委员会的秘书；

（d）全国财务主席；

（e）民主党州长联合会主席或他/她从这个协会指定的人，也必须是民主党全国委员会的成员；

（f）美国参众两院的民主党领袖或他/她指定的人，必须是民主党全国委员会的成员；

（g）全国民主党市长会议主席或他/她指定的人，必须是民主党全国委员会的成员；

（h）民主党立法竞选委员会主席或他/她指定的人，必须是民主党全国委员会的成员；

（i）全国民主党县官会议主席或他/她指定的人，必须是民主党全国委员会的成员；

（j）全国市政官员会议主席或他/她指定的人，必须是民主党全国委员会的成员；

（k）美国青年民主党主席或他/她指定的人，必须是民主党全国委员会的成员；

（l）由州民主党主席联合会选举的另外三名成员；

（m）全国民主党妇女联盟主席或他/她指定的人，必须是民主党全国委员会的成员；

（n）全国民主党委员会中拉美裔、非洲裔、亚裔和太平洋岛屿美国人以及美国同性恋、双性恋、变性者党团会议主席或他/她指定的人，必须是民主党全国委员会的成员；

（o）民主党全国委员会中妇女会议主席或她指定的人，必须是民主党全国委员会的成员；

（p）美国大学民主党主席或他/她指定的人，必须是民主党全国委员会的成员；

（q）民主党全国委员会选举的 11 名代表全区的成员，男女人数应相等，并且全都是民主党全国委员会的成员；

（r）负责信任案、决议和规章细则的常务委员会的主席；

（s）本款中规定的任何一位被指定的人或许不是执行委员会的成员，但一定是他/她被指定来代表的组织或选区的成员。

第三款　选举成员。

（a）根据本条第二款 b 项、n 项和 o 项，代表地区和选区党团会议的执行委员会成员由下列方式选举：

（i）在总统大选后举行的第二次民主党全国委员会的会议上选举；

（ii）出现空额时选举。

（b）根据本条第二款 q 项分配的代表全区的执行委员会成员由下列方式选举：

（i）在总统大选后举行的第二次民主党全国委员会的会议上选举；和

（ii）在出现空额时选举；

（iii）尽管有上述规定，这些提名通知还必须在投票前七天以上邮寄给全国委员会的成员。

（c）执行委员会的成员的服务期一直到选出他们的继任者为止。万一有成员辞职，派出他/她的原机构可以选举出他/她的继任者在他/她尚未完成的服务期服务。

第四款　会议。执行委员会每年至少开 4 次会议。会议必须应主席召集或 1/4 以上的成员的书面请求而召开。民主党全国委员会的所有成员都应得到执行委员会开会的通知。执行委员会保留公众可以得到的会议记录。

第五款 考勤和法定人数和投票。

(a) 根据本条第二款规定中分配的执行委员会成员,如果连续3次缺席民主党全国委员会执行委员会的会议,则达不到最低出勤率并被视为从执行委员会辞职。任何因未达到最低出勤率而产生的成员空额应由原机构进行填补。在任何会议上委托投票不被计入最低出勤率。

(b) 尽管有上述规定,附则的第二条第八款规定仍适用于执行委员会。

第四条 全国财政机构

第一款

权利和义务。民主党的全国财政机构负有为民主党财政筹款的总责任,以支持民主党和民主党全国委员会,为州民主党和候选人为其目的而获得资金提供咨询和资助。全国财务主席和会计在有关民主党的财政问题上,向民主党全国委员会主席和民主党全国委员会的执行委员会主席提供咨询。

第五条 修正案

通过下列绝对多数票可以采纳或修改附则:

(a) 全国代表大会;或

(b) 民主党全国委员会规定,任何附则或修正案的建议必须提前30天书面通知全国委员会的所有成员。除非以宪章修正案的形式被采纳或另有规定,被全国代表大会采纳的涉及管理党的事务的任何决议必须被视为附则的一部分。

[本章根据美国民主党全国委员会2010年8月20日修改公布的《美国民主党宪章及附则》(*The Charter & the Bylaws of the Democratic Party of the United States*) 翻译]

(华东政法大学政治学研究所　王金良　译)

美国共和党宪章

前 言

大部分政党，尤其是共和党，都缺乏用于解释该党原则并能阐释党首行事必须遵守界限的书面宪章。这便是促使起草该党章的原因之一。

绝大多数共和党人都是理解并拥护美国宪法的。这些人因宪法限制了政府的权力从而使政府有了保护个人权利的可能，将宪法理解为以严谨态度撰写的精准法条。

本党章的目的是说明共和党信奉的原则。这些原则都是建立在宪法和人权基本概念之上的。

该党章提到任何一个缺少党章来说明该党原则的政党理所当然都是不道德的；假使一个政党既不为自己作出说明也不说明自己所声张的那些事情，那么随着时间推移该政党要直接变成与其最初状态相反的状态是很自然的事。这就意味着各种政党领导对于恪守思想原则鲜有兴趣，而对于追逐和保持自己的权力则更有兴趣。自由人是极其厌恶这一点的。

制定党章能够使一个政党确立下来。一个政党因此不再容易随意变化或朝着政治倾向所引导的方向去。这便是我们努力的目标。

"一个政党不可能符合所有人的所有要求，它必须代表着一种不向看起来是政治上的权宜之计妥协也不仅仅是为了扩充人员数量的基本信仰。"——罗纳德·里根，1975。

鉴于共和党领导和许多共和党人已经接受了与我们这个伟大国家建立所根植的准则及价值相悖的价值和已修订政策，制定为共和党作出说明的保守的信条及准则变得很有必要。为了成为共和党一员或者继续作为共和党成员存在，获得选举支持并取得共和党及其选区选民的资金支持，所有的候选者、在职者和新进入者都必须遵守这些信条和原则。

要使人们知道，我们作为美利坚合众国的人民特此提出共和党党章以下内容：

共和党人信仰有限政府、个人自由及个人责任；

政府无法获得除了来自人民准许之外的金钱或权力；

人民有权保留自己的劳动成果；

选举产生的官员必须将美国宪法作为本土的最高法律；

决定了共和党支持并要求以下原则在意识和行动上被严格遵守：

责　任

共和党领导理解并承认个人权利及政府局限性，特此宣誓支持且捍卫个人的权利。

社会需要诚信和有能力的领导。

要意识到对权力加以谨慎限制的必要。

要意识到对权力加以符合宪法的严格限制的必要。

支持合理及适当的进步。

所有众议员、参议员、总统和最高法院法官必须遵守美国宪法。

所有众议员、参议员、总统和最高法院法官必须阅读美国宪法。

保护、保卫及捍卫美国宪法。

反对私人产业、贸易及银行业国有化并反对政府在任何私人产业或公司的部分所有权。

权　利

* 资料来源：独立宣言及权利法案第 4、第 5、第 9、第 10 和第 11 修正案和宪法第 1 条第 8 款。

马萨诸塞州代表费舍尔艾马尔写道:"承认人生来就具有良知、携带武器及改变政府的权力。"

共和党承认所有个人的基本和自然权利,了解到违反这些权利就与一个篡权的暴君无异,并承诺不会支持会对美国人民个人权利产生影响的政府立法或政府性工具。

权力是人在社会中自由行动的原则,而且权利不是由政府赋予,是造物者给予我们的。人类天性使得权利成为理性人所必需;权利纯粹是脱离政府存在的且不可剥夺。

当社会保障个人生存、自由、财产及追求幸福的基本权利时,这个社会是自由的。

宪法和人权法案保障每个人不可剥夺的权利,并且保障人的需要在任何时候都被尽可能多地捍卫和保护。

生存权是所有权利的来源。

共和党认为个人都是以自身为目的的,而社会则是所有人和平、有序、自愿并存的一种手段。

共和党认为权力使个人的生命属于自己,并且权利是个人所有。

政府的唯一目的是保护个人权利。

* 依照宪法第1条第8款、第4条第4款。

权利可以不经任何人许可被行使。

个人自由是无条件的。

由于个人拥有不可剥夺的权利,这意味着同样的权利为所有个人所同时持有。因而,一个人的权利不能与其他人的权利冲突。

财产权是指一个人有权利采取必要的经济行为获得、使用和安排财产。

政府不应在未给予公平补偿的情况下剥夺私有财产。

所有私有财产的违宪规制都必须被废除。

所有准许违反权利法案的法律都必须被废除。

以安全名义剥夺人身自由并非爱国主义。

资本主义是一种在承认个人权利，其中包括确立所有财产为私人拥有的财产权基础之上建立的社会和经济制度。

资本主义制度的统治性原则是公平正义已为人们承认，即个人的劳动成果属于该个人。

* 依照权利法案第 4、第 5、第 6、第 9、第 10 和第 11 修正案

价值标准

* 资料来源：宪法第 1 条第 8 款，权利法案第 1、第 2、第 3、第 4 和第 5 修正案

共和党相信经久不衰的道德秩序是存在的。这种秩序是为人所立，人也是为这种秩序所立的：人性始终如一，而道德秩序是永久的。

历史上那些伟大民族的衰落向我们说明了这样一个事实：衰落的社会陷入了为迎合传统道德秩序的替代品而在聪明的自利或巧妙的社会控制方面所犯的错误。

要遵从习俗、传统和连续性。因为正是旧有的习俗使人们和平地生活在一起。

不要把他的信任放在完全的善行之上。宪法的制约，政治的制止和平衡，充分的法律强制，对意愿和欲望旧有的和错综复杂的限制，这些都是保守派所支持为达到自由与秩序的工具。

政府的首要规则应该是在宪法范围内和依据宪法进行严格的治理并且不造成伤害。

让父母重新拥有对教育子女负有责任的权利。

保护结婚制度不受侵犯。

政府权力

* 资料来源：宪法第 1 条第 8 款、第 6 条第 2 款和权利法案第 5、第 9、第 10 和第 11 修正案

为使人们从共同生活中获得益处，社会必须尊重个人权利。政府的唯一目的就是保护这些权利。

一个发起强制反对未强迫他人的个人就业和武力强制无武器受害者就

业的政府与共和党是对立的。

共和党了解，工作、衣、食、住、医疗保障和教育等等不会凭空产生。这些都是个人生产出来的物品和服务。正是因为这些都是由人生产的，擅自行动去将一些人生产的产品提供给另一些人就是超越政府权力范围的。这样做是对于那些提供这些产品和服务的人基本和生来就有的权利的违背。

*依照宪法第 1 条第 8 款、第 6 条第 2 款和权利法案第 5、第 9、第 10 和第 11 修正案。

联邦政府的权力应该被限制，依照美国宪法第 10 修正案。

美国政府只要对宪法及其保护的人民作出回应。

*依照宪法第 6 条第 2 款。

政府只拥有由宪法授予并且为了保护每位市民个人权利不受强迫和欺骗而行使的权力。

*依照权利法案第 9、10、11 修正案。

保护和保障上帝赋予的权利而不是运用权力剥夺这些权利是政府职责。

政府最基本的功能是保护生命不受侵犯。

支持所有被列举到的宪法权利。

政府在做出官方正式行为时必须受限于法律。

*依照宪法第 6 条第 2 款。

政府官员不会做除了法定委托统治之外的事情。

美利坚合众国不应该对存在于美国之外的任何统治团体做出关于贸易、外交和军事政策的回答。

意识到对权力进行谨慎限制的必要。

*依照宪法第 6 条第 2 款，权利法案第 9、10、11 修正案。

三大相互独立且平等的政府分支机构，即立法、司法、行政三个机构应该相互制衡。

联邦政府必须回归到宪法规定的权力，并将不可剥夺的权利归还给我们。

政府最基本的功能是保护生命不受侵犯。

支持所有被列举到的宪法权利。

支持并捍卫美利坚合众国宪法。

* 依照宪法第 3 条第 3 款和第 4 条第 4 款。

法律/立法

共和党人受他们的谨慎原则指引。

法律规定对保持自由至关重要。

法律在形式与内容上必须都是客观的。

客观的法律使得政府发挥它保护个人权利的合法功能。

法律必须禁止违背他人权利的私人行为。

如果法律是明确而精准的，那么就不会给国家通过不可预测和主观臆断的决定随意行使权利留下空间。

任何不能被制定成客观法律而被提议的法律都不能被作为立法的主题。

共和党立法人总是会引用宪法中能够授权其法案通过的章节及法条。

不能严格遵循宪法和保护个人权利原则的法案不会被提交。

共和党立法人会为废除与宪法及政府必须保护个人权利的原则相抵触的法律而努力。

无论任职于公共部门还是私营部门，人人都应当平等的负有法律责任。

应该基于最高法院和其他法院的法官对宪法的阐释而非修改做出的决定来认命他们。法官无权制定新的法律。

所有允许违背权利法案的法律都应该被废除。

任何公开行动的判断依据都应该是可能产生的长期结果而非当时的优点和被接受程度。

政治家都要被要求遵守那些他们要求其他人也服从的法律。

国会、白宫和任何拥有最高统治权的州政府都不需要服从违宪的最高法院规定。

国会众议员和参议员必须在通过一项法案合法之前阅读该法案。

减税和减少管制对于促进共和党的健康发展和保护个人权利都是必要的。

禁止在美国非法奖励个人。

*依照宪法第4条第4款

实施已经成文的法律来解决非法移民问题。

行政部门的共和党人坚定地遵循宪法第4条第4款关于保护各州不受外部势力入侵的内容。包含在其中而非限制于此的部分是：通过保障我们的边界不受侵扰，修改绿卡和准入程序并反对任何形式的赦免来修正移民体系。

司法官员提名

法官要尊重法律规定，准确的诠释宪法并且不能从本部门的角度出发立法。

*依照宪法第1条第8款、第3条第3款、第4条第4款、第6条第2句以及权利法案第5、第9、第10、第11修正案。

预　算

诚实的会计表示所有联邦花费必须在预算之内。

*仅由宪法第1条第8款说明及限定。

每个预算案都应该是在每个项目有正当理由和有需要的基础上产生的，并且没有任何项目可以未经预算或者自行增长开销。除在宪法第一条第8款可找到明确说明的，其他任何计划、项目和财产都不能获得资金资助。

联邦政府应该在其获得的财富范围内行使权力和发挥作用。

提升对财政负责的程度。

要有可以控制过度和浪费性开销的平衡预算修正案以及项目否决权。

美联储应对自己的行为作出说明，将透明的信息归还给货币系统且应尽快被撤销，货币制造与流通的权利应该被归还给国会。

* 依照宪法第 1 条第 8 款。

税 收

* 依照宪法第 1 条第 8 款，权利法案第 5、第 9、第 10、第 11 修正案。

应该有一个全国性的围绕税收的各种替代方式展开的讨论，这些替代方式应该包括但又不仅限于单调的所得税，这种途径可以是废除所得税，以全国性的消费税取代之，也可以是使开支减少到废除所得税而不需要以消费税或其他任何形式的税收取代之的程度。

美国税务局和美联储都应该被撤销。

高额税收及其他规制对就业有毁灭性影响。

以简化的税收制度来支持比较平稳的税率。

任何公司都不应该得到纳税人的金钱这种有利对待。

不为税收增加投票。

我们的税法应该鼓励而非命令人们购买医疗保险。

个人自由及财产无疑是不会为任何法律超越的上帝赋予的权利。

国防/国家安全

* 资料来源：宪法第 4 条第 4 款及第 1 条第 8 款。

保卫国家安全是联邦政府最重要的功能。当国家安全受到威胁，发挥由自由的男人们和女人们授予并来自于他们的全部武力是代表我们的人的义务。

美国的军事行动只在美国的关键利益受到威胁及得到了国会一致认同授权的情况下才会展开。

国会必须在美国入侵和占领其他国家之前正式宣战。

美国军队的人事任免始终应该在美国政府的命令之下完成。

美国军队绝不能在国外指挥官的指挥下行动，也不能在身着联合国制服及拥有联合国官职的时候行动，也不能服从诸如对美国公民使用枪支武力或者没收美国公民枪支等非法命令。

美国军队不能充当世界警察,他们的唯一目的就是保卫美国人民生命及财产安全。

我们的国家必须拥有这个世界上最强的国防实力。

美国军事行动首先是以国家利益为导向的。

每个国家都有保卫边境不受毒品、武器和人口偷渡威胁的最高权力。

在南方国境线建立边境防护。

实施已成文的法律来解决非法移民问题。

能　源

* 资料来源:宪法第 1 条第 8 款,权利法案第 5、第 9、第 10、第 11 修正案。

以鼓励现代核能源发展来努力刺激经济发展,减少温室气体排放。

我们为自己抽出的每一美元石油都是可以用于国内投资的一美元,并且也可能是从石油独裁主义者和石油恐怖主义者手中获取的一美元石油。

我们必须积极的扩大本国能源生产,其中包括对海岸石油的开采以及着眼于核能源开发。

鼓励和支持能使能源利用效率提升,使我们减少对国外进口石油依赖,能增加就业以及能减轻家庭开支负担的政策。

教　育

联邦政府已经因为使教育管制处于联邦机构控制之下越权。教育是每个州所拥有的管辖范围。比如说,根据宪法第十修正案,像美国教师工会这样的联邦机构应该被撤销,而教育管制应该回归到各州手中。

家长有权在他们认为适合于孩子的学校和教育途径上花费金钱。

家长也有权选择在家教育孩子。

医疗保健

* 依照宪法第 1 条第 8 款。

我们可以通过运用自由市场原则改善医疗保障体系。

自由化的市场医疗保障选择空间,比如医药储蓄账户,应该为所有人包括年长者所享受。

税法应该鼓励而非强制命令人们购买基本的医疗保险。

允许州与州之间在保险费用上的竞争。

鼓励对侵权行为的改正。

福　利

所有身体健全的美国人都有责任维持自身和家庭的生存。

第一修正案

"国会不应该制定关于建立宗教，禁止宗教自由活动，剥夺演讲自由、出版自由权利，剥夺人们和平集会权利的法律，并且要为补偿受冤者向政府申诉。"

所有第一修正案所申明的权利都是针对所有人的，其中包括基督徒。

联邦政府无权告知公民，包括基督徒，他不能向自己的宗教象征物祈祷或者不能展示其宗教象征物。

不会出现有关公众对上帝和基督教文化遗产认知的违宪规定。

不禁止宗教包括基督教在公开场合或建筑进行展示，表达或庆典活动。

第二修正案

一直被规范管理的民兵自卫组织对于保卫各自由州是必要的，保护公民持有和携带枪支的权利不应该被侵犯。

美国宪法授予个人持有和携带枪支的权利。

权利法案第二修正案是明确的，并且是我们民主制度的奠基石。

公民通过携带武器保护自身安全的权利是应该被保护的基本人权。

提供对篡权行为及统治者专制权力强有力的道德制止并使得人民能够反抗和战胜他们。

共和党深知权利法案第二修正案确认了个人通过必要时使用武力对抗卷入冲突的政府及来自国内外其他的力量来保护人身、财产、财富和自由的与生俱来的基本权利。

共和党认为任何阻挠个人自由及携带枪支的尝试都是直接与宪法相悖的，而且这也直接暗示了一种鼓励或引进极权主义制度，通过使用武力否定个人及其与生俱来权利的欲望。

第九修正案

宪法中关于某些权利的法条不应该被解释为是抵触或轻视人民保有的其他权利的。

权利和自由以及随之而来的责任并未详细的在宪法中被一一列举。我们的创立者认为任何没有清楚地被说明的事情都会为人民所拥有。因而我们的权利和自由都被扩大了。这从来不意味着政府、当局、州或者联邦就成为了我们"专横的保姆"！我们的创立者绝不是表明政府会成为任何人的"保护毯"。这些权利和自由都是针对个人、家庭、教会和慈善组织的，而不是通过政府税收和规制达成的。我们的创立者对个人自由及权利给予了高度重视和强调，并且只相信政府应该保护守法者不受违法者侵害。

国家主权及第十修正案

"既未经宪法授予美利坚合众国也未被宪法禁止授予各州的权力都由各州各自保留或者让渡于人民。"

联邦政府无权干涉教育和执法及其他第十修正案授予州或者人民的事宜。

美利坚合众国应该撤离联合国，也应该让联合国从美利坚合众国消失。

美国军队绝不能在国外指挥官的指挥下行动，也不能在身着联合国制服及拥有联合国官职的时候行动，也不能服从诸如对美国公民使用枪支武力或者没收美国公民枪支等非法命令。

反对美国与任何区域性、半球性或国际政府合并。

废止从属关系

作为一个有体现自己原则宪章的身份明确且不同于其他组织的团体，共和党可能会在任何时候废止与行为上违反上述原则的被选举或任命的官员的关系。任何由选举产生或任命产生却支持与上述原则相悖的立法及行动的官员必须立即解除其党派从属关系。

*参考文献

美利坚合众国宪法

权利法案第1到第10修正案

第11到27修正案

独立宣言

（本章根据2009年12月13日通过的《美国共和党宪章》翻译）

（中南大学公共管理学院 吴晓林 译）

美国共和党章程

(共和党全国代表大会 2008 年 9 月 1 日通过)

(共和党全国委员会 2010 年 8 月 6 日修订)

目 录

序 言

第一章 共和党全国委员会

  第一条 共和党全国委员会的组织

  第二条 共和党全国委员会委员选举办法

  第三条 全国委员会委员任期

  第四条 委员与职员的空缺

  第五条 共和党全国委员会的职员

  第六条 共和党全国委员会的执行委员会

  第七条 议事规则

  第八条 共和党全国委员会会议

  第九条 空缺职位的提名

  第十条 共和党全国委员会的分支委员会

  第十一条 候选人赞助

第二章 下届全国代表大会的召集

  第十二条 下届代表大会的召集

  第十三条 全国代表大会成员

第十四条　代表选拔过程的参与

第十五条　代表及备选代表的选举、选拔、分配及制约

第十六条　章程的执行

第十七条　州代表团

第十八条　超额代表与备选代表

第十九条　代表选举或选拔的认证

第二十条　争议：州的决议

第二十一条　共和党全国大会的临时名单

第二十二条　提交争议

第二十三条　争议申辩流程

第二十四条　代表大会资格认证委员会

第三章　全国代表大会议程（临时条款）

第二十五条　议事程序

第二十六条　委员会报告

第二十七条　"州"的定义

第二十八条　代表大会会场的准入

第二十九条　投票

第三十条　议事规则

第三十一条　辩论时间

第三十二条　章程的中止

第三十三条　政纲决议

第三十四条　少数派报告、修订案

第三十五条　提出动议

第三十六条　先决问题

第三十七条　点名

第三十八条　单位投票制

第三十九条　计票

第四十条　提名

第四十一条　代表大会委员会

第四十二条　临时章程

序　言

我们坚信：共和党是开放之政党。吾党崇尚自由平等，人人机会均等，绝无偏私。

本章程旨在鼓励和允许所有选民最广泛地参与到各级共和党活动中去，保证共和党向所有美国人开放。

经决议，如下内容以《共和党章程》之形式通过，包括共和党全国委员会的选举及截止到下届全国代表大会召开的管理，下届全国代表大会各州代表与备选代表的分配、选举办法以及争议的审议规则，和本届全国代表大会的议事规则。

第一章　共和党全国委员会

第一条　共和党全国委员会的组织

第一款　共和党全国委员会应当在共和党全国代表大会通过的准则基础上总的管理共和党。共和党全国委员会委员应包括各州一名男性委员、一名女性委员以及一名州共和党主席。

第二款　在本条款以及其他所有条款中（除了第十三条），"州"必须包括美属萨摩亚，哥伦比亚特区，关岛，北马里亚纳群岛，波多黎各和维京群岛。除非根据条款上下文"州"的概念明显不适用此款。

第二条　共和党全国委员会委员选举办法

第一款　各州共和党应当根据此条款规定的选举办法制定本州全国委员会委员选举办法。

第二款　若一州共和党并未制定选举委员办法，而州的法律规定了选举方式，则全国委员会委员选举应当依据州的法律。

第三款　若州的共和党和州的法律均未制定委员选举办法，则由全国代表大会代表团推选产生全国委员会委员。

第四款 每届全国代表大会均应点名，各州代表团由主席负责报告已当选的全国委员会委员姓名，其选举应当由全国代表大会批准生效或根据此章程规定的方式批准。

第三条 全国委员会委员任期

第一款 全国委员会委员任期从本届全国代表大会休会开始，到下届全国代表大会休会且其继任者被选举产生并批准生效后结束。鉴于资历不同，新选举产生的委员应当以其各自当选之日为序被正式批准获得有效身份。

第二款 各州共和党正式当选的以及代理主席应当为在任期内的共和党全国委员会委员。

第四条 委员与职员的空缺

第一款 当州的全国委员会委员出现空缺时，州共和党应当在选举产生委员填补空缺后，经由全国委员会批准生效。

第二款 当委员拒绝支持共和党的美利坚合众国总统及副总统提名时，共和党全国委员会应当有权力宣布该职位空缺。

第三款 当共和党全国委员会职员或共和党全国委员会的分支委员会委员出现死亡、辞职、被取消资格或无资格履行职务的情况时，应当按照与最初选举该职员或委员时相同的方式由同一机构填补空缺。当共和党全国委员会出现秘书或财务主管空缺时，主席应任命一名代理秘书或代理财务主管，直到全国委员会下一次会议召开，关于该空缺的选举才能开展。

第四款 当共和党全国委员会职员或委员出现死亡、辞职、被取消资格或无资格履行职务的情况时，填补职位的空缺应当按照已通过的共和党章程。如果不存在相关条款，应依据共和党州委员会多数票的原则进行。

第五条 共和党全国委员会的职员

第一款 共和党全国委员会的职员应当包括：

(1) 由共和党全国委员会委员选举产生的一名主席和一名与主席不同性别的联合主席。主席或联合主席不必是共和党全国委员会的委员。其应当是全国委员会的全职、带薪雇员，除非由共和党全国委员会大多数委员提请并投票决定无须如此。主席应为共和党全国委员会的首席执行官员。主席或联合主席只有在全体共和党全国委员会 2/3 票数通过情况下才可以被免职。

(2) 由四大地区的共和党全国委员会委员在地区党团会议中选举产生的 8 名副主席，他们应为各自地区的共和党全国委员会委员和居民。选举在每个奇数年的 1 月进行。副主席的选举不必获得共和党全国委员会的批准。8 名副主席必须包括以下四个地区的各 1 名男女：

（i）西部各州联盟：阿拉斯加州、美属萨摩亚、亚利桑那州、加利福尼亚州、科罗拉多州、关岛、夏威夷州、爱达荷州、蒙大拿州、内华达州、新墨西哥州、北马里亚纳群岛、俄勒冈州、犹他州、华盛顿州和怀俄明州。

（ii）中西部各州联盟：伊利诺伊州、印第安纳州、爱荷华州、堪萨斯州、密歇根州、明尼苏达州、密苏里州、内布拉斯加州、北达科他州、俄亥俄州、南达科他州和威斯康辛州。

（iii）东北部各州联盟：康涅狄克州、特拉华州、哥伦比亚特区、缅因州、马里兰州、马萨诸塞州、新罕布什尔州、新泽西州、纽约州、宾夕法尼亚州、波多黎各、罗德岛、佛蒙特州和维京群岛。

（iv）南部各州联盟：阿拉巴马州、阿肯色州、佛罗里达州、佐治亚州、肯塔基州、路易斯安那州、密西西比州、北卡罗来纳州、俄克拉荷马州、南卡罗来纳州、田纳西州、德克萨斯州、弗吉尼亚州和西弗吉尼亚州。

(3) 1 名秘书、1 名财务主管和其他共和党全国委员会认为有必要而选举产生的职员。这些职员不必为共和党全国委员会的委员。

第二款　主席、联合主席和其他职员应当在每个奇数年的 1 月选举产生。除了副主席，所有职员应由基层提名，并且只有分别获取 3 个州共和党全国委员会委员大多数选票后才能被提名。不必设置提名委员会。

第三款 主席应当为共和党全国委员会任命 1 名总顾问，总顾问同时兼任共和党全国委员会的分支委员会及下属委员会的顾问。主席还应任命 1 名共和党财务委员会主席。总顾问与财务委员会主席均应由共和党全国委员会批准并根据主席意愿行使职责，两者不必为共和党全国委员会的委员。当共和党全国委员会主席出现死亡、辞职、被取消资格或无资格履行职务的情况时，共和党全国委员会总顾问和共和党财务委员会主席应继续任职，直到主席空缺根据章程第四条被填补，总顾问与财务委员会主席的继任者由共和党全国委员会新任主席任命并由全国委员会批准。

第六条 共和党全国委员会的执行委员会

第一款 共和党全国委员会的执行委员会应当包括共和党全国委员会的 28 名职员与委员：主席、联合主席、副主席、秘书、财务主管、总顾问、共和党财务委员会主席、常务规则委员会主席、常务预算委员会主席、共和党州主席顾问委员会主席、3 名由主席任命的委员、8 名额外成员（包括每个奇数年 1 月分别由四大区域的党团会议选举产生的 1 名男性和 1 名女性）。当共和党全国委员会主席出现死亡、辞职、被取消资格或无资格履行职务的情况时，共和党全国委员会主席所任命的每一位执行委员会成员应当继续任职，直到主席空缺根据章程第四条被填补，共和党全国委员会新任主席任命继任者为止。

第二款 在两届共和党全国委员会会议之间，执行委员会履行共和党全国委员会指定的各项政治和行政职能，除了以下集中职能：

（1）共和党全国委员会职员的选举；

（2）共和党全国委员会委员选举的批准；

（3）召集全国代表大会和指定大会召开的时间地点；

（4）填补美利坚合众国总统或副总统共和党候选人的空缺。

第三款 执行委员会每年至少召开两次会议，会依序由主席召集。此外，对于执行委员会至少 1/4 的成员发起的请愿书，主席应在接到请愿书 10 天之内，宣布在其指定的城市召开执行委员会会议。会议日期应在召集日 10 天以后，20 天之前。所有执行委员会会议记录应尽快通过执行委员会的批准，使共和党全国委员会所有成员都能得到。

第四款 执行委员会可以提前 1 天通知召开电话会议，以议事并采取行动。

第七条 议事规则

第一款 现有权威版本《罗伯特议事规则》（新修订版）应当指导共和党全国委员会和其分支委员会召开的会议，所有会议都应适用并与此规则相一致。

第二款 除了《罗伯特议事规则》（新修订版）规定的以外，共和党全国委员会及其分支委员会的会议应当公开进行。

第三款 共和党全国委员会的委员可以以书面的形式将已经公证的代理权交给同一州的有资格且已申报身份的共和党投票人，代理人有权参加一个会议，这个会议可以是共和党全国委员会的所有分支委员会的会议，也可以是其他任何与共和党全国委员会相关联代理人有资格参加的会议。共和党全国委员会分支委员会的成员可以以书面的形式将已经公证的代理权交给同一州的有资格且已申报身份的共和党投票人，或交给其所属的共和党全国委员会州代表团的成员。共和党全国委员会参会代理书应提交给共和党全国委员会秘书。共和党全国委员会分支委员会的参会代理书应提交给各自的分支委员会主席。共和党全国委员会的按地区选拔委员的分支委员会中，按地区选拔的委员可以在所属的地方党团副主席的批准后，以书面的形式将已经公证的代理权交给其所属的共和党全国委员会地区党团的成员；由主席任命的委员可以在共和党全国委员会主席的批准后，以书面的形式将已经公证的代理权交给共和党全国委员会的委员。

第四款 除了合理根据《罗伯特议事规则》（新修订版）而进行的选举，任何共和党全国委员会或其分支委员会会议中都不得采取无记名投票方式。

第五款 祷告与效忠誓言应在所有章程所列的委员会的会议（包括所有下属委员会会议）宣布开始时立即进行。

第六款　除了特别之处，"邮寄"应当被定义为通过美国邮政总局、电子邮件或私人邮递服务传送信件等物。

第八条　共和党全国委员会会议

第一款　共和党全国委员会应当每年至少集会两次。每次会议的拟定日程应提前至少 10 天邮寄给成员。会议记录包括所有决议和动议，应当在闭会后 30 日之内邮寄给共和党全国委员会所有成员。

第二款　共和党全国委员会第一次会议应在全国代表大会休会后 5 日之内召开。共和党全国委员会会议及其其他会议应由主席召集；如主席之位空缺，则由联合主席召集；如主席与联合主席之位皆空缺，则由在共和党全国委员会任职时间最长的副主席召集。尽管应当提前至少 10 天公开召集，但是如共和党全国委员会会议旨在选举产生美利坚合众国总统或副总统的共和党候选人，则只要求提前 5 天通知会议目的、召开日期与地点。共和党全国委员会超过 16 人（代表不超过 16 个州）以联名或单独的方式向主席递交请愿书，请求召开共和党全国委员会会议的，主席有义务在接到请愿书 10 天之内，宣布在其指定的城市召开共和党全国委员会会议。会议日期应在召集日 10 天以后，20 天之前。

第九条　空缺职位的提名

第一款　共和党全国委员会有权利填补因共和党全国代表大会提名的美利坚合众国总统或副总统的共和党候选人死亡、退出或其他原因而造成的任何空缺，共和党全国委员会也可以填补职位空缺为名重新召集全国代表大会。

第二款　在此条款下，共和党全国委员会委员代表州投票时，所投票数应与该州有权在全国代表大会投的票数相等。

第三款　如若共和党全国委员会来自任何一州的委员们就投票问题意见不一致时，该州选票包括非整数票在内应当平等分配给在场的共和党全国委员会的委员及投票代理人。

第四款　除非在选举中获得合法有效的选票占多数，候选人不得被选来填补职位空缺。

第十条　共和党全国委员会的分支委员会

第一款　应有以下几个分支委员会：

（1）共和党全国委员会的常务规则委员会，包括各州一名共和党全国委员会的委员，审议《共和党章程》并提出建议。共和党全国委员会的各州委员应在8个月内召开党团会议，以多数票原则选举从成员中产生常务规则委员会的委员，跟随全国代表大会任命的人员一起任职于此委员会。若有任何州的共和党全国委员会委员未在此期限内向共和党全国委员会主席提交就职规则委员会的名单，共和党全国委员会主席应当从这些州的共和党全国委员会成员中各选取一人就职于常务规则委员会。常务规则委员会主席和其他委员会认为有必要设立的职员应由该委员会成员自己选举产生。

（2）常务决议委员会，包括由四大地区（如第五条所述）共和党全国委员会委员选举产生的每区各2名共和党全国委员会委员，与1名由共和党全国委员会主席从共和党全国委员会委员中任命的1名主席。

（i）常务决议委员会应在共和党全国委员会常规召集会议至少30日前或特别召集会议至少10日前，审查所有由成员递交的需要共和党全国委员通过的决议。常务决议委员会应向共和党全国委员会报告所有通过的决议以及适用的修改，以供其审议。未被决议委员会通过的决议可报告给共和党全国委员会，仅供参考。

（ii）常务决议委员会应不加修改地将所有由共和党全国委员会来自10个州的委员（每州至少1名委员）的书面决议提交给共和党全国委员会。此决议应在共和党全国委员会常规召集会议至少30日前或特别召集会议至少10日前提交给常务决议委员会主席。如决议是为了缅怀某位逝者，则30日的期限要求可由常规决议委员会免除。

（3）共和党全国委员会应设立常务预算委员会和任何其认为需要的下属委员会，授予其共和党全国委员会收支预算和评估职能。常务预算委员会应包括共和党全国委员会的七名委员，其中三名应当由共和党全国委员会主席任命，依据主席意志办事，其余四名由四个地区［根据第五条第一款第（2）点所述］在每个奇数年的1月份召开的党团会议中各自选举产生。以下为常务预算委员会当然委员：主席、联合主席、共和党全国委员会财务主管、共和党财务委员会主席。共和党全国委员会主席应当竭尽全力使上述职员的任命保证常务预算委员会内男女人数相等。共和党全国委员会主席应当从常务预算委员会成员中任命常务预算委员会主席。

（i）年度预算应在每年的共和党全国委员会第一次会议中通过。拟定预算方案应相对具体，并在会议之前至少10日邮寄给共和党全国委员会的所有委员。

（ii）当共和党全国委员会主席出现死亡、辞职、被取消资格或无资格履行职务的情况时，常务预算委员会所有由共和党全国委员会主席任命的成员应当继续任职，直到主席之位根据第四条章程填补，共和党全国委员会新任主席任命成员的继任者为止。

（4）共和党全国代表大会会址委员会，应包括由来自四大区域［根据第五条第一款第（2）点所述］的共和党全国委员会委员选举产生本区域的各2名成员，1名由共和党全国委员会主席从共和党全国委员会的委员或职员中任命的主席。会址委员会应负责调查具备召开下届全国代表大会的地点，并向共和党全国委员会推荐一个可供挑选的会址。此委员会的组建应不晚于总统大选后2年。四大区域中每区都应从本区共和党全国委员会中选出1名备选人员。当本区已选成员出现死亡、辞职、无资格履行职务或因所在州投标产生的冲突不能履职时，备选人员应当行使其职责。会址委员会的成员不得代表作为全国代表大会投标会址所在的州。

（5）筹备委员会，筹划和管理下届全国代表大会召开事宜。共和党全国委员会主席和联合主席应为筹备委员会主席，共和党全国委员会主席应从共和党全国委员会中每州至少一人任筹备委员会委员。筹备委员会和下属委员会的主席应由共和党全国委员会主席从筹备委员会成员中任命，按共和党全国委员会主席意志办事。其他职员应由筹备委员会任命。主席与其他职员都应为筹备委员会的执行委员会的成员。常任规则委员会主席和争议处理委员会主席均应为筹备委员会委员。

（6）召集委员会，包括1名主席和至少7名由共和党全国委员会主席任命的共和党全国委员会委员。此委员会应协助共和党全国委员会根据第十二条章程召集下届全国代表大会。召集委员会应在常务规则委员会和筹备委员会成立后组建。

（7）争议处理委员会，应包括由四大地区［如第五条第一款第（2）点所述］的共和党全国委员会委员分别在各自区选举产生的每区2名共和党全国委员会委员，1名由共和党全国委员会主席从共和党全国委员会的委员和职员中任命的主席。争议处理委员会应履行第二十三条章程规定的职责，处理有关竞赛决议。竞选委员会应在常务规则委员会和筹备委员会成立后组建。

（8）共和党全国委员会每一名委员必须是上述中至少一个委员会的成员，在全国代表大会开会前6个月之内被选入共和党全国委员会的委员除外。

（9）上述委员会的会议记录草案必须尽快完成，使共和党全国委员会所有成员都能得到；会议记录最终稿必须尽快得到相应委员会的通过，使共和党全国委员会所有成员都能得到。任何委员会均可以提前1天通知召开电话会议，以议事并采取行动。

第二款　共和党全国委员会应设立共和党财务委员会和任何其所认为需要的下属委员会，授予其制定和执行广泛筹款方案的职责。共和党财务委员会主席应根据第五条章程第三款任命。

第三款　共和党全国委员会主席，在共和党全国委员会的批准下，可任命其所认为必要的其他此类委员会的委员和助理人员。一旦这类委员会建立，其必须包括1名主席，以及男女人数相等的委员。

第四款　必须有一个临时委员会根据第十五条章程第二款，负责审查2012年共和党全国代表大会代表与备选代表的选举、选拔、分配的时间安排和约束工作。临时代表选拔委员的15名委员应包括，由四大地区（如第五条所述）共和党全国委员会委员在2009年共和党全国委员会冬季会议中选举产生的每区各 1 名共和党全国委员会委员；此外，共和党全国委员会主席将另外任命 3 名共和党全国委员会委员与 6 名非共和党全国委员会委员的共和党人。共和党全国委员会主席与总顾问应充当当然投票委员。共和党全国委员会主席应在 2009 年共和党全国委员会冬季会议后尽快召集临时代表选拔委员会。临时代表选拔委员会应提出任何其所认为合理的关于补充第十五条章程第二款的建议，前提是这些补充将保有 2008 年共和党全国代表大会通过的第十五条第二款的条文，这些条文必须毫无修改地在 2010 年共和党全国委员会夏季会议上得到 2/3 的选票才能通过。任何采取的条款将在通过后 60 日之后生效。临时代表选拔委员会应在 2010 年共和党全国委员会夏季会议后解散。

第十一条　候选人赞助

第一款　共和党全国委员会未提前经候选人所在州的全体共和党全国委员会委员书面递交同意书，不得向任何公共或党内职务候选人捐助现金或提供实物援助，除非是共和党被提名人或是在某个职位申请日期截止后共和党初选中毫无异议通过的候选人。在法律规定进行无党派初选的州，如共和党候选人可以参加但是在大选中却没有一个共和党候选人，则在州共和党权威领导下的代表大会所支持的候选人应被共和党全国委员会认可为共和党被提名者。

第二款　州共和党章程或州法律不得允许任何曾参加过或正在参加非共和党的党派提名选拔的人，通过包括但不仅限于多派初选或类似选举方式，参与共和党大选被提名者的选拔。违反此规则而被提名的人不得被共和党全国委员会认可为该州共和党的被提名人。

第二章　下届全国代表大会的召集

第十二条　下届代表大会的召集

共和党全国委员会应在本届代表大会召开之年的 1 月 1 日前召集下届全国代表大会，为美利坚合众国总统与副总统提名候选人。共和党全国委员会应以章程规定的方式公布会议召集，内容应包括有关全国代表大会召集与议事流程，每州正式代表总数，以及第十六条章程评估的处罚条例。

第十三条　全国代表大会成员

根据第十六条规则，下届全国代表大会成员应包括：

第一款　代表

（1）来自50个州的代表全州的代表各10名。

（2）来自各州、美属萨摩亚、哥伦比亚特区、关岛、北马里亚纳群岛、波多黎各和维京群岛的共和党主席、全国男委员、女委员。

（3）每州3名代表各州每名众议员的区代表。

（4）6名美属萨摩亚的代表，16名哥伦比亚特区代表，6名关岛代表，6名北马里亚纳群岛代表，20名波多黎各代表和6名维京群岛代表。若波多黎各在下届全国代表大会前成为一州，则其代表人数应按照与其他州一样的方式计算。

（5）在上一次预选中，每个将选举团票或将大多数选举人票投给美利坚合众国总统的共和党候选人的州中，投票情况为为：$4\frac{1}{2}$个代表加上相当于该州60%选举人票数的代表；若波多黎各在下届全国代表大会前成为一州，应假定在最后一次预选中，其将选举团票或大多数票投给共和党候选人。（在计算代表人数时，如$4\frac{1}{2}$加上60%的总和代表一个分数，应当进位到整数。）此外，若在最后一次总统预选之年或在下届全国代表大会召开之年的1月1日之前的任何后续选举中，一州选举产生以下任何一个公务人员，则该州加上1名代表作为奖励：

（i）共和党州长，作为奖励增加的代表名额每州不得超过1人；

（ii）一州在美国众议院的代表中共和党成员占一半以上，作为奖励增加的代表名额每州不得超过1人；

（iii）州立法机关的任何一个会议的大多数成员为共和党人，且一旦成立由共和党人担任主席（如主席由会议选举），作为奖励增加的代表名额每州不得超过1人；

（iv）州立法机关的所有会议的成员大多数均为共和党人，且一旦成立由共和党人主持（如主席由会议选举），作为奖励增加的代表名额每州不得超过1人。

（6）此外，如一州在下届全国代表大会之年1月1日前6年内选举产生1名共和党参议员，则增添1名代表名额；作为奖励增加的代表名额每州不得超过2人。

（7）如在上一次总统预选中，哥伦比亚特区将选举团票或大多数选举人票投给美利坚合众国总统的共和党被提名者，则为：$4\frac{1}{2}$个州代表加上等于16位分配给哥伦比亚特区的代表名额的30%。在计算代表人数时，如$4\frac{1}{2}$加上30%的总和代表一个分数，应当进位为整数。

第二款　备选代表。一个全国代表大会代表配备一个备选代表，除非已没有备选代表可选为共和党全国委员会成员。

第三款　任何州共和党需设立日期举行初选、党团会议、代表大会或会议，根据第十五条章程投票选举总统候选人，和（或）选举、选拔、分配或约束全国代表大会代表。当州共和党章程与州的法律在此规则上相抵触，则以本条款和州共和党章程为准。当本条款与第十五条相抵触时，则一切以本条款为准。

第十四条　代表选拔过程的参与

第一款　联邦应协助共和党全国委员会，为代表的选举、选拔、分配或约束方式等准备指导性材料以供分发。

第二款　共和党以全国、州、区、县代表大会的代表与备选代表的选举、选拔、分配或约束为目的进行的初选、党团会议或任何会议或代表大会，都不应受到性别、种族、宗教、肤色、年龄或国籍的限制。共和党全国委员会和州共和党或各州管理委员会都应采取积极行动鼓励包括男人、女人、年轻人、少数族裔、教会组织、老年人和所有其他所有人参与到代表的选举、选拔、分配或约束的过程中。

第三款 除非州法律规定，在代表与备选代表通过代表大会或代表大会与初选制度相结合的方式产生的州，选区和乡、县、镇会议都应公开，且任何符合条件的公民应积极参与。

第四款 各州应努力使共和党全国委员会州代表团的代表男女人数相等。

第五款 上述条款并不基于任何一种配额制。

第十五条 代表及备选代表的选举、选拔、分配及制约

第一款 优先顺序

全国代表大会的州代表与其备选代表、国会选区代表与其备选代表应当按照以下方式被选举、选拔、分配或约束：

（1）按照一州任何适用的共和党章程进行，不与其相抵触；

（2）如果州的共和党章程没有适用的规定，则根据州适用的法律办事，不与其相抵触；

（3）结合本条第一款第（1）（2）点的方式；

（4）如州的共和党章程与法律均未规定适用的方法，则根据第四款办事。

第二款 时间安排

（1）除了爱荷华州、新罕布什尔州、南卡罗来纳州与内华达州的用于选举、选拔、分配、约束全国代表大会代表的初选、地方党团会议或代表大会可以在全国代表大会召开之年2月1日任何时间或此日之后召开，且不受本条第二款第（2）点约束，其他任何选举、选拔、分配、约束全国代表大会代表的初选、地方党团会议或代表大会的召开均不得先于全国代表大会召开之年3月的第一个星期二。

（2）任何总统初选、党团会议、代表大会或其他在全国代表大会召开之年4月1日前选拔全国代表大会代表的会议，应当规定以比例分配代表。

（3）如果民主党全国委员会未能根据第十五条第二款第（1）点提出的日期（2月1日与3月第一个星期二）遵循总统初选日程安排，则第十五条第二款应恢复到 2008 年共和党全国代表大会通过的规则。

*（修订内容在 2010 年 6 月由共和党全国委员会通过）

第三款　常规

所有全国代表大会代表或备选代表的选举或选拔中，以下规则应当适用：

（1）全国代表大会代表与备选代表的选举、选拔、分配或约束只能通过以下方式中的一种进行：

（i）通过初选进行；

（ii）根据州法律规定，通过共和党全国委员会进行；

（iii）通过州与国会选区代表大会进行；

（iv）根据任何与该州选举、选拔、分派或制约最近一届共和党全国代表大会代表与备选代表相一致的方式；

（v）根据第十三条第一款第（2）点进行。

（2）只有根据州的法律（公共档案登记为共和党人的），或根据州共和党章程（投票人没有登记在党的），具备条件的投票人才可参与到任何选举全国代表大会代表或备选代表的初选、任何共和党党团会议、群众性集会，或选拔州、区、县代表大会代表的群众代表大会，且只有这些合法、合格的投票人才可被选举为州、区、县代表大会的代表。除了此处规定的资格条件，一州适用的共和党章程可规定不与法律相抵触的其他资格条件。这些条件应在召开全国代表大会的前一年 10 月 1 日前被通过，且在生效至少 90 日前公布在至少一份在全州广泛发行的报纸上。

（3）州的法律不得准许任何人在参与代表与备选代表的初选过程的同时，参与该场初选中对其他选任职位的其他党派提名的选择。如果这种情况发生，则全国代表大会代表与备选代表的选拔应根据不与《共和党章程》抵触的州的共和党条例。依据州的共和党条例进行的选拔过程应当规定，只有根据州法律或州共和党章程，具备条件的共和党投票人才能参与代表选举或选拔过程。

（4）在任何初选的裁判委员会或选举监督人中共和党的代表权被法律

否认的行政辖区，代表与备选代表的选举应根据本条第一款第（1）点与第（4）点进行。

（5）在选举或选拔全国代表大会代表与备选代表时，州的法律不得妨害、限制、否认任何依据宪法有权担任美利坚合众国总统或副总统的美利坚合众国公民，根据州的法律成为美利坚合众国总统或副总统的提名候选人的权利或特权。州的法律也不得授权任何州的全国代表大会代表或备选代表的选举或选拔异于此章程。

（6）全国代表大会各个代表单位的备选代表应当与代表人数相等，且以与代表相同的方式、在相同的时间、根据相同的规则选举产生。如果一州的法律规定了另一种选择备选代表的方式，则备选代表的选择应当符合进行选举的州的法律，除非没有备选代表被选为共和党全国委员会委员。

（7）州共和党授权或执行的代表和备选代表的选拔活动、对代表的总统选举偏好的约束应当采用由州共和党自行决定的适用的方式，以鼓励军事人员积极参与，把握行使投票权的机会。

（8）全国代表大会州代表与备选代表在担任代表与备选代表时应为各自州的居民和合格投票人。所有分配给州的代表与备选代表应当由各州选举产生。州内分配及选举方式可能不同，但是只在有必要避免与适用于全国代表大会代表选拔的州法律抵触的范围内。不同的州代表与州备选代表分配与选举方式可参照1988年共和党全国代表大会。

（9）代表国会选区的全国代表大会代表与备选代表在被选举时与担任代表与备选代表时，应当为各自选区的居民与具备资格的投票人。每州的国会选区应包括由各自选区选举产生的3名代表、3名备选代表。分配给国会选区和国会选取选举产生的代表与备选代表人数可以在必要的范围内，为了避免与适用于选拔全国代表大会代表的州法律抵触，增加或减少。不同的选区代表与选区备选代表分配方式可参照1988年共和党全国代表大会。

（10）除了选举或选拔的州的法律规定全国代表大会的代表或备选代表、代表或备选代表的候选人需支付的一定费用以外，不得以支持选举或担任全国代表大会代表或备选代表为条件要求其支付额外的费用或款项。

（11）不允许存在借助党内职位或公选官职而自然地成为全国代表大会的代表，除了第十三条第一款第（2）点规定的。

（12）如果一州的共和党章程或州的法律实质上已改变了代表或备选代表选举、选拔、分配或约束的方式，或改变了州共和党举行的选举总统候选人和（或）选举、选拔、分配或约束全国代表大会代表的总统预选、党团会议、代表大会或其他会议的集会日期，且这些改变全国代表大会召开前一年的10月1日后生效或被通过，则不得依据此章程或法律选举、选拔、分配或约束全国代表大会代表或备选代表。如果一州的共和党不可能在此条第五款规定的日期或以条款规定的方式证明，其召开的总统预选、党团会议、代表大会或其他选举总统候选人和（或）选举、选拔、分配或约束全国代表大会代表的会议的方式及日期的有效性，则总统预选、党团会议、代表大会或其他选举总统候选人和（或）选举、选拔、分配或约束全国代表大会代表的会议的进行过程应当与前一届全国代表大会采用的方式与日期一致。如果总统预选、党团会议、代表大会或其他选举总统候选人和（或）选举、选拔、分配或约束全国代表大会代表的会议不可能与前一届全国代表大会采用的方式与日期一致，则应当由国会选区或州代表大会根据本条第四款选举或选拔代表或备选代表。

第四款 代表大会

一州法律或州共和党章程要求通过代表大会选举代表或备选代表的，或当没有适用的州的法律或州共和党章程时，全国代表大会代表和备选代表应由国会选区或州代表大会根据以下条款选举产生：

（1）国会选区或州代表大会应当由州共和党委员会召集。

（2）国会选区代表应当在选区党团会议、群众性集会、群众代表大会或县代表大会选举产生，只有具备资格在这些选区党团会议、群众性集会、群众代表大会或县代表大会投票的选民才能投票。

（3）任何党团会议、集会、代表大会的召集通知应当在这些党团会议、集会、代表大会开展的15日前，刊登在州、区或县内广泛发行的报纸上。

（4）代表没有资格在全国代表大会公开召集前，参与旨在选举或选拔全国代表大会代表的任何国会选区或州代表大会。

（5）国会选区代表大会应由州法律或州党章认可的具备资格投票的共和党代表组成。一州的代表大会应由该州法律或州党章认可的具备资格投票的共和党代表组成，他们来自该州内各个选区。代表应当由州共和党考虑共和党选票或人口情况按比例分配到县、教区、州或区的城市。

（6）选举或选拔全国代表大会的区或州代表大会（不包括州共和党委员会会议）不得有代理人。如果上述选拔代表大会的备选代表已经选举或选拔产生，则除了备选代表不允许其他人在代表缺席时投票。

第五款　州委员会的资格认证与文件提交

（1）全国代表大会召开前一年的 10 月 1 日或此日之前，每个共和党州委员会应当通过指导来年全国代表大会代表及备选代表的选举、选拔、分配、约束的准则、程序、政策和指导性材料（根据第十四条第一款规定准备），且应当将文件证明提交给共和党全国委员会的秘书，包括指导选举、选拔、分配、约束代表及备选代表的上述材料与所有法令的真确副本。

（2）共和党全国委员会可在以下情况发生时免除州共和党本条中规定的一些义务：州共和党不可能遵守第五款第（1）点中指定的 10 月 1 日的截止日期，无法按照前一届全国代表大会的方式进行总统预选、召开党团会议、召开代表大会，或召开投票选举总统候选人和（或）选举、选拔、分配、约束全国代表大会代表的会议；或无法根据本条第四款的规定，由国会选区或州代表大会选举、选拔、分配、约束代表与备选代表。共和党全国委员会认为这些义务的解除符合共和党的最佳利益。

第十六条　章程的执行

第一款　如果任何一州或州共和党违反《共和党章程》关于选举或选拔过程的时间安排的条款，导致该州任何一名全国代表大会代表受到法规或条例的限制，无法为在第十五条章程授权该州为总统候选人投票并

（或）选举、选拔、分配、约束全国代表大会代表或备选代表的当月第一日之前选拔或决定的总统候选人投票，则该州全国代表大会代表人数应当缩减50%，相应的备选代表的数量也缩减相同的比例。若得出的总数有分数，则进位为下一个整数。代表团不得缩减少于两名代表和相应数量的备选代表。

第二款 如果在全国代表大会召集之前，章程被触犯，则共和党全国委员会主席应通知触犯规则的州，告知其将被缩减的代表与备选代表人数。缩减后的代表与备选代表人数将会被反映在全国代表大会召集的内容里，且被上报给州秘书或触犯规则州的负责选举的官员以及每一州共和党主席。缩减后的人数将会成为唯一被认可的全国代表大会州的代表人数。

第三款 如果在全国代表大会召集之后，章程被触犯，则共和党全国委员会主席应通知触犯规则的州，告知其将被缩减的代表与备选代表人数。缩减后的代表与备选代表人数将被上报给州秘书或触犯规则州的负责选举的官员以及每一州共和党主席。缩减后的人数将会成为唯一被认可的全国代表大会州的代表人数。

第四款 如果共和党全国委员会主席未就对《共和党章程》关于全国代表大会代表和备选代表的选举、选拔、分配和（或）约束的规则的违反采取行动，则任何三个共和党全国委员会常务规则委员会委员认为规则被触犯的，可提交报告反对触犯规则的州或州共和党。

（1）任何三个共和党全国委员会常务规则委员会委员反对触犯规则的州或州共和党的报告应以书面形式提交，阐明委员认为州或州共和党触犯规则的理由。报告应当由每位提交报告的委员签字标注日期，递交给共和党全国委员会秘书。共和党全国委员会应当在收到报告20日内，将报告分发给所有共和党全国委员会的成员。

（2）常务规则委员会应当在规则委员会主席的召集下集会，就一州或一州共和党是否触犯章程投票。如果常务规则委员会大多数票裁定其触犯规则成立，则该州或该州共和党应当接受本条第一款所述的惩罚。

第五款 如果一州或一州共和党被裁定触犯章程：

（1）触犯章程的州共和党全国委员会委员不得被允许担任全国代表大会的代表或备选代表。

（2）共和党全国委员会委员在被排除在全国代表大会违反章程的州的代表团成员后，州共和党应当决定州剩余代表（和相应的备选代表）中哪些有权成为全国代表大会被缩减人数后的代表团成员。

（3）除了本条第五款第（1）点和第（2）点规定的惩处方式，常务规则委员会可施加额外的处罚，处罚涉及触犯章程的州在全国代表大会召开期间所住酒店的位置、大会嘉宾特权和VIP（贵宾）通行证以及代表大会会场的坐席位置。

第六款　一州或一州共和党不得就对其触犯章程的判决和施加的惩罚提出上诉。

第十七条　州代表团

第一款　州共和党通过的规则规定其全国代表大会代表团空缺填补方式的，必须遵照这种方式。

第二款　州共和党通过的规则未规定其全国代表大会代表团空缺填补方式，而州的法律规定此种人员替代方式的，必须遵照州的法律。

第三款　如州共和党通过的规则与州的法律均未规定其全国代表大会代表团空缺填补方式的，州共和党应努力选拔个人填补代表团空缺，或与代表最初被选举或选拔的方式相同，或通过州共和党执行委员会投票产生。如州的共和党执行委员会在代表大会前10日仍未填补空缺，则通过州代表团投票产生。这种选拔方式不适用于第十三条第一款第（2）点中分配给各州的代表的选拔。

第十八条　超额代表与备选代表

第一款　州选举或选拔的代表与备选代表人数不得超过实际全国代表大会召集内容（包括第十六条的惩处措施）中授权的数量。不得允许任何代表单位通过投非整数票的方式选举或选拔任何代表或备选代表。

第二款　若任何一州超过授权数量的代表被批准，并以第十九条章程所述的方式上报共和党全国委员会秘书，则被认为存在争议，秘书应通知到各个上报的代表申请人，并将所有资格证明书和请求提交给共和党全国委员会，请其决定哪些申请人应当被列入全国代表大会临时名单。

第十九条　代表选举或选拔的认证

第一款　所有代表与备选代表的选举或选拔应在全国代表大会会议召开 35 日前已完成。

第二款　根据第十六条章程，代表与备选代表应该在以下场合被证明是合格的：

（1）当他们被代表大会、代表大会主席和秘书，或共和党州委员会的主席和秘书选举产生并上报给共和党全国委员会秘书处；

（2）当他们由初选、选举委员会或根据州法律设立并指定的官员选举，颁发政党的全国代表大会代表或备选代表选举证明，所有证明书都应由正式选上的代表与备选代表按照规定的方式提交；

（3）当他们由共和党全国委员会或共和党州委员会主席和秘书选举产生，并被上报到共和党全国委员会秘书处。

第三款　每位代表与备选代表的资格证明书应在全国代表大会会议召开前 30 日提交给共和党全国委员会秘书，以便秘书制定全国代表大会临时名单。以下情况例外：根据州法律规定的选举代表或备选代表的时间无法使资格证明书在上述时间前上交成为可能。

第二十条　争议：州的决议

所有在各州的区代表大会选举区代表产生的争议，应由州代表大会裁决，如果州代表大会不能在全国代表大会前集会，则由州代表大会的委员会裁决。只有广泛影响到代表与备选代表的争议须呈报给共和党全国委员会。如果关于区代表的争议是出于州委员会或州代表大会非常规或非法的行为，则由共和党全国委员会接管，根据第二十二条与第二十三条章程听取争议并决定处理办法。

第二十一条　共和党全国代表大会的临时名单

第一款　递交第十九条章程规定的官方竞选证明书的代表与备选代表

的姓名，应由共和党全国委员会列入全国代表大会临时名单。

第二款　全国代表大会临时名单上人员的代表或备选代表席位权力被质疑的，必须经过全国代表大会的投票，最终裁决关于此人的争议，并决定此人具有固定席位，此人才有权在全国代表大会或其任何委员会上投票。除非此人被授予这种投票权，或共和党全国委员会或资格认证委员会的委员中大多数赞成票肯定此人的投票资格。

第二十二条　提交争议

第一款　争议通知应阐明争议的根据与理由，并在全国代表大会开会30日前递交给共和党全国委员会秘书归档，同时应通过挂号信的方式邮寄给处于争议的人员，除非根据适用的州法律规定的选举代表或备选代表时间，无法使在上述日期前递送争议通知书成为可能。

第二款　争议通知书只能由代表权被质疑的曾有资格参加本州各级代表选拔过程的居民提交。

第三款　只有根据这些规则及时递交的争议才能被审议。

第四款　为阐明有关争议与资格的条例，词语"派别"应被理解为根据第二十二条章程递交争议通知书的人或人们，而通知书的主体是有权获得代表或备选代表席位的人或人们。

第二十三条　争议申辩流程

第一款　争议处理委员会应当有权力通过与章程一致的流程性规则，指导递交到争议委员会的争议尽快解决。如果本条款中任何截止日期在星期日或法定节假日，则截止日期向后延1天。

第二款　在全国代表大会召开22天前（或者，如果根据适用的州法律规定的代表与备选代表选举的时间无法满足此要求的，则在选举后5天之内），每一派别应当递交至少3份印刷的或打印的立场说明书给共和党全国委员会秘书，说明书用来支持派别对全国代表大会代表或备选代表席位的要求，并附有誓词与其他需要的证据。共和党全国委员会秘书，一收到一派的立场说明书，应当立即向对立方提供1份该立场说明书。每一份立场说明书应当以不超过 1000 字的综述简要概括说明书内容，具体阐述论据。

第三款　争议处理委员会应当尽快听取事件，决定涉及的争议点，是涉及法律还是涉及事实或两者皆有；决定委员会的对于争议问题的解决建议；递交争议问题及其解决建议给共和党全国委员会。争议处理委员会递交的每个议题都应当经过共和党全国委员会审议并裁定，除非共和党全国委员会通过大多数票扩大或改变了争议议题。如果争议处理委员会由于各种原因未能说明争议牵涉到法律还是事实，则共和党全国委员会应当决定争议被裁定为何种问题，且除非共和党全国委员会多数票同意，否则审理应当仅限于这些议题。

第四款　争议处理委员会应当就每份递交的争议制定报告，展示争议的理据；提出争议所依据的法令与规则（如果有的话）；每一方的论点。报告应当包含对争议涉及的法律与事实问题的阐述，争议处理委员会针对争议问题给出的解决建议的说明，并由主席或他指派的人签字。当争议处理委员会准备此报告说明法律与事实问题时，这些问题的说明书备份应立即送达在召开代表大会城市的一人，此人必须由派别在提交争议说明书时被任命，用以接收上述争议问题说明书。说明书还应立即由争议处理委员会主席以最迅速简便的方式邮寄给各方，提供包括但不限于隔夜送达服务书面收据。

第五款　各方应当有 8 日来提交对争议处理委员会就争议问题的说明（法律问题、事实问题，还是均有）的异议。如果共和党全国委员会被要求尽快对争议采取行动，则异议应在委员会会议前提交。异议应包括提交争议说明书的派别对争议问题（法律问题、事实问题，还是均有）所做的有必要被裁定的补充说明。

第六款　如共和党全国委员会被要求审议可能出现的任何争议，则代表大会资格认证委员会的成员也应被告知这些会议的事件与地点，并有权参加所有争议的听证会，但无权参与讨论或投票。

第二十四条 代表大会资格认证委员会

第一款 当全国代表大会集会时,共和党全国委员会秘书应当向代表大会资格认证委员会递交所有资格证明书和第十九条第三款规定的其他文件。

第二款 对于共和党全国委员会在任何争议处理方面不满的,可向代表大会代表资格委员会提出申诉,申诉人只能为正处于根据第二十二条与第二十三条进行的争议处理程序的派别。但是,申诉通知书必须在代表大会资格认证委员会集会前1小时之内递交给共和党全国委员会秘书。申诉通知书应当具体说明申诉的根据。只有具体说明理据,代表大会资格认证委员会才能审理申诉。无具体说明理据递交到共和党全国委员会的申诉,将不会被代表大会资格认证委员会受理,除非其得到在场委员大多数票数的同意。

第三款 关于一个或多个代表或备选代表的身份问题,或任何相关的争议问题,都不能直接呈现给在全国代表大会的代表大会资格认证委员会。所有争议必须首先根据第十八条第二款规定的方式呈递给共和党全国委员会或共和党全国委员会的争议处理委员会。

第四款 来自多于一个州或地区的关于代表和备选代表的动议,应当在资格认证委员会认定无效。

第三章 全国代表大会议程(临时条款)

第二十五条 议事程序

代表大会应按照由共和党全国代表大会准备的打印好的议事规则进行。

第二十六条 委员会报告

第一款 资格认证委员会的报告应当在代表大会规则和议事程序委员会的报告之前被处理;代表大会规则和议事程序委员会的报告应当在代表大会决议委员会的报告之前被处理;代表大会决议委员会的报告应在代表

大会进入提名美利坚合众国总统与副总统候选人议程前被处理；代表大会常驻机构委员会报告可以在代表大会资格认证委员会的报告处理后任何时间被处理，但是基于共和党全国委员会准备的议事程序，必须在候选人提名之前。

第二款　如果代表在审议前既已得到第二十六条第一款中列出的任何委员会的报告，则被视为已读。

第二十七条　"州"的定义

第二十五条至第四十一条中，所用的"州"都应当被认为包括美属萨摩亚、哥伦比亚特区、关岛、北马里亚纳群岛、波多黎各和维京群岛。除了以下两种例外：第十三条章程；根据条款上下文"州"的概念明显不适用此款。

第二十八条　代表大会会场的准入

第一款　除了代表团成员、代表大会职员、共和党全国委员会委员、现任共和党州长、现任美利坚合众国共和党参议员、现任美利坚合众国众议院成员，不得准许其他人进入只限代表进入的代表大会会场区域。

第二款　媒体人员应当被准许进入批准其进入的区域。

第三款　共和党全国委员会主席应当保证大会嘉宾通行证的公平分配。每名大会代表和备选代表应当收到代表大会每一分会场至少一张嘉宾通行证。

第四款　每一州，通过其共和党全国委员会委员，应当被分配到全套的额外嘉宾通行证，数量等于该州代表与备选代表人数的33%，若有小数则凑成下一个整数。

第二十九条　投票

第一款　每个大会代表有权投1张选票，若代表缺席，则由备选代表投票。若身兼以下超过1个职位：共和党全国委员会男委员、共和党全国委员会女委员、州委员会主席，不得占据超过1个代表席位，也不得投超多一票的选票。

第二部分　主要政党内部规章制度

第二款　若任何代表缺席或国会选区的代表缺席,则按代表大会名单上的顺序对州或区备选代表点名,代表团有认证的按照其认证的顺序来。共和党全国委员会代表资格认证表格应当为州规定一种方式,指定可遵循的替代投票的顺序。

第三十条　议事规则

除了现有权威版本《罗伯特议事规则》(新修订版),美利坚合众国众议院议事规则在适用的范围内不与此章程抵触的,应为代表大会议事规则、代表大会的委员会及下属委员会的议事规则。但是,代表大会也可自己制定有关决议与委员会报告阅读的规则。

第三十一条　辩论时间

代表未经大会允许就同一问题发言不得超过 1 次或多于 5 分钟;公布美利坚合众国总统与副总统的提名候选人的名字时除外。

第三十二条　章程的中止

中止章程的动议应当总是有效,但仅当由任何州的大多数代表授权,且由 5 个或多于 5 个州的代表分别以多数票同意附议。

第三十三条　政纲决议

所有提出的关于政治纲领的决议应以书面形式递交给决议委员会,无需宣读和辩论。

第三十四条　少数派报告、修订案

第一款　决议委员会或规则与议事程序委员会的报告的决议或修订案,在代表大会前不得提交或以这些委员会任何报告的一部分提交,也不得在代表大会宣读或辩论,除非决议或修正案以书面形式在相应委员会就递交给代表大会的报告投票后不晚于 1 小时之内,上交给该委员会的主席、副主席或秘书,或代表大会秘书,且须附上请愿书,表明该委员会最少 25%的成员给予肯定的书面支持。

第二款　代表大会资格认证委员会报告的修正案若影响到多于一州的代表或备选代表,则无效。

第三十五条 提出动议

对关于一项待决措施的修正提案的搁置应当符合议事程序。如果此动议通过,则既不应保留,又不能损害原有措施。

第三十六条 先决问题

当任何一州的大多数代表要求解决先决问题,且这个要求同样被两个或多于两个州的代表分别以大多数票附议,则该要求应在代表大会代表的大多数选票支持下生效。

第三十七条 点名

第一款 无论关于何种议题,在要求点名的代表大会中,各州应当按照字母顺序被点名。

第二款 投票时,每一州的投票情况应有该州的代表团主席或由其指定的人宣布;如果一州的投票有分歧,主席应该宣布每个候选人的票数,或宣布赞成或反对某一提案;如果出现例外,该州有代表反对代表团主席宣布内容的正确性,代表大会主席应主持进行代表团中成员的点名唱票,结果根据代表团每位代表的投票情况记录。

第三款 投票时,当点名唱票时,如果有代表需要被跳过,则在点名结束时,按照顺序对跳过的代表点名。没有代表可以被允许改变选票,除非在所有被跳过的代表被给予第二次投票机会后。

第四款 除了为美利坚合众国总统与副总统提名候选人的点名,以及来自15个或多于15个州分别以大多数代表要求人工点名唱票的情况外,代表大会主席可要求在需要点名唱票的大会上,就某个议题的投票可以通过电子、电话、计算机设备同步显示投票情况。每个代表团主席应当在大会秘书提供的正式点名记录表上记录与计算代表团的选票,显示出每位代表的投票情况,并将记录表在点名投票完成后30分钟内提交给大会秘书。

第五款 如果共和党全国委员会裁定,全国代表大会无论在集会城市还是会场均不能召开或进行会议流程,在那时并且只有在那时,对美利坚合众国总统与副总统提名候选人的点名将根据共和党全国委员会批准的流程进行。

第三十八条　单位投票制

任何州或国会选区不得尝试强制使用单位投票制来约束代表和备选代表。

第三十九条　计票

如果任何六个州里每州的大多数代表均要求唱名表决，则各州都应采取同样的上文所述的方式。

第四十条　提名

第一款　为美利坚合众国总统与副总统候选人提名和投票时，应当分别就州点名唱票。如果美利坚合众国副总统只有一个提名人选，其证明了本条第二款所要求的支持，则以口头赞成的方式为此职位提名的动议有效，且应要求就此职位的点名不必进行。

第二款　每位美利坚合众国总统与副总统的提名候选人，应在公布提名候选人名单之前，证明其分别来自5个或5个以上的州代表最多票的支持。

第三款　提名演讲和为美利坚合众国总统与副总统提名候选人的支持演讲总时间不得超过15分钟。

第四款　在点名唱票结束时，任何美利坚合众国总统与副总统提名候选人得到大多数代表大会合法选票的，代表大会主席应当宣布候选人被提名。

第五款　如果没有候选人得到大多数票，代表大会主席应下令再次对州进行点名唱票，并重复点名，直到有一位候选人得到大多数代表大会合法选票。

第四十一条　代表大会委员会

第一款　应有4个代表大会委员会：决议委员会、资格认证委员会、规则与议事程序委员会和常驻机构委员会。每一个委员会应有由共和党全国委员会主席任命的1名主席、1名联合主席。共和党全国委员会主席应当在其至少 50%的成员按照以下句子所述提交选举通知时，宣告本款上述每个委员会的成立。各州代表大会代表一旦被选举或选拔产生，其应当尽快从代表团中选举产生代表团主席、大会的决议委员会、资格认证委员会、规则与议事程序委员会和常驻机构委员会的委员，其中包括每个委员会 1 名男性、1 名女性，且应根据第十九条第三款将选举通知递交给共和党全国委员会秘书；代表任职的代表大会委员会不得超过 1 个。备选代表不能担任代表团主席或代表大会委员会委员，除非能在大会委员会任职的代表数目少于需要填补的职位空缺，则备选代表可以任职，但备选代表任职的代表大会委员会不得超过 1 个。

第二款 委员会与下属委员会需为就以简单多数票方式处理的问题的讲话设定时间限制，但是也应当不少于 20 分钟。时间且应被平等分配给支持者与反对者，此款适用于任何有争议的动议、规则与申诉。

第三款 基于代表大会委员会或下属委员会 20%委员的要求，投票情况必须根据此章程规定的方式记录，代表大会委员会与下属委员会的投票不得为无记名投票。

第四款 在全国代表大会 25 天前，规则与议事程序委员会成员和共和党全国委员会每位成员应得到一份现有的《共和党章程》以及所有由常务规则委员会从前一届全国代表大会开始通过的修改建议。任何改动应被明显标注。文件应附信说明所有提议的规则在规则与议事程序委员会会议之前仍有可能变更。附信后，任何增加的关于修改《共和党章程》的提议应当尽快提交给规则与议事程序委员会的委员。

第五款 各个代表大会委员会的成员在全国代表大会 25 天前，应当得到最新的委员会成员的名单，以及其完整的联系方式。

第四十二条 临时章程

从第二十五条到第四十二条均为下届全国代表大会及其委员会、下属委员会的临时章程。

* 2008 年共和党全国代表大会通过的第十五条第二款原文语言表述如下：

"除了新罕布什尔州与南卡罗来纳州的用于选举、选拔、分配、约束全国代表大会代表的初选、地方党团会议或代表大会可以在全国代表大会召开之年1月的第三个星期二任何时间或此日之后召开,其他任何选举、选拔、分配、约束全国代表大会代表的初选、地方党团会议或代表大会的召开均不得先于全国代表大会召开之年2月的第一个星期二。"

备忘录

致(To):相关方

来自(From):共和党全国委员会委员

日期(Date):2010年8月9日

回复(Re):由临时代表选拔委员会提案提议的第十五条第二款修正案

2010年8月6日,周五,共和党全国委员会(RNC)通过了由临时代表选拔委员会关于第十五条第二款就2012年总统提名过程的时间安排的修正案。根据《共和党章程》第十条第四款,这些有关总统提名日程的修改在共和党全国委员会的权威下进行审议。

共和党全国委员会主席迈克尔·斯蒂尔(Michael Steele)对新的修正案的通过表示赞赏:"委员会超过2/3的决议将使我们的总统提名流程步入正轨,保证我们摆脱初选阴影,保留可能打败贝拉克·奥巴马的最强劲的共和党提名候选人。"

共和党全国委员会修订的第十五条第二款内容

第十五条 代表及备选代表的选举、选拔、分配及制约

第二款 时间安排

(1)除了爱荷华州、新罕布什尔州、南卡罗来纳州与内华达州的用于选举、选拔、分配、约束全国代表大会代表的初选、地方党团会议或代表大会可以在全国代表大会召开之年2月1日任何时间或此日之后召开,且不受本条第二款第(2)点约束,其他任何选举、选拔、分配、约束全国代表大会代表的初选、地方党团会议或代表大会的召开均不得先于全国代表大会召开之年3月的第一个星期二。

（2）任何总统初选、党团会议、代表大会或其他在全国代表大会召开之年4月1日前选拔全国代表大会代表的会议，应当规定以比例分配代表。

（3）如果民主党全国委员会未能根据第十五条第二款第（1）点提出的日期（2月1日与3月第一个星期二）遵循总统初选日程安排，则第十五条第二款应恢复到2008年共和党全国代表大会通过的规则。

（本章根据美国共和党全国代表大会2008年9月1日通过的，共和党全国委员会2010年8月6日修订的《美国共和党章程》翻译）

（中国人民大学　戴梦瑜　译）

美国共和党代表大会全国联盟规程

(2009 年 10 月 24 日修订于内华达州里诺市)

目　录

第一条　组织机构

1.01　名称

1.02　权限

1.03　权力

1.04　目标和宗旨

1.05　美国共和党代表大会全国联盟总部

第二条　会议

2.01　全国代表大会

2.02　特别会议

2.03　会议召集

2.04　监督

2.05　官员

2.06　大会委员会

2.07　筹备委员会

2.08　代表

2.09　自由代表

2.10　正式代表、候补代表和名誉代表

2.11 法定人数

2.12 登记费

2.13 代表名单

2.14 投票表决

2.15 会议安排

2.16 决议

2.17 辩论

第三条 理事会

3.01 组成人员

3.02 权力

3.03 法定人数

3.04 会议

3.05 无需召开会议的事务处理

3.06 立法决议

3.07 NFRA（美国共和党代表大会全国联盟）标志的批准

3.08 财政义务

3.09 副主席的主要职责

3.10 执行委员会

3.11 自动终止

3.12 共和党代表大会全国联盟官员的职务终止与惩戒

3.13 免职的结果

3.14 对理事会行为的上诉

3.15 全国咨询委员会

第四条 官员、理事与委员会

4.01 官员、理事与委员会

4.02 官员的选举

4.03 提名与选举委员会

4.04 任职资格

4.05　提名

4.06　被核准的投票人

4.07　投票选举官员

4.08　被提名者

4.09　共和党代表大会全国联盟理事的罢免

4.10　职位空缺

4.11　即将离职的官员

4.12　雇员

4.13　主席的职责

4.14　副主席的职责

4.15　共和党代表大会全国联盟理事的职责

4.16　秘书职责

4.17　财务主管的职责

4.18　助理财务主管的职责

4.19　警卫的职责

4.20　国会议员的职责

4.21　总法律顾问的职责

4.22　牧师的职责

4.23　财务委员会主席的职责

4.24　即将离任的主席的职责

4.25　职责的委托

4.26　传真签名

4.27　常设委员会

4.28　特别委员会

4.29　委员会的任命

4.30　委员会报告和法定人数

4.31　留任的委员会成员

第五条　财务

5.01　收入

5.02　会费

5.03　出版物收费

5.04　其他收入

5.05　允许召开州共和党代表大会

5.06　财政年度

5.07　会计制度

5.08　预算

5.09　支出

5.10　资金存放处

5.11　签名

5.12　账目审查

5.13　财务状况声明

第六条　州共和党代表大会

6.01　州共和党代表大会

6.02　地区共和党代表大会

6.03　章程申请

6.04　初始组织

6.05　组织的成立条件

6.06　组织创建的完成

6.07　章程的审查

6.08　规程的批准

6.09　官员和理事

6.10　共和党代表大会全国联盟（NFRA）的标志

6.11　州共和党代表大会选举

6.12　州共和党代表大会推选会议

6.13　州共和党代表大会报告

6.14　州共和党代表大会记录

6.15 会员任职资格

6.16 最低会员资格要求

6.17 地方代表大会

6.18 地方区域划分

6.19 地方规程

6.20 州共和党代表大会章程的终止

6.21 退出

6.22 退出的后果

6.23 临时章程

第七条 全国性会员

7.01 全国性会员

7.02 会员推荐

7.03 州共和党代表大会的接受

7.04 惩戒与退出

第八条 推选

8.01 全国范围推选

8.02 州共和党代表大会的推选

第九条 议事规则

第十条 规程

10.01 地点和投票要求

10.02 通告要求与限制条件

10.03 性别

10.04 目录和标题

10.05 出版物

第一条 组织机构

1.01 名称

本组织的正式名称为美国共和党代表大会全国联盟（National

Federation of Republican Assemblies），以下简称为"NFRA"。NFRA 也被称为"共和党的共和党翼"。

1.02　权限

（一）共和党代表大会全国联盟的权限限于美国及其领土范围之内；

（二）共和党代表大会全国联盟由州共和党代表大会及全国性会员构成，而会员已经为美国共和党代表大会全国联盟的理事会按照规程规定的办法予以接纳或者接受，同时得继续遵守修订的共和党代表大会全国联盟的规程。

1.03　权力。共和党代表大会全国联盟的权力有

（一）指导、监督、管理和控制共和党的事务、财产和资金，以便实现该组织的目标；

（二）接纳州共和党代表大会，招募新会员并把他们推荐给州共和党代表大会，同时对他们进行监督并予以协调；

（三）不管这些规程的其他条款如何规定，共和党代表大会全国联盟的政治行动应当只关注下列事宜：(1) 与其权限超越了州共和党代表大会管辖权的地理或者政治单位有关的事宜；或 (2) 在没有创建州共和党代表大会的州或领土的管辖权范围内的事宜。

1.04　目标和宗旨。共和党代表大会全国联盟的目标和宗旨是

（一）促进共和党代表大会全国联盟确立的原则在共和党内得到贯彻；

（二）建立一个有进取心的和高效率的全国保守的共和党组织；

（三）通过该组织为改进 50 个州与领土的共和党提出一个切实可行的方案；

（四）协助各州共和党代表大会改善共和党的公共关系，支持保守的共和党开展的政治活动，鼓励举行公共论坛与社会运动，吸引更多的选民为促进共和党与国家的利益而努力工作。

（五）作为一个致力于在共和党内展开工作的基层自愿组织而行动，以便促进其会员的积极参与，同时促进保守共和党候选人的当选。

1.05 美国共和党代表大会全国联盟总部

共和党代表大会全国联盟不得在美国国会大厦 50 英里以内拥有或者设立全国总部。

第二条 会议

2.01 全国代表大会

共和党代表大会应当每两年举行一次，举行时间定在奇数年的 7 月 1 日到 11 月 30 日期间。主席在理事会挑选的城市和日期内确定大会召开的具体时间和地点。在理事会挑选会议举办地点时应当提前 90 天通告各州共和党代表大会，同时提供发表评论的机会。

2.02 特别会议

在紧急情况下，理事会或者经理事会批准由主席召集举行特别会议。特别会议的召集需要明确会议将要讨论的主题，不明确的主题不得讨论。

2.03 会议召集

共和党代表大会全国联盟至少应在会议召开之日 90 天前通过信件、电子邮件或者传真的形式向共和党代表大会全国联盟理事会的每一个成员发出召开共和党全国代表大会的正式通知；如果召开的是特别会议，则至少应提前 30 天发出正式通知。

2.04 监督

理事会有权对各届共和党全国代表大会进行全面监督和管理。

2.05 官员

共和党代表大会全国联盟的官员应当是每届代表大会的官员。

2.06 大会委员会

（一）至少在全国代表大会召开 5 天前，主席须设立代表资格审查委员会、规则委员会、规程委员会、决议委员会、提名与选举委员会以及主席认为合适的其他委员会，每一个委员会至少由 3 名成员组成。除了主席可以任命来自于会议举行地所在州的 2 名成员以外，任何一个州在每一个委员会中都最多只能有 1 名成员。主席构成每一个委员会的当然成员，不得计算在他所在州的限额之内。

（二）代表资格审查委员会应当接收并审查来自州共和党代表大会的代表和候补们的证件；应当向大会报告和核实所有登记的自由代表、各州共和党代表大会的正式代表及候补代表的姓名；同时应履行本规程规定的其他职责。

（三）规则委员会应当向理事会提交大会议事日程以及委员会认为适当的任何补充性规则。

（四）规程委员会须向每一届全国代表大会提出有关规程修改和修订的建议，同时应当履行第十条第五款规定的职责。

（五）决议委员会应当审议所有依照第二条第十六款的规定提交给它的所有决议案，至少在大会召开10天前向共和党代表大会全国联盟主席报告已经提交的所有决议案，同时应当向每届全国代表大会建议通过有关决议。

（六）提名与选举委员会应当为共和党代表大会全国联盟的职位招募合格的候选人，并履行第四条规定的职责。

2.07　筹备委员会

主席至少在每届例会召开120天之前任命组建筹备委员会。该委员会可以设立小组委员会，同时有责任在主席和理事会的监督下组织并召开共和党全国代表大会。

2.08　代表

构成共和党代表大会全国联盟现有会员的每个州共和党代表大会都有权按照下列方式选出参加全国代表大会的代表：

（一）依照其章程选出10名代表；

（二）只要达到50名会员，即选出一个代表；每增加50名会员或者一个重要派别，就增选出一个代表；

据以决定代表名额分配的会员数量应建立在每一个州共和党代表大会在全国代表大会召开年度所报告和收到的会员会费数额基础上，且时间不得迟于该年度的6月30日。

2.09 自由代表

共和党代表大会全国联盟理事会中有投票表决权的会员以及所有的共和党代表大会全国联盟前主席将在各届全国代表大会中任自由代表,并且不得计算在分配给每个州的代表限额之内。

2.10 正式代表、候补代表和名誉代表

(一)正式代表、自由代表、名誉代表以及候补代表应当是全国性会员,或是他们所代表的已经被颁发章程的州共和党代表大会的现任会员。

(二)已经被颁发章程的州共和党代表大会可以选出不限人数的候补代表。如果为每个正式代表挑选不止一名候补代表,但办公条件又有限,那么就应赋予正式代表和代替缺席代表而工作的候补代表以优先权。全国性会员有资格作为其所在州的候补代表来参与选举。

(三)已经被颁发章程的州共和党代表大会应当根据它们自己的规则在共和党全国代表大会举行前选出本州的代表。全国性会员有资格被选为来自他们所在州的代表。正式代表和候补代表的选举应当以州共和党代表大会主席签署并核准的证书为凭,而该任职资格证书应当转交给代表资格审查委员会并最迟在全国代表大会召开前15天收到。

(四)如果正式代表缺席或者不能到会,经代表团主席的同意,该代表的候补代表可代替他参会,此种代替必须向代表资格审查委员会汇报。候补代表应当继续参加会议活动,直到他所代替的正式代表回归或重新具备参会条件,或者是直到会议结束。

(五)代表资格审查委员会应当从已经报告和登记的会员和全国性会员中,为无法核实其正式代表和候补代表的州共和党代表大会确定正式代表和候补代表。

(六)在没有被颁发章程州共和党代表大会所在州的全国性会员,应当被允许作为名誉代表来参会,除非其被代表资格审查委员会、理事会或者全体大会所罢免。名誉代表享有同正式代表完全一样的权利和特权,但不得行使投票权(除非他们也有资格担任自由代表)。

2.11 法定人数

在全国代表大会上议事的法定人数应当是与会代表构成经核准的正式代表的大多数，但前提是依照第二条第三款的规定发布了适当的会议召开通知。

2.12 登记费

理事会应当核实将要被支付给美国共和党代表大会全国联盟的登记费，而登记费由出席共和党全国代表大会的所有会员缴纳。登记费所产生的收益须在筹备委员会的管理下进行开支，同时得经过美国共和党代表大会全国联盟理事会的批准。声明登记费数额并告知会议安排的通知应当连同开会通知一并发出。正式代表、自由代表以及候选代表在未缴清登记费之前不得行使投票权。任何会议的盈亏都由美国共和党代表大会全国联盟负责。

2.13 代表名单

至少在共和党全国代表大会召开15天前，经理事会的请求并收取由理事会设定的象征性费用，筹备委员会应向共和党主席提名所有候选人以及每个州共和党代表大会所有官员提供被核准的共和党代表大会全国联盟的代表和候补代表的完整名单、地址、电子邮箱以及电话号码。

2.14 投票表决

（一）在所有投票表决程序中，都实行多数表决通过原则，除非另有规定。

（二）在共和党全国代表大会上，每一位经核准的正式代表和自由代表都享有投票权，并且都只应投出一票。

（三）不允许单位投票以及代理投票。

2.15 会议安排

全国代表大会的正式安排一旦由理事会批准，应当构成所有会议的议事日程。会议安排的变更不定期地由与会代表多数表决通过。主席在其自由裁量权范围内被允许对会议安排做出合理与必要的改变，但不得影响会务的进行，比如得顾及荣誉发言人的日程安排。

2.16 决议

所有决议案都应当提交决议委员会审查，然后向全国代表大会做出建议。所有在大会召开至少10天前提交给共和党代表大会全国联盟主席的决议案都必须进行汇报。有关此类决议案的审查与辩论在它们已经由所设决议委员会进行汇报之前都不得列入会议议事日程。

2.17 辩论

（一）委员会的报告、会议材料、决议委员会汇报的决议案以及所有提议，除了那些按照会议惯例被视为"无可争辩的"的之外，都应在大会上予以辩论；除非是通过与会代表2/3赞成票，大会可以在无需辩论下对它们进行处置。

（二）在全国代表大会上每位代表每次的发言时间不得超过3分钟，除非另为议事日程所规定，或者是大会代表多数表决通过。

第三条 理事会

3.01 组成人员

共和党代表大会全国联盟理事会的组成人员有：主席、即将离任的主席、执行副主席、副主席、秘书、财务主管、助理财务主管、财务委员会主席、警卫、每个州2名全国理事、各州共和党代表大会主席。每个成员都拥有一个投票权。总法律顾问、国会议员和牧师也是理事会成员，但没有投票权。

3.02 权力

理事会应当控制、管理和监督共和党代表大会全国联盟的所有官员、委员会以及共和党代表大会全国联盟的事务、财产和资金。

3.03 法定人数

在理事会的所有会议上，理事会中拥有投票权成员的1/10即可构成有权处理所有会议事务的法定人数，除非本规程中规定更高的投票权成员比例。

3.04 会议

（一）理事会应当在由理事会的行动，或者是主席的召集，或者是理事会 20 名成员的书面请求确定的时间和地点决定开会，同时每年至少召开 2 次例会，但最多不超过 4 次。若经与会者 3/5 投票表决通过，理事会可以责令或者允许主席通过电话或视频会议召开会议，但前提是每年至少应召开一次实体会议（physical meeting）。

（二）此外，理事会应当在大会召开前 48 小时内以及大会召开后 36 小时内在大会举行地开会，这被视为理事会的年度会议。

（三）除了与共和党全国代表大会同时召开，有关理事会所有会议的时间和地点的书面通知，不论是通过信件、电子邮件或传真形式，都至少得在预定会议召开前的 45 天寄送给各位官员以及理事、各州共和党代表大会主席以及各委员会的主席。

3.05 无需召开会议的事务处理

（一）理事会及其执行委员会在无需召开会议即可通过邮寄信件或电子邮件、通过对按照最后登记的邮寄地址或者电子邮件地址提交给他们每个人的问题进行表决处理事务，但有时需要得到主席的批准。

（二）应当留出 15 天时间通过信件或电子邮件把投票表决反馈给共和党代表大会全国联盟的秘书。投票将在 15 天结束之际关闭，前提是理事会及其执行委员会的多数成员在截止日前理应已经寄回或者发回他们的投票表决，或者被认为应在截止日之前的任何时候关闭，此时理事会及其执行委员会的所有成员都已经寄回或者发回他们的投票表决。在 15 天期限届满之时，如果理事会及其执行委员会的多数成员都未寄回所投之票，投票表决所针对的措施就应当被视为未获通过。秘书应当以书面形式保存所有投票直到理事会下一次会议的召开，在此次会议上理事会应当就有关投票的处置做出指示。

（三）如果规程要求召开听证会，除非得到理事会所有成员的 2/3 的赞成票，否则不得允许通过邮寄或电子邮件的方式进行投票表决。

（四）一旦提前 5 天通知会议召开时间和联系号码，理事会或其执行委员会就可以通过电话会议（包括各种形式的电子会议比如电子邮件）的形式处理事务，但前提是：

（1）所有参会的成员能够听清楚并且能够发言；

（2）所登记的参会者达到法定人数；

（3）所有投票表决都被记录下来。

3.06 立法决议

基于理事会成员 2/3 的赞成票，理事会可通过立法与政策决议。

3.07 NFRA（美国共和党代表大会全国联盟）标志的批准

理事会批准、修改 NFRA 的官方标志。

3.08 财政义务

没有理事会的批准，任何官员、被任命者和委员会都不得招致要由共和党代表大会全国联盟来承担的超过 2500 美元的财政义务。

3.09 副主席的主要职责

理事会应当决定副主席的人数，并设定其主要职责。

3.10 执行委员会

（一）除了下文另有规定者，执行委员会的组成人员有：主席、常务副主席、副主席、秘书、财务主管和财务委员会主席。在理事会休会期间，执行委员会有权对共和党代表大会全国联盟进行管理。

（二）执行委员会的成员都只有一个投票权，无论他拥有多少个职位。

（三）国会议员、总法律顾问、牧师以及常设委员会主席都应当是执行委员会成员，但无投票权。

（四）执行委员会须通过投票选出，投票情况应记录在案以备采取行动。

（五）执行委员会召开会议或是不用召开会议情况下的处理事务，都可由执行委员会主席、常务副主席或享有表决权的多数成员进行召集，但得提前 5 天发出通知。有关执行委员会召开会议或者是不用召开会议情况下的处理事务的有效通知，都应传达给其成员。

（六）执行委员会采取行动的法定人数应当由其拥有投票权的多数成

员构成。

（七）理事会在其下一届会议上应当接受有关由执行委员会以其名义所做出的所有决定的报告，并且可以审查和更改尚未完全付诸实施或执行的任何决定。

（八）执行委员会不得行使下列权力：

（1）废除州共和党代表大会的章程；

（2）选举或罢免共和党全国代表大会的官员；

（3）免除对于缺席会议者的处罚；

（4）确定副主席的人数，并给他们分派主要职责；

（5）召集会议或确定其举办地；

（6）决定年度会费；

（7）通过或修改预算；

（8）通过参与表决成员的一致投票同意而接受立法决议；

（九）如果有证据证明州共和党代表大会章程违反了本规程的规定，执行委员会可以通过投票表决暂停实施有关章程直至理事会下一次例会的召开。在此次会议上，理事会应就该章程的地位进行投票表决。

3.11 自动终止

如果共和党代表大会全国联盟的官员、被提名者或者理事被宣告连续两次缺席理事会会议，该人士的官员或理事职位将会自动终止，除非缺席官员或者理事提出特别请求，并随后得到理事会准予其不出席会议。

3.12 共和党代表大会全国联盟官员职务的终止与惩戒

（一）只要理事会认定被点名者已经按照本条第二款所明确规定的方式而行为，在举行听证会之后，并经 2/3 会员投票表决通过，理事会就可以罢免或惩戒共和党代表大会全国联盟的官员、被提名者、理事和委员会成员，但前提是在举行听证会或采取行动 30 天前，有关打算采取的行动的通知、有关会议的时间和地点的通知、针对被点名者的指控清单以及相关理由与证据，都应当通过挂号信妥当地邮寄给前述人士，同时要求收到回执。

(二) 罢免的理由应是某人：

(1) 已经登记为共和党之外的一个政党的会员，在共和党没有投票人党派登记的州与共和党之外的一个政党保持密切的联系；

(2) 公开使用其作为共和党代表大会全国联盟会员的名称与头衔，并在公职竞选中鼓吹选民不应该投票给共和党提名人；

(3) 使用其作为共和党代表大会全国联盟会员的名称与头衔，目的是支持或者表明偏向于竞选公职的另一党派的候选人或者是独立候选人，而该候选人为共和党所提名的候选人所反对；

(4) 使用其作为共和党代表大会全国联盟会员的名称与头衔贸然支持竞选共和党中的职位的候选人；

(5) 违反法律和规程规定滥用职权；

(6) 未能履行相应的职责；

(7) 不再是其所在州的州共和党代表大会中现任会员，或是根据第四条第四款的规定不再具备任职资格；或者

(8) 败坏共和党代表大会全国联盟的名声。

(三) 如果理事会已经罢免或者惩戒做出前述行为的任何官员、被提名者、委员会成员，共和党代表大会全国联盟的秘书应在15天内以挂号信的形式向有关会员发出通知。

3.13 免职的结果

任何被免职或者被终止在共和党代表大会全国联盟理事会中会员资格的人员，一旦终止正式生效，都应立即停止声称其是共和党代表大会全国联盟中的会员、终止在共和党代表大会全国联盟中担任的职务，以及终止与共和党代表大会全国联盟的正式关系；同时应立即向共和党代表大会全国联盟交回所有文件、记录、徽章、标志、资金以及任何其他装置和物品。被终止资格的人员此后不得以任何方式使用州共和党大会或者共和党代表大会全国联盟的相关名称、徽章、标志等。在共和党代表大会全国联盟中任职就构成接受该条款的法律拘束力。

3.14 对理事会行为的上诉

理事会采取的任何行为都可以在共和党代表大会全国联盟的下届代表大会中被提起上诉,此类上诉得由下列人士提起:

(一)官员、被提名者或者被理事会免职的委员会成员;

(二)其章程被理事会废除、撤销或者惩戒的州共和党代表大会,可以通过该组织的任何官员或正式代表而采取行动;或者

(三)州共和党代表大会,至少可以通过其主席或是在大会登记的资深官员而采取行动。

在上诉行为被受理后的 15 天内,上诉人应当以挂号信的形式将此类上诉通知寄给共和党代表大会全国联盟主席。理事会的行为可以经由全国代表大会与会者多数表决通过而维持不变,此种维持应是仅次于制定规则的优先事务。

3.15 全国咨询委员会

保守共和党领袖的全国咨询委员会一经建立,即可就涉及共和党代表大会全国联盟和全国保守运动之利益的事项提出咨询意见。委员会成员应由主席提名,并经理事会批准,同时一旦接受任命,该成员就将被要求参加共和党代表大会全国联盟的理事会会议和全国代表大会,但不行使投票权。

第四条 官员、理事和委员会

4.01 官员、理事和委员会

(一)官员:当选为共和党代表大会全国联盟的官员应当包括主席、常务副主席、副主席(不超过 10 人)、秘书、财务主管、助理财务主管和警卫。

(二)被任命者:被任命的官员有常设委员会主席、牧师、议事法规专家(Parliamentarian)和总法律顾问。

(三)理事:每个州共和党代表大会可选出 3 位理事,其中一人担任主席,3 位理事都拥有投票权。

（四）常设委员会：常设委员会应当包括出版物委员会、技术委员会、财务委员会和法律委员会，再加上为理事会批准创设的其他常设委员会。增设的常设委员会应由通过明确的独立投票程序创设，并且只能通过同样的方式予以撤销。

4.02 官员的选举

共和党代表大会全国联盟官员应由理事会在其全国代表大会上选举产生，任期为 2 年，或者任职到合格的继任者被选出并且能够胜任为止。

4.03 提名与选举委员会

提名与选举委员会应为每个职位至少提名一位合格的候选人；并在全国代表大会即将开幕前召开的理事会会议上向理事会介绍副主席的人数及每位副主席的主要职责；同时还应全面负责整个选举的进行，包括选票的分发与统计。

4.04 任职资格

（一）每一位官员、被任命者、理事以及常设委员会成员都应是州共和党代表大会的现任会员，并且在任期中应一直保持会员身份。不过，居住在没有被颁发章程的州共和党代表大会的全国性会员，可被任命来填补空缺职位，并且他可以继续任职至整个任期的结束，但不得成为州共和党代表大会的会员，前提是他为在其所属州建立一个新的州共和党代表大会而勤勉工作。

（二）主席、常务副主席以及副主席每位都必须是州共和党代表大会的现任会员，且至少已经持续 12 个月。

（三）州共和党代表大会中现任会员的活跃分子都应有资格担任任何职位，但任何人都不得被提名为公职候选人，除非事先得到此人本人的同意。

（四）共和党代表大会全国联盟的官员、被提名者或者理事，除了在共和党中担任公职之外，都不得是任何其他党派的正式备案候选人，或者是担任任何党派性的、有报酬的和竞选性的公职。

4.05 提名

写入在提名与选举委员会报告中的人员姓名应当被视为已经获得提名。提名也可以由基层组织发起。

4.06 被核准的投票人

理事会中就大会开幕进行投票并被核准出席全国代表大会的所有会员都有资格像自由代表一样进行投票。

4.07 投票选举官员

（一）当选主席需要超过半数的选票。

（二）在被提名为主席职位以外的人员中，即使没有人获得超过半数的选票，得票最多者也应当选。

（三）不允许进行累计投票和单位投票。就本条的规定而言，下列情形被视为累计投票：即使选举允许投票人为竞选同一职位的多个候选人重复投票，但某投票人却为其中一个候选人投了多张票。

（四）除了那些只有一个候选人被提名担任的职位外，任何投票都只应通过无记名投票的方式进行。

4.08 被提名者

被提名者应由主席进行任命，同时得尊重本人的意愿。共和党代表大会全国联盟的官员可以被任命为各个委员会的主席。

4.09 共和党代表大会全国联盟理事的罢免

除了第三条第十一款所规定的之外，代表州共和党代表大会的理事应按照州共和党代表大会规程规定的方式并基于其所规定的理由被罢免；如若为理事会所请求，则该州共和党代表大会应当审查对于理事会理事的罢免。

4.10 职位空缺

（一）主席：主席职位出现空缺时，由常务副主席在尚未到期的任职期限内担任主席。

（二）其他官员：如果其他职位出现空缺，共和党代表大会全国联盟理事会的其余会员可以挑选出一个合格的州共和党代表大会会员（或是居住在没有被颁发章程州共和党代表大会的州的全国性会员）来在尚未到期的剩余期限内填补职位空缺。主席可以任命一个临时继任者直至选出一个长时间的继任者。

（三）共和党代表大会全国联盟理事：在共和党代表大会全国联盟理事出现空缺时，职位空缺者所在的州应根据其章程来填补该空缺职位，条件是继任者不得与已经辞职至下一届共和党全国代表大会的召开的人士是同一人。当共和党代表大会全国联盟理事的继任者被选出并为主席或者有关州的秘书向共和党代表大会全国联盟理事会出具证明，新任理事就应作为正式成员就任于共和党代表大会全国联盟理事会。

4.11 即将离职的官员

（一）官员的任期始于他被选出的会议的休会，结束于其继任者被选举出的下一届会议的休会。

（二）官员或被提名者任期结束时，有责任与继任者在办公室进行会面，并立即把履行公职有关的所有档案、文件清单、信件和其他文件转交继任者，其中包括共和党代表大会全国联盟的现金、支票簿、存折等。

（三）在每届大会结束之后，即将离职的官员只能被授权继续履行涉及在会议结束前已经被提议和批准事项的职责，同时必须在会议结束后的15天内全部处理完毕。

（四）接受共和党代表大会全国联盟的职位即构成接受本条的法律约束力。

4.12 雇员

理事会有权任命执行理事，并雇佣其他职员，同时有权决定雇员的薪酬与职责，只要他们认为是必要的和适当的。雇员的日常活动应当为主席所管理。

4.13 主席的职责

主席应当主持各届全国代表大会、理事会及其执行委员会的会议。主席是共和党代表大会全国联盟的行政首脑，同时应当对共和党代表大会全国联盟的工作与活动行使全面监督之责。主席也应履行与主席职位有关其他职责。

4.14 副主席的职责

（一）常务副主席：在主席不能履行其职责时，常务副主席将有权主持会议，并代行主席之职权。常务副主席也应履行与常务副主席职位有关的其他职责，或者是主席或理事会分派给他的职责。

（二）副主席：每位副主席都应当履行主席或理事会分派给他的职责。

4.15 共和党代表大会全国联盟理事的职责

各共和党代表大会全国联盟理事有义务推进共和党代表大会全国联盟之目标的实现，并促进其在州内已经被颁发章程的共和党代表大会的利益。理事应当出席理事会的所有会议以及共和党代表大会全国联盟召开的全国代表大会。

4.16 秘书职责

秘书应当协助主席和理事会处理共和党代表大会全国联盟的事务，同时应当履行明确规定或者暗含在本规程中的职责，或是主席或理事会分派给他的职责；他应当创建涉及理事会所有成员联系信息的最新的且准确的清单，以及州共和党代表大会官员和会员的名单。他应当出席理事会及其执行委员会召开的所有会议以及共和党代表大会全国联盟召开的各届全国代表大会，并履行秘书之职。根据规程第三条第五款的规定，他应当寄送和接收所有邮件和电子选票；他应当签署、见证和证实由共和党代表大会全国联盟发布的所有文件，包括州共和党代表大会的章程；他应当保管共和党代表大会全国联盟的原始文件（Formative Document）、与之有关的记录、共和党代表大会全国联盟的规程、理事会和执行委员会的备忘录、管理规定编码（Code of Administrative Provisions）以及州共和党代表大会的章程。他应当代表共和党代表大会全国联盟接收所有信件；同时应当对为共和党代表大会全国联盟发出和接收的所有信件创建永久备案。他应当报告共和党代表大会全国联盟收到的所有信件。在会议结束 10 天内，他应当准备好原始文件、规程、理事会及其执行委员会的备忘录、理事会现有人员的名单与联系信息的复本，以提供给理事会成员或州共和党代表大会的官员。他充任共和党代表大会全国联盟的史官与档案保管员。

4.17 财务主管的职责

财务主管应当接收各州共和党代表大会会员向共和党代表大会全国联盟缴纳的所有党费，并出具收据，同时应依理事会规定的方式维持会员账户。他应当接收来自州共和党代表大会的会员资格报表，同时分别根据第五条第二款和第六条第十三款的规定就没有及时缴纳会费以及未能按时提交完整报告，或是未能及时足额支付会费的事项进行通告；并根据第二条第八款的规定在每届共和党全国代表大会召开之前的6月30日核实州共和党代表大会的会员的数量。财务主管也应接收基于第五条第一款的规定缴纳给共和党代表大会全国联盟的所有费用。他应当把所有资金存放于理事会指定的同一个或多个银行，同时根据理事会的指示提取有关资金。他应当接收来自根据第六条第二十款的规定其章程被终止的任何州共和党代表大会、分别根据本规程第三条第十款以及第三条第十一款被罢免的任何被提名者和委员会成员所上交的所有文件、记录、徽章、标志、现金以及一切装置与财产。他应当出席理事会及其执行委员会召开的所有会议，以及各届共和党全国代表大会。他应当在每届大会上向理事会做财务报告，如为理事会所要求，得经常做出报告。他应当保有有关各州共和党代表大会以及地方代表大会的资产存放机构的记录信息，只要是为确保实现下列目的所需要的：所存放资产的适当分配因而允许其被适当地利用。根据本条的规定，他应当向前述存放机构、各州共和党代表大会以及地方代表大会表明他的身份。财务主管应当履行本规程明确规定的或者暗含的其他职责以及主席或者理事会分派的职责。他应当按照理事会所要求的金额缴纳忠实履行职责的保证金，该笔保证金的花费由共和党代表大会全国联盟承担。

4.18 助理财务主管的职责

助理财务主管应当履行财务主管委托给他的职责，同时要履行明确规定或者暗含于本规程中的其他职责，或是主席、财务主管及理事会分派给他的职责。在财务主管不能履行职务时，代行财务主管的职权。他应当出席理事会召开的所有会议以及各届共和党全国代表大会；助理财务主管应当按照理事会所要求的金额缴纳忠实履行职责的保证金，该笔保证金的花费由共和党代表大会全国联盟承担。

4.19 警卫的职责

警卫应当在共和党代表大会全国联盟的各项会议以及代表大会上承担起维护秩序的责任，并听命于主席和理事会。在共和党代表大会全国联盟的各项会议以及代表大会召开期间充任门卫并进行巡视。如果认为履行其职责所必要，主席可以任命副警卫。他应当把信息和信件从主席和理事会那里传递给各项会议和代表大会的参与者。他应当出席理事会及其执行委员会召开的所有会议以及各届共和党全国代表大会。

4.20 国会议员的职责

国会议员可以就规程的适当解释以及议会的权力问题私下向主席、各委员会主席、各委员会以及会议的主管官员或主席提出建议；同时应收集、汇编、保存有关规程解释的动议与裁定的会议记录；应当维持地方共和党代表大会示范规程；应当就各州共和党代表大会规程与共和党代表大会全国联盟规程间的矛盾之处做出报告；应当履行主席及理事会分派的其他更多的职责。他应当出席理事会及其执行委员会召开的各项会议以及各届共和党全国代表大会。如果是所属州的律师协会的成员，国会议员应成为法律委员会的成员。

4.21 总法律顾问的职责

总法律顾问在与其所在委员会的成员磋商之后，应当就在美国以及任何特定州的法律问题向主席、官员、理事会与共和党全国代表大会提出建议；应当在所有法律诉讼中支持共和党代表大会全国联盟的陈述；应当监督共和党代表大会全国联盟的法律文件的准备工作；履行主席及理事会指定的其他更多的职责。他应当是法律委员会的主席。他应当出席理事会及其执行委员会召开的各项会议以及各届共和党全国代表大会。

4.22 牧师的职责

牧师应当在共和党代表大会全国联盟召开的每次会议开始时祈求上帝

的指引；应当在各项会议结束之际祈求上帝祈福；应当每日为共和党代表大会全国联盟及其官员和会员进行祈祷；应当负责组织共和党代表大会全国联盟的宗教聚会活动；应当给大会官员、被任命者、理事及委员会成员提供神圣的忠告。他应当出席理事会及其执行委员会召开的各项会议以及各届共和党全国代表大会。

4.23 财务委员会主席的职责

财务委员会主席应当在理事会的管理下，制定计划、指导、协调和监督共和党代表大会全国联盟的基金筹集活动；应当向主席推荐财务委员会成员的人选；主持财务委员会的各项会议，并管理财务委员会的运行。他应当出席理事会及其执行委员会召开的各项会议以及各届共和党全国代表大会。

4.24 即将离任的主席的职责

即将离任的主席应当履行由主席及理事会分派给他的职责。他应当出席理事会及其执行委员会召开的各项会议以及各届共和党全国代表大会。

4.25 职责的委托

任何官员可以不定时地或者在任何期间，在获得签有日期并为秘书备案的主席的书面许可后，以书面形式且也签有日期并为秘书备案，把其在规程中权力、职责、职权全部或部分地委托给共和党代表大会全国联盟的另一官员或者职员履行。

4.26 传真签名

共和党代表大会全国联盟的任何官员或理事的传真签名可以与原始签名同样的方式加以使用，并且具有同样的效果与效力。

4.27 常设委员会

（一）应当设立出版物委员会，由主席任命的州共和党代表大会中的现任会员组成，但前提是：

（1）理事会决定所有政策问题，同时对于所有出版物拥有完全控制权。

（2）出版物委员会成员应能胜任处理电子和纸质印刷出版、编辑、广告以及商业事务，应当任命官方出版物的编辑并确定其责任和权力，决定编辑及员工的报酬，执行理事会关于共和党代表大会全国联盟出版物制定的政策。

（3）出版物应当同时包括纸质印刷版和电子版。

（4）各州共和党代表大会须任命一个会员充任官方出版物的正式联络人。该联络人应当按照编辑的要求报告州共和党代表大会的情况。

（二）应当设立技术委员会，由主席任命州共和党代表大会中的现任会员组成，委员会应当在与共和党代表大会全国联盟的商业与交流行为有关的技术问题上向共和党代表大会全国联盟的官员和委员会提出建议并提供支持。

（三）应当设立法律委员会，由州共和党代表大会中一个或多个现任会员组成，此类会员应当是在美国至少拥有一级管辖权的最高级别的法院的律师团的成员，由主席在州共和党大会主席的推荐下加以任命。法律委员会应当就涉及共和党代表大会全国联盟的利益与关切的法律问题向官员及理事会提出建议，同时应与他们各自所属州的律师协会的其他成员进行合作，以便促进共和党代表大会全国联盟的原则与政策的实施。总法律顾问应当是法律委员会的主席。

（四）应当设立财务委员会，由赞同共和党代表大会全国联盟的原则的个人组成，经财务委员会主席的推荐由主席任命，同时须征得该人士登记所在州的州共和党代表大会主席的同意。财务委员会应当开展第五条第四款规定的共和党代表大会全国联盟的资金筹集活动。

（五）除非是执行委员会中有投票权的成员，否则，各常设委员会主席应当是理事会和执行委员会中的没有投票权成员。

4.28 特别委员会

主席与理事会都有权建立除常设委员会之外的委员会。

4.29 委员会的任命

主席有权在其自由裁量权范围内任命和罢免委员会的主席和所有成员。官员、被任命者和理事可以充任各委员会的主席或成员。

第二部分　主要政党内部规章制度

4.30　委员会报告与法定人数

（一）所有委员会都应当向理事会或主席提交报告。

（二）法定人数应当为委员会 1/3 的成员或其中 2 个成员，以人数更多者为准。

4.31　留任的委员会成员

不论是主席还是其他成员不能履行职责时，委员会中的其他积极分子将在下一年被任命为该委员会的成员。

第五条　财务

5.01　收入

共和党代表大会全国联盟的收入来自于会费、收费、出版物及物资的销售、资金筹集活动以及向共和党代表大会全国联盟的捐赠。

5.02　会费

（一）理事会应当规定各州共和党代表大会需要支付给共和党代表大会全国联盟的人均年度会费数额。此类会费只能基于州共和党代表大会及地方共和党代表大会的现任会员的数量收取。理事会可以设定州共和党代表大会需要支付的最高或最低会费总额。年度会费数额应由理事会 2/3 的赞成票决定，并在此后的 1 月 1 日开始生效。如果没有就会费数额做出新的规定，则会费维持同上年度一样的数额。

（二）所有会费都应当在每年的 6 月 30 日之前由州共和党代表大会上交给共和党代表大会全国联盟，并应当反映出截止上一年度末的会员资格情况。

（三）会费的支付应当以由秘书具体指定的电子版的形式附上交付会费的会员的全部名单以及其他会员的完全名单，名单上得载有会员的住址、邮寄地址、家庭地址、职业、传真号、电话号码、电子邮箱地址；同时通告州共和党代表大会官员的变化，并附上他们的名字与联系信息。

（四）未能及时支付会费和提供附带的会员名单，若能在 6 月 30 日的后 6 个月内支付，得交付双倍会费。如果在 6 月 30 日的后 6 个月内既未收到交付的会费，也未收到会员名单，则该州的章程将会被自动终止。

（五）全国性会员的会费为每年 30 美元，除非理事会通过多数表决批准另一个数额。理事会可以建立多种会费等级与折扣以取代统一的数额。会费的增加和减少对于已经交纳了先前设定的年度会费的全国性会员没有溯及力。如果预备会员给共和党代表大会全国联盟带来额外的征收成本，例如银行退回支票的费用，则在该人士成为全国性会员之前除了缴纳会费之外还得支付前述费用。

（六）理事会和主席（或者在其权限范围内行动的任何州共和党代表大会）有权创建非会费缴纳会员类别。该类别的会员必须满足给普通会员设定的所有要求，但没有资格进行投票和担任职位。

5.03　出版物收费

主席负责确定共和党代表大会全国联盟出版物的售价。

5.04　其他收入

为了实现共和党代表大会全国联盟的宗旨及其所追求的目标，理事会有权设定稳定并提高收入的方法和手段，为此开展活动也应当是财务委员会的职责。

5.05　允许召开州共和党代表大会

除了第五条第二款和第五条第三款中规定的之外，共和党代表大会全国联盟的资金筹集活动决不能在已被颁发章程的州共和党代表大会所在的州进行，除了：

（一）与共和党全国代表大会有关的邮寄活动，全国性会员的招募与共和党代表大会全国联盟网站的推广；

（二）共和党代表大会全国联盟对先前已经直接向其进行捐款的州共和党代表大会的会员发出捐献邀请；

（三）共和党代表大会全国联盟对在一个州中的个人发出的捐献邀请，

而个人还没有作为该州的已被颁发章程的州共和党代表大会的会员被上报，但前提是与共和党代表大会全国联盟的捐献者有关的姓名与联系信息应当被报告给捐献者在每一季度的第一天居住在该州的州共和党代表大会。

（四）只要州共和党代表大会的主席以书面形式授权特定的共和党代表大会全国联盟资金募集活动或者来自特定名单或者种类中的捐献邀请，如果没有对此种授权请求做出反应，一旦在前述州的主席通过挂号信发出的此类请求的收据被收到10天后，或者一旦共和党代表大会全国联盟主席收到退回无法送达的发出此类请求的挂号信，尽管前述信件被正确地寄到共和党代表大会全国联盟记录的最后地址，就应当被视为予以准许。

除非下文明确许可，否则在州募集的总收入应当全部由共和党代表大会全国联盟拨付给该州的共和党代表大会。

5.06　财政年度

共和党代表大会全国联盟的财政年度应当止于每年的12月31日。

5.07　会计制度

应当继续使用高效的复式会计制度。

5.08　预算

在每个财政年度结束之前，理事会应当编制下一年度的拨款预算。每项预算都应当明确规定每笔拨款的用途和数额，同时应当包含有关共和党代表大会全国联盟在这一年度的预计收入及其来源的声明。为理事会通过的预算可以由理事会自主决定是全部或部分接受还是拒绝，或者是完全替换抑或做出增补。

5.09　支出

所有支出，除了小额现金账目之外，都应当使用支票。

5.10　资金存放处

理事会指定共和党代表大会全国联盟的所有资金的存放处。

5.11 签名

理事会有权授权据其判断似乎是理智的官员和雇员制作并签发支票，以及采取将会实现本条的目的和宗旨的其他行动。理事会应当为被授权签发支票或者是管理共和党代表大会全国联盟处理资金的人员提供忠实保证金，前述保证金的花费由共和党代表大会全国联盟承担。共和党代表大会全国联盟主席应当掌管此类保证金。

5.12 账目审查

经理事会的批准，主席应当挑选一个得到公认的且可以接受的会计人员，该人员将于每年或者理事会规定的更为频繁的时期内审计或审查共和党代表大会全国联盟的账簿。秘书和财务主管应当在理事会要求的任何时候提交他们的账簿和其他记录以备检查和核查。

5.13 财务状况声明

共和党代表大会全国联盟的财务主管在收到有关报表30天之内，应当向各州共和党代表大会的秘书和主席送交共和党代表大会全国联盟上一年度的财务状况表以及收入与支出声明。

第六条 州共和党代表大会

6.01 州共和党代表大会

各州共和党代表大会设立于美国境内的一个州之内，同时应根据其章程中的名称来加以识别。各州共和党代表大会应当包括在其边界内该州的所有领土，并且同一时期每一个州内只能设立一个已被颁发章程的州共和党代表大会。

6.02 地区共和党代表大会

在美国的领土或管辖权范围内可以创建地区共和党代表大会，并制定章程。本规程中适用于州共和党代表大会及其会员的规定同样适用于地区共和党代表大会及其会员。

6.03 章程申请

新创建的州共和党代表大会的章程申请应当使用标准的申请表，该申请表应当至少得到筹建中的州共和党代表大会的15个积极分子签署。

6.04 初始组织

共和党代表大会全国联盟在收到申请表后，共和党代表大会全国联盟的理事会或主席可以批准设立新的州共和党代表大会，并且通过前述共和党代表大会的组织被核准的代表予以指导。

6.05 组织的成立条件

新设立的州共和党代表大会组织应当在共和党代表大会全国联盟被核准的代表指导下予以完成；前提是新设立的州共和党代表大会已经：

（一）批准共和党代表大会全国联盟的规程和原则声明；

（二）制定自己的规程；

（三）选出自己的主席、秘书和财务主管；

（四）依照第五条第二款第四项的规定，上报其每一个会员的姓名和联系信息；

（五）向共和党代表大会全国联盟证明它已经至少举行了2次执行理事会例会。

6.06 组织创建的完成

一旦满足设定在本条中的要求，共和党代表大会全国联盟理事会就会为新设立的州共和党代表大会颁发须由共和党代表大会全国联盟主席签名的并且加盖共和党代表大会全国联盟印章的章程。除非是为州法所禁止，该章程得声明新设立的州共和党代表大会名称及章程颁发的日期，该日期应为共和党代表大会全国联盟理事会接纳之日期。

6.07 章程的审查

在即将召开的共和党全国代表大会之前举行的理事会会议上，理事会应当决定第六条第二十款第二项针对各州共和党代表大会规定明确的一个或多个理由是否存在；如果它认定存在，就应当废止或者撤销该州共和党代表大会的章程。

6.08 规程的批准

（一）通过接受共和党代表大会全国联盟颁发的章程，就意味着各州共和党代表大会批准并同意在为共和党代表大会全国联盟规程以及后来修订规定的所有事项上受到约束。

（二）通过接受共和党代表大会全国联盟颁发的章程，就意味着各州共和党代表大会同意共和党代表大会全国联盟有权因为前者违反规程而对其予以惩戒，包括废止或者撤销该州共和党代表大会的章程的权力，同时有权恢复和控制州共和党代表大会对于"共和党代表大会"、"共和党的共和党翼"之名称与设计以及共和党代表大会全国联盟的其他声誉的使用，但加利福尼亚州、亚利桑那州、内华达州和德克萨斯州除外（这些州都在共和党代表大会全国联盟组建之前就已经制定自己的章程）。

（三）新设立的州共和党代表大会在制定它自己的规程之前，其运转应当遵循共和党代表大会全国联盟的州示范规程，但是，该州共和党代表大会有权在其初始组织成立时制定它自己的规程，而此种权利应当不受制于州示范规程有关规程修订的规定；如果已经被颁发章程的州的规程没有就对于其运行来说至关重要的问题做出规定，州示范规程中的相关规定就应当适用。执行委员会有权制定或修订州示范规程。

6.09 官员和理事

各州共和党代表大会应当设有主席、秘书、财务主管、法律顾问一职，而其他官员与其执行理事会成员职位的设定遵照该州共和党代表大会规程的明确规定。

6.10 共和党代表大会全国联盟（NFRA）的标志

各州共和党代表大会应当在其信纸抬头、网站、内部通讯以及会员招募材料上印上或载入 NFRA 标志或者"NFRA 的章程性隶属组织"的字样（其中 NFRA 既可以是缩略语，也可以是全拼）；同时，在所有电子通讯网络中，应当创建访问共和党代表大会全国联盟网站的链接。

6.11 州共和党代表大会选举

各州共和党代表大会应当依照本州的规程选出它自己的官员和执行理事会成员。

6.12 州共和党代表大会推选会议

各州共和党代表大会应当依照本州选举法的规定在方便的时间召开会议，目的是按照本规程第七条第二款的规定审查公职候选人的推选公共提议投票表决（public initiative votes）的支持或反对。

6.13 州共和党代表大会报告

各州共和党代表大会应当向共和党代表大会全国联盟提交本州共和党代表大会的全体会议召开通知的复本，同时应当在每年的6月30日，若有变更则在变更后的30天之内提交，

（一）它们选出的官员姓名和联系信息；

（二）各州规程的复本；

（三）依照第五条第二款第四款的规定，各州共和党代表大会会员的姓名和联系信息。

6.14 州共和党代表大会记录

各州共和党代表大会的所有记录应当由该州共和党代表大会的秘书或财务主管或者是州共和党代表大会规程所指定的其他人员保管，而此类记录可以为共和党代表大会全国联盟的官员在展开秘密检查时加以利用。

6.15 会员任职资格

各州共和党代表大会的会员应当是美国公民中具有良好的道德品质的人士：

（一）赞同共和党代表大会全国联盟的原则、信念与目标；

（二）根据他们所属州的州共和党代表大会规程已经被接纳为会员，同时得继续遵守该规程；

（三）已经在所属州以及任何地方共和党代表大会的地理区域内所创建的共和党那里进行登记，除非这些州不要求进行党派登记，即使在此种

情形下，也应当被登记为投票人，并排他性地支持共和党。

6.16 最低会员资格要求

（一）若会员身份依照第五条第二款第四项的规定在其首次备案之日生效，则各州共和党代表大会应当拥有并保持不少于50名缴纳会费的会员。

（二）若会员身份依照第五条第二款第四项的规定在其第二次备案之日生效，但无论如何都不得早于2011年，则各州共和党代表大会应当拥有并保持不少于75名缴纳会费的会员。

（三）若会员身份依照第五条第二款第四项的规定在其第三次备案之日生效，但无论如何都不得早于2012年，则各州共和党代表大会应当拥有并保持不少于100名缴纳会费的会员。

6.17 地方代表大会

各州共和党代表大会的分支机构或地方单位可以根据各州共和党代表大会的规程而设立，同时得遵守第六条第十八款到第十九款的规定。

6.18 地方区域划分

地方共和党代表大会应由在该州内合理连贯的地理区域（城市、小镇、社区、郡县、立法或议会分区）中的所有会员组成，并且应当是该区域内唯一的地方共和党代表大会。

6.19 地方规程

各地方共和党代表大会应当依照州共和党代表大会的要求制定它们自己的规程，但所有地方共和党代表大会规程都必须与共和党代表大会全国联盟的规程保持一致，同时得接受共和党代表大会全国联盟理事会的审查。

6.20 州共和党代表大会章程的终止

（一）除了写入在第五条第二款第四项中的自动终止条款之外，通过与会代表2/3表决通过，基于第六条第二十款第二项中明确规定的一项或者多项理由，理事会可以废止、撤销或者惩戒州共和党代表大会，但前提是：至少在采取此类行动30天前，把前述理由的通知通过挂号信妥当寄送给该州共和党代表大会最后上报的主席与秘书。

（二）章程废止、撤销或者惩戒的理由有

（1）拖欠共和党代表大会全国联盟的任何费用包括年费超过60天；

（2）州共和党代表大会的会员在连续两届共和党全国代表大会上都没有进行登记；

（3）无故连续3次缺席理事会会议，而此类会议要求州必须派代表出席；

（4）根据第五条第二款的规定，没有在每年的6月30日前上交需要缴纳的年费、官员报告以及其所有会员的会员资格报告，同时会员数量不得少于第六条第十六款所要求的数量；

（5）违反或者未能遵守第六条第八款到第十五款以及第八条（关于推选）的规定。

（三）依据第三条第十二款的规定就终止或惩戒提起的上诉不得中止理事会所采取的行动。

（四）在终止或惩戒的理由消除之后，理事会可以恢复该州共和党代表大会的章程，但违反共和党全国代表大会规程第八条规定的除外。

（五）章程的撤销将会自动罢免州共和党代表大会官员和理事的职位，同时它们的权力、财产以及名称和徽章的使用权将被转交给由共和党代表大会全国联盟主席任命的受托人或者是主席本人。章程撤销可能要求制定或者再次制定其规程，从而可能影响地方共和党代表大会的章程以及州共和党代表大会的会员资格。

（六）如果一个州的3个全国性理事职位同时出现空缺，或者一个州内被正常选出的官员不能或者拒绝在根据该州规程所要求的截止日期之前召集为了选举新的官员所必要的州共和党代表大会，则共和党代表大会全国联盟会主席有权召集州共和党代表大会的召开，目的是为了使该州回到遵守它自己的规程以及本规程的轨道上来。

6.21 退出

各州共和党代表大会可以通过向共和党代表大会全国联盟提交书面退出声明而退出，但前提是其职责和义务已经履行完备，同时退出决议需要得到该州共和党代表大会 2/3 的现任党员的通过和批准，该该项决议还必须为该州共和党代表大会的主席与秘书所证明。一旦为理事会在下届理事会会议上所接受，该退出就正式生效。一经该州共和党代表大会向共和党代表大会全国联盟提出书面申请，理事会即可恢复其在共和党代表大会全国联盟中的会员资格。

6.22 退出的后果

不论何种原因不再是共和党代表大会全国联盟的附属组织的各州共和党代表大会，就应放弃共和党代表大会的名称；把其章程证书上交给共和党代表大会全国联盟；此后不得以任何形式使用州共和党代表大会或共和党代表大会全国联盟的名称、徽章和标志，包括"共和党的共和党翼"的表达。接受章程即意味着州共和党代表大会同意接受本条规定的法律约束力。

6.23 临时章程

（一）主席有权为在没有一个被颁发章程的州共和党代表大会的州或地区内设立的州共和党代表大会设定临时章程。该临时章程必须满足本规程有关州共和党代表大会的所有要求，同时必须得到理事会至少一个其他成员的确认。拥有临时章程的州共和党代表大会可以像其他州的共和党代表大会一样充分运转，同时享有州共和党代表大会的所有权利与特权。但是，直到其章程为理事会正式接受之前，它的全国性理事在共和党全国代表大会理事会中都不得行使投票权。一旦共和党代表大会全国联盟理事会的下次会议召开结束，该临时章程即失去效力。

（二）此外，主席有权在没有被颁发章程的州共和党代表大会的州或地区内任命临时官员。该临时官员可以代表共和党代表大会全国联盟采取行动，目的是推动创建一个被颁发章程的共和党代表大会。该州不得以共和党代表大会全国联盟的名义进行推选活动，临时官员也不得在候选人的推选或者公共政策问题（除了在共和党代表大会全国联盟的信念、原则和目标中明确提到的或者为共和党代表大会全国联盟正式通过的决议提到的之外）上提及"共和党代表大会"。一旦州共和党代表大会拥有了章程或临时章程，临时官员就不再被视为共和党代表大会的官员。

第七条　全国性会员

7.01　全国性会员

（一）个人可作为全国性会员直接加入共和党代表大会全国联盟，不需要首先加入被颁发章程的州共和党代表大会。为了成为一个全国性会员，个人必须是拥有良好品质的美国公民，同时依法登记为享有投票权。全国性会员必须遵守共和党代表大会全国联盟规程，公开支持共和党，同时尊重共和党代表大会全国联盟的原则。

（二）要想成为全国性会员，具备资格者必须提交完整的会员资格申请表或者是具有同等效果的电子申请表，同时向秘书抑或主席或者理事会为此目的任命的其他官员缴付适当的会费。

7.02　会员推荐

共和党代表大会全国联盟会自动向主席及全国性会员所在州的已经被颁发章程的州共和党代表大会的会员资格主管官员推荐全国性会员，但前提是该州已经有一个被颁发章程的组织存在。

7.03　州共和党代表大会的接受

（一）已经被颁发章程的州共和党代表大会可以依照它们自己的规则和实践接受或者拒绝全国性会员成为其州组织的会员。如果一个州共和党代表大会选择接受一个全国性会员成为其会员，则该州共和党代表大会应当以书面形式通知共和党代表大会全国联盟的秘书，同时该人士将不再是全国性会员，而出于本规程的所有目的应被当做该州共和党代表大会的会员。共和党代表大会全国联盟可以继续保有全国性会员缴纳的会费，但一经书面请求，它就应当允许赊欠一笔费用，以抵消已经接受一个全国性会员的州共和党代表大会未来缴纳的会费。该笔费用应当等于由州共和党代表大会支付给共和党代表大会全国联盟的人均年度会费。

（二）全国性会员如不被已经被颁发章程的州共和党代表大会接受为会员，则仍然保留原有的全国性会员身份，只要该人士仍属于共和党全国代表大会中的现任会员，同时应当继续支付适当的会费。

7.04 惩戒与退出

通过作为全国性会员加入，个人则应被视为同意在所有事项上接受规程的约束，正如共和党代表大会全国联盟理事会所解释的。理事会有权通过多数票决撤销全国性会员的资格或是对他们予以惩戒，但前提是每个全国性会员都有权提前30天获得有关此类惩戒的理由以及将召开讨论惩戒一事的理事会会议的书面通知。提前获得通知的权利可以被放弃，亲自出席理事会会议通常即构成对此项权利的放弃。全国性会员的书面退出声明将被自动接收，无需共和党代表大会全国联盟采取相应的行动。

第八条 推选

8.01 全国范围推选

（一）无论是在其全国代表大会还是理事会上，共和党代表大会全国联盟都不得推选任何职位的候选人，包括美国总统，除非是理事会在其召开的会议上以2/3的多数表决通过，且执行委员会全体成员一致投票通过，或者全国代表大会与会代表2/3多数表决通过，方可进行投票推选：

（1）共和党内全国性职位的候选人，包括共和党全国委员会官员、美国参议院和众议院的领袖以及其他共和党委员会和互助团体的全国性官员；和

（2）在没有被颁发章程的州共和党大会所在州的候选人和公众推荐人（public initiative）。

此类推选可通过多种方式做出，也同样可以通过多种方式予以撤销。

（二）有关总统候选人的所有推选，只能由已经被颁发章程的州共和党代表大会在共和党全国代表大会召开之后做出，而全国代表大会应当在总统选举的前一年举行。

（三）尽管做出前述规定，在总统选举前一年举行的共和党全国代表大会上，拥有投票权的正式代表，通过与会代表 2/3 的赞成票表决通过，可以表达偏向于支持其中一名共和党总统提名候选人。此种偏向性支持对于各州共和党代表大会来说应是建议性的，不具有法律拘束力。

（四）主席即使是以个人身份行事，在前面提到的共和党全国代表大会结束之前，都不应推选美国总统职位候选人。

8.02 州共和党代表大会的推选

（一）无论是州共和党代表大会还是已经被颁发章程的地方共和党代表大会，都不得推选任何公职候选人，无论是党派性的或无党派性的，除非该候选人是共和党正式登记的会员，若是居住在不能以党派进行登记的州，该候选人必须公开支持共和党。

（二）州共和党代表大会可以允许被推选出的候选人在下列期间使用"共和党的共和党翼"的称号：在被推选出的候选人展开竞选期间以及在被推选出的候选人当选所竞选的职位期间。否则，该称号仅限于为共和党代表大会全国联盟和已经被颁发章程的且为现任会员的州共和党代表大会所使用。

（三）只能为特定职位推选出一个人员，并且任何推选都必须获得有资格进行投票和表决的人士至少 2/3 的赞成票。

（四）州共和党代表大会适当做出的推选可以被解释为构成共和党全国代表大会全国联盟的推选。

第九条 议事规则

《罗伯特议事规则》（新修订版）应当是在全国代表大会和理事会或者执行委员会会议上所有程序问题的议事规范，只要共和党代表大会全国联盟规程或者全国代表大会的规则不做出特别的规定。共和党代表大会全国联盟的所有会议都应当以公平且有效的方式做出解释，同时适当遵从每一位与会者的意见，并给予各位代表大会会员以适当的尊重。

第十条 规程

10.01 地点和投票要求

本规程的修订只能在共和党全国代表大会的例会或特别会议上才能进行，并且要求出席会议并参与投票的正式代表和自由代表2/3表决通过。

10.02 通告要求与限制条件

（一）规程修订的建议案至少应在其全国代表大会正式召开前50天送达或者邮寄给共和党代表大会全国联盟。

（二）共和党代表大会全国联盟的秘书至少应在全国代表大会正式召开前30天把修订建议案的复本送达给各州共和党代表大会的秘书。

（三）全国代表大会有权对修订建议案的文本进行修改，但不得改变修订建议案中所涉及的主题。

（四）对于规程的修订在其获得通过的全国代表大会休会后立即生效。

10.03 性别

在本规程中，阳性通常既被用来指男性，也被用来指女性，同时在共和党代表大会全国联盟中所有竞选职位在性别方面都是中立。但是，州共和党代表大会可以依照其自己的规程要求相同数量的男性和女性担任前述州共和党代表大会内的任何或者所有职位，否则就应遵循在共和党内通行的相似规则。

10.04 目录和标题

使用目录和标题旨在使本规程显得更有条理、便于阅读以及更为明晰；在解释本规程时，它们都得遵从规程正文的优先地位。

10.05 出版物

在对本规程做出任何修订的每届全国代表大会闭幕之际，规程委员会有权力同时也有责任推动并监督在本届代表大会结束时生效的规程的出版。被修订的规程的校样应当由规程委员会的主席提供给的规程委员会每一个成员。前述每一个成员然后应当发表评论并把它们返回给主席,主席随后应当在他的委员会的建议下被授权推动并监督规程的出版和发行。规程应当以制定它们的全国代表大会的闭幕日期为其生效起算日。

证　明

本页及前面的页码构成共和党代表大会全国联盟的规程的真实而准确的复本,它们在公元 2009 年 10 月 24 日被全国代表大会修订于内华达州的里诺市。

Rod D. Martin, J. D.　　　　　　　　　　　　　　　　日期
共和党代表大会全国联盟主席

Thomas N. Hudson　　　　　　　　　　　　　　　　　日期
2009 年规程委员会主席

(本章根据美国共和党第七届全国代表大会最新修订的《美国共和党代表大会全国联盟规程》翻译)

(福州大学法学院　李春林　译)

马萨诸塞州民主党章程

序

我们马萨诸塞州联邦的民主党人，本着和国家民主党章程同一个目的，联合起来致力于实现我们国家、民族和所有人民的个人和政治自由，经济和社会的公平正义。我们坚信实现这些目标的最好方式是建立一个强大、团结、正直、开放、为所有人谋利的政党，并且坚信我们的人民有能力实现自治。

从全国民主党章程中，我们认识到一个政党想要领导人民必须听信于民，想要取信于民必须证明其信赖人民，想要实现联邦未来的兴盛繁荣必须能够传承联邦珍贵的历史遗产和文化传统。

民主党要求其官员和候选人在履职时候能够肩负起责任和承担相应义务。我们的政党应是：其内部所有社会、经济、种族、地区群体，不分种族、血统、信仰、性别、年龄、身体状况、宗教、性取向等均可一同参政议政，影响公共决策，建立机会公平体系；它能敞开胸怀接纳处理社会和政治问题的新方式；它能提高民主党人到公共机构中参加竞选和任职的机会；执政时，它将会在州联邦、市、县、镇的各种机构中进行协调和调停；在野时，它将作为负责任的反对党，为合法表达异议提供渠道。为实现这一目的，我们宣誓，在民主社会中，我们将按照马萨诸塞州宪章获得合法领导权。

第一条 术语定义

下列定义适用于本章程出现的所有相关术语：

州代表大会是州委员会召集的民主党全州大会；

地方代表大会是州委员会召集的民主党地区大会；

党员大会是由州、市、镇、行政区召集的登记民主党大会；

会议是党委员会及其下属机构召开的由全职和兼职成员参加的任何级别的会议；

议案用来指代党拟讨论主题的提纲及党拟采取的措施，如会议、计划、规章等；

准入是用来指代这样的情况：能够确保开放并且提供平等的参与机会，包括位置、便利性、公共标识；

少数民族指公平就业委员会定义的黑人、西葡人、亚裔美国人、印第安土著人、佛望角人等；

残疾/有缺陷，就个人而言，指身体或心理上的损伤，这种损伤相当程度上限制行为人一项或多项主要社会行为，此类人员主要有损伤病史的人，或被认为有损伤的人；

青年人指年龄介于18至35周岁的个人；

中低收入沿用国家民主党委员会的定义；

老龄人指年龄在65岁及以上的公民；

行政区范围包括市辖区。

第二条 民主党地方委员会

第一款 地方委员会的作用

市、镇、区委员会是政党组织的基础，是最直接联系人民的纽带。地方委员会根据正式发布法规实施下列行为：支持登记民主党候选人在党派及非党派的中的初选、预选及正式选举；为州委员会和民主党被提名者提供财政支持；实施方案和政治纲领；为政治目标筹集和分配资金；支持选民登记活动；为支持候选人竞选召开党员大会，通过会议中提出的决议或者处理其他党内公务。

所有地区委员会都将作为竞选工作委员会，致力于赢得大选。所有成员必须宣誓在2年的选举周期里至少工作40小时，为民主党候选人组织筹款或拉票活动，这些活动至少一半应在大选阶段进行。在选举期间工作不力者，经过委员会的听证，将会被所有党的机构免职。党的州委员会要确保所有州参议院区的所有州委员会成员有机会履行这一誓言；镇和选区委员会主席要负责确保地方委员会委员履行誓言。

第二款　地方委员会人数及选举规定

镇、行政区一级委员会成员人数在3至35名之间，这些成员应在总统竞选初选阶段根据州选择法从申请参加选举的个人候选人中选出。镇、行政区委员会可以在经委员会多数投票同意的情况下，随时增加成员至最高成员人数35人，该投票由州联邦和民主党州委员会秘书处宣布后30日内生效。

市委员会应由一个市区内的行政区委员会成员组成，镇、区委员会可以在不超过最高人数的情况下选举兼职成员。在镇委员会及行政区委员会工作20年及以上的成员，其职位空缺的产生条件是：这些成员工作超过20年，并且他们因这期间的工作而成为镇、行政区委员会享有表决权的成员。

地方委员会职位空缺人选需通过委员会投票予以补充，如果需要兼职成员，需从申请委员会空缺职位的候选者中选出。镇和辖区委员会有权成立由选举官员和选举委员会委派成员组成的执行委员会。

所有地方委员会成员必须是登记在册的民主党人，州委员会成员是地方委员会的当然成员。

第三款　地方委员会官员

地方委员会要从委员会成员中选举出以下机构人员：主席1名，如果认为有必要，还可选举联合主席 2 名和副主席 1 名（这两职位均不能全为同一性别），司库 1 名，秘书 1 名，平权法案推广顾问 1 名和其他相应的官员。除当地委员会细则中规定官员选举和总统任期期限一样是 4 年以外，官员应每两年选举 1 次；选举应在地方委员会组织会议上进行，开会日期在非总统选举年中应在当年 4 月 15 日前，选举年中根据州法律确定。

地方主席应是其所在地委员会的首席执行官，主要负责执行地方一级的章程条款及地方细则，沟通州委员会和地方委员会间的交流联系。地方主席应主持所有地方委员会及由它召集的党员大会，其他官员经由地方法规、主席及委员会授权时可承担该义务和责任。

第四款　地方委员会会议

地方委员会会议由委员会主席召集，每年至少开会 4 次，每季度至少开会 1 次。特别会议由委员会秘书负责召集，在收到委员会至少 20% 成员的签名申请下予以召开。

第五款　地区委员会成员的去职

地区委员会官员及成员在接受工作职位时都承诺勤勉敬业履行职责，否则就辞职。镇、区委员会成员有如下行为者，可通过必要通知及正当程序，并经出席委员会议 2/3 以上人员投票予以免职：

a. 一年里缺席至少一半以上的定期会议者；

b. 公开赞同或支持宣称反对民主党提名者的候选人，而该被提名者公开支持民主党最近在国家及州民主代表大会上通过的大部分政治纲领。因支持被提名者而改变自己长期而深刻的信仰的委员不能根据本条款被免职；

c. 未经授权使用党的名称及资源者；

d. 穷尽上诉程序最终被定罪为刑事犯罪而不是轻微犯罪；

委员在免职听证通知公布给全体委员之前应给予机会辞职。

如果地方委员会拒绝对此采取行动或拒绝免去被起诉的委员职务，则可向司法委员会提起申诉。根据本条款被免职的委员有 30 天时间向司法委员会申诉。在司法委员会做出最终裁决后，免职而造成的空缺职位才会被重新增补。根据本条被免职的成员，可在 30 天内向司法委员会进行申诉。在此情况下造成的职位空缺不能进行招募直至司法委员会做出最终判决。

第三条　党的州委员会

第一款　州委员会的作用

民主党州委员会在推进本宪章的过程中应当对州际间民主党事务负有主要责任，该责任主要包括：

a. 开展州政党活动；

b. 从提名者中为国会和州政府机构选拔人才；

c. 制订和宣传政党政策；

d. 筹集和分配州委员会成功运转所需款项；

州委员会应公开支持党内被提名者，除非该民主党被提名者不能获得政党资源支持：因其在任何一个最近的两年周期竞选中曾公开拥护或者支持共和党人或者其他主要政党候选人。

州委员会应采取所有其他必要或适当的行动以实施本章程条款，包括制定章程实施细则；维护供公众查阅的地方细则卷宗；财政许可情况下维持定期沟通，为地方委员会提供培训、信息及其他服务的相关物质条件。

州委员会作为竞选工作委员会，致力于赢得大选。所有委员会成员必须宣誓在两年的选举周期里至少工作 40 小时，为民主党候选人组织筹款或拉票活动，这些活动至少一半应在大选阶段进行。在选举期间工作不力者，经过委员会的听证，将会被所有党的机构免职。党的州委员会要确保所有州参议院区的所有州、镇、行政区委员会成员有机会履行这一誓言。

第二款　州委员会成员数量

民主党州委员会成员由登记民主党组成，具体如下：

a. 从各自参议院区选出的有 4 年服务期的 2 名男性和 2 名女性；

b. 来自马萨诸塞州的民主党国家委员会成员；

c. 州委员会经与平权法案推广委员会协商，可以从中为平权法案选举成员，数量最多不超过州委员会全部人数的10%；为确定平权法案委员会候选人，民主党州委员会应考虑代表性不足的群体，并要尽可能努力保持州委员会成员合理的地区分布；

d. 州委员会根据其法规选举出的候补成员，年龄在36周岁以下的4名青年男性和4名青年女性；马萨诸塞州民主党大学的2名男学生和2名女学生（可能条件下）；这些成员需要由民主党州委员会选举产生，学生成员服务期为2年；

e. 由马萨诸塞州青年民主党和马萨诸塞州大学生民主党选拔出的年龄在36周岁以下的1名青年男性和1名青年女性，通过这种方式选派的成员必须脚踏实地地成为他们镇、区委员会的全职或兼职成员。由此产生的学生成员服务期同样为2年；

f. 退伍军人，男性女性各1名；

g. 民主党同性恋者男性和女性各1名；

h. 民主党双性恋者男性和女性各1名；

i. 民主党变性人男性和女性各1名；

政党主席应向社会公布职位空缺（第C、D、F、G部分）。提名由与会者在州委员会提出，然后由出席会议的多数成员投票选出适合的拟定成员数。根据本项规定挑选出的成员，除了学生成员之外，均有4年的服务期，并且服务期间只在选举他们的州委员会任期内。

第三款　州委员会成员选举

民主党州委员会有160名委员分摊至州参议院各区选举，其中80名州委员会成员，应在总统初选阶段按照男女1∶1的比例从各自州参议院区选举出来，这些成员的任期在选出后的第三十天开始，在4年后总统初选的第三十天到期。另外80名成员应按照州委员会规定的方式由各参议院区内的党的地方委员会选举产生。这部分成员的任期在选出后的第二天即开始，在4年后甄选继任者的地方代表大会开会那天到期。

选举出来的成员，在州法律规定的委员会初次组织成立的时限内，由现任民主党州委员会主席或者由主席授权的人在州参议院区代表大会上宣布确认。这样，就可根据当时的州法律，成立由党员普选出的成员、地方委员会选举的成员、有 20 年工作年限的成员和州委员会前当然成员组成的州委员会。

同时，在总统初选后的第一次组织会议上，州委员会还应根据其规章选举出候补委员。所有成员都应享受充分和平等的表决权。在非总统选举年里，民主党州委员会现任主席或其授权人应确认由州参议院区代表大会选举出的成员身份。在确认这些成员身份之后，下一项议程即是选举根据州委员会规章确定的候补委员。

所有成员，只要他们还保留着马萨诸塞州民主党选民登记，就要进行服务工作；只要他们还在公共机构或政党机构任职，就要履行职责。为平权法案而委派的成员应服务至全体委员大会第一次组织会议选出其继任者为止。由选举产生的委员职位空缺都将通过上述州参议院代表大会补选，但距下一次例行选举前 6 个月内的空缺不能通过这种方式进行补选。

第四款　州委员会的子委员会

州委员会主席可以在他/她认为必要或适当的时候任命子委员会来确保州委员会可以完成本章程赋予的责任和义务。可以成立平权法案推广委员会，负责支持和协助各个层次上的目标群体；监督和帮助各级党委会遵循平权法案指导方针的要求。

第五款　州委员会会议

州委员会由主席负责召集，每年至少开会 4 次，每季度至少开会 1 次。特别会议由委员会秘书负责召集，在接到委员会至少 25 名成员的签名申请下予以召开。州全体会议应在地区会议的基础上定期召开。在州参议院区选举出的委员同其所在地的地方委员会成员一起每年至少开会 2 次。

第六款　州代表大会报告

州委员会主席在每次州代表大会上均会提供给参会代表一份报告，内容为州民主党自上届州代表大会以来的开展活动和财政收支情况。

第七款 州委员会委员的去职

州委员会官员及一般成员在接受工作职位时都承诺勤勉敬业履行职责，否则就辞职。州委员会委员有如下行为者，可通过必要通知及正当程序，并经出席会议 2/3 以上人员投票予以免职：

a. 在一年中缺席一半以上的定期召开的委员会会议的；

b. 公开赞同或支持宣称反对民主党被提名者的候选人，而该被提名者公开支持民主党最近在国家及州民主代表大会上被通过的大部分政治纲领。因支持被提名者而改变自己长期而深刻的信仰的委员不能根据本条款被免职；

c. 未经授权使用党的名称或资源的；

d. 穷尽上诉程序最终被定罪为刑事犯罪而不是轻微犯罪者；

委员在免职听证通知被公布给全体委员之前应给予机会辞职。如果州委员会拒绝对此采取行动或拒绝免去被起诉的委员职务，则可向司法委员会提起申诉。根据本条款被免职的委员有 30 天时间向司法委员会申诉。在司法委员会做出最终裁决后，因免职而造成的空缺职位才会被重新增补。

第四条 州委员会官员

第一款 州委员会官员

州委员会要从委员会成员中选举出以下机构人员：主席 1 名，不同性别的副主席 2 名，司库、秘书和其他相应的官员。所有官员均应是州委员会成员，司库除外；在挑选司库或者副司库前，如出席州委员会的大多数成员投票决定不作此要求，则可由不是州委员会成员的人担任。该规定仅适用于司库或副司库。

第二款 州委员会主席

州委员会主席应是委员会的首席执行官，负责主持会议、担任委员会发言人、领导委员会机构以及指导各项活动。主席经委员会批准，可以任命民主党州执行董事及其他相应的工作人员。委员会主席可以根据本章程或者州委员会法规任命子委员会成员，也可以经州委员会批准组建其他专门子委员会。

州委员会主席是所有子委员会的当然及拥有表决权的成员。主席经州委员会批准可以授权任何地区、地方、专门委员会或群体使用"民主党"或"民主的"名称字样。

第三款　州委员会副主席

州委员会副主席经州委员会或主席授权可在主席暂时离岗或丧失工作能力的情况下行使主席的职权及承担相应的责任。

第四款　司库

司库应监管州委员会所有的财产；每年向州委员会报告党的收支及财务状况；遵守联邦和州选举法关于财务及报告要求的有关规定。

第五款　秘书

秘书应负责保管州委员会会议及活动的相关纪要及其他记录，以及州委员会或主席赋予的其他相关责任。

第六款　州委员会官员的去职

州委员会官员如果没有履行好职责，可通过必要通知及正当程序，并经出席委员会议 2/3 人员投票予以免职。任何原因造成的任何职位空缺，都必须在州委员会会议正式宣布职位空缺的至少一个月后召开的会议上，经过投票才能予以增补。

第五条　州司法委员会

第一款　成员数量及任期

州司法委员会由 5 名成员组成，任期为 5 年，每年改选 1 人。其成员需为登记民主党人，但是不能是州民主党委员会或其他任何子委员会成员。司法委员会成员应根据平权法案程序选举产生。

第二款　州司法委员会主席

州司法委员会每年选举出 1 名委员担任主席职务，该选举在州委员会年度选举之后的组织会议上进行。主席负责召集和主持所有委员会会议，并对委员会负有首要行政责任。

第三款　办事程序

司法委员会通过经法律顾问审核过的办事程序。委员会每年至少召开会议1次，如果主席未召集，任何人均可召集成员开会。

第四款　司法委员会的责任

司法委员会负责根据本章程及细则，对州和地方委员会因适用章程或细则而产生的争议进行裁决。司法委员会有权要求党的任何组织和官员采取任何必要的行动来贯彻章程及细则，以及平权法案所要实现的目标。

司法委员会还有权负责管辖党的州委员会和地方委员会之间不同级别争议的上诉，其裁决为最终裁决，并且对全体党员均有约束力。

第五款　司法委员会成员的去职

州司法委员会主席可以在任何时间因为任何原因，经委员会成员多数投票同意而被免职，但在这种情况下仍可保留委员会成员资格。委员会成员可在任何时间因为任何原因，经委员会成员的2/3多数投票同意而被免职。

第六条　州代表大会

第一款　州代表大会的职权

根据本章程规定，州代表大会是马萨诸塞州民主党最高权力机构。州代表大会有权实施党的政治纲领，支持全州范围机构的候选人，处理大会上提出的其他党内事务等。

州代表大会议事制度是：除了废止该制度需要2/3多数投票通过，其他所有事务一律简单多数投票通过；制度应当由州委员会所属的制度委员会提交给州委员会，并经州委员会成员多数投票同意通过。通过的制度应在两周多以前分发给会议代表，并可在大会上经2/3多数代表投票通过而进行修正。

第二款　州代表大会议事会议

州代表大会议事会议在奇数年里会召开，目的是按照与会代表投票的多数原则，通过政党议案或政治纲领。投票基于党的议案或纲领委员会的建议之上进行，并可更改。

会议决议从民主党地方会议开始自下而上形成。

第三款　州代表大会拉票支持会议

州代表大会支持会议在偶数年里召开，目的是为了支持全州范围内待充实空缺的机构候选人。

支持在州代表大会上被提名的州范围内的登记民主党，需经过州代表大会出席代表的多数投票通过。根据州代表大会制度有关条款规定，在为任何特定机构而进行的投票中，获得至少15%以上代表无记名投票的被提名者才有可能赢得州竞选初选。

第四款　州代表大会的召集

州委员会应在代表大会召开至少4个月前公布开会事宜。在偶数年里，州代表大会最迟在州秘书提交提名文件后的第一个周六召开；此外，在所有年份中，州委员会还有通过投票决定代表大会日程的责任，具体如下：

1. 召集不少于2500名代表参会；确保民主党州代表大会有足够的代表性，民主党州委员会应审查地方会议选举出的代表，以确定少数民族和残疾人代表是否反映了马萨诸塞州章程第一章所规定的参与度。

如果没有很好地反映出州联邦少数民族群体的代表性，民主党州委员会则应在上述代表大会召开的至少30天前，根据民主党少数民族地方会议的推荐，选举出代表全州的少数民族代表。同样，如果没有很好地反映出州联邦残疾人群体的代表性，民主党州委员会则应在上述代表大会召开的至少30天前，根据民主党平权法案及外联分会的推荐，选举出代表全州的残疾人群体代表。

根据本款第四部分分配给市、镇的代表席，如果因当地未根据代表大会制度规定的截止日期召开地方会议而空缺，那么这些空缺代表席位应根据本章程第一章分配给青年注册民主党员。民主党州委员会则应在上述代表大会召开的至少30天前，根据青年服务分会的推荐，选举出和空缺的代表席位等量的代表人数。

这些代表席位应均分为男女各半，并且应向居住在未召开地方会议的镇、区的青年代表倾斜。

2. 确保所有登记民主党人，能够完全、及时并且有平等的机会全程参与到市、镇的委员会会议，及为实现这一目标而进行的平等法案准则的宣传活动中。

3. 限制在地方会议召开前的12月的最后一天登记加入民主党行为。

4. 每个市、镇分派一名代表，其余代表根据州联邦秘书的备案的规划方案，平均分配给最近的民主党注册事宜中，以及上次大选中给州长和总统候选人的办公机构中。

a. 民主党州委员会和司法委员会成员是州代表大会拥有正式表决权的当然代表。

b. 各地方委员会主席（根据民主党州联邦秘书的备案记录）也是州代表大会拥有全部表决权的当然代表。如果他/她不能够担任代表或者正任职于其他职位，那么下一顺位最高级别的官员（如副主席、秘书、司库等）可以担任。

如果下一顺位最高级别的官员也不能担任，那么就需要召开全体委员会议来选举出一位代表服务于此职位——假如地方委员会主席已经就最近的代表大会召开过地方会议。

c. 普通法院里的民主党成员，马萨诸塞州国会代表中的民主党人，州制宪会议中的民主党官员是州代表大会拥有全部表决权的当然代表。

5. 代表选拔程序在州代表大会召开4个月前开始进行。

第五款　民主党官员对政治纲领的遵守

民主党最新政治纲领或议案是它的政治立场。每位民主党委员会成员、被提名者，被选举作为民主党候选人的官员都必须依照相应的优先级顺序，在其言行中遵守国家、州、地方的党政纲领。未做到这些的人不会被党内免职或丧失权利，但是可由党的州代表大会、地方代表大会、委员会会议或地方会议公开宣布处理决议或采取其他适当的行动。

第七条 平权法案推广行动

第一款 平权法案计划所需支持

马萨诸塞州民主党，鼓励所有群体实施平权法案推广计划帮助目标群体如黑人、西班牙人、亚裔美国人、印第安土著人、佛得角人等；实施推广计划帮助残疾人、男女同性恋、双性恋、变性人、劳工、青少年、中低收入、老年人群体等。平权法案规则在组建民主党任何机构时都应遵循。

第二款 目标

平权法案及推广行动目标具体如下：

1. 在党内所有层次所有机构中组建能够实现以下条件的组织：

 a. 给目标群体提供参与民主党所有选举及议程的方法和程序的说明书；

 b. 参与民主党所有选举及议程的机会。

2. 根据美国人口普查数据公式计算出的选区内登记民主党数量，按照此数字选举目标群体成员到民主党各级别各机构中任职。

3. 本目标不能通过州民主党直接或间接的强制配额来实现，包括任何级别的代表选拔过程或党的民主党国家及州委员会有关实施细则规定的其他事务。

第三款 平权法案推广子委员会

作为州委员会的子委员会，平权法案推广委员会的主要职责是监督各州参议区的平权法案统一行动计划的制定和实施，为其所在地的镇和区制定行动计划，为所有党委员会选举成员，为州及地方代表大会选拔代表等。

所有平权法案推广计划应提交给州委员会批准，并由州委员会负责所有行动。对该计划制订和实施的质疑应提交给州司法委员会处理。

第四款 平权法案推广计划的实施

在坚持不懈的推广和坚决果断的行动（作为国家和马萨诸塞州民主党最主要优点）的驱动下，平权法案推广行动目标可通过，但不局限于下列步骤实现：

1. 尽可能地在每一级党的机构中都实现男女人数均等分布；
2. 由民主党各级别机构准备平权法案推广行动书面计划，包括提交与目标群体相关的人口数据。平权法案推广行动子委员会应帮助制订、实施、掌控负责任的个人平权法案推广行动计划；
3. 建立统一实施指导方针，数据源及设定目标的程序；
4. 将平权法案推广行动作为优先计划享受州委员会财政资源分配；
5. 所有政党计划和政党选举的沟通都应经常、公开、明确。所有集会、地方会议、地方代表大会都应在市中区、方便到达、广为人知的地方召开；
6. 所有政党规章、条例、流程用清晰、明确的言语来制订行文；
7. 各镇、区设立平权法案推广顾问，作为地方委员会的官员；
8. 州委员会在资金允许的情况下，可雇佣一个全职人员来协助平权法案推广子委员会；

第五款 违反平权法案推广行动条款

各个级别的代表和成员选举都在平权法案的监督之下，未达到平权法案目标者将导致自动进入平权法案推广委员会的合规性审查程序。

如果合规性审查确定平权法案计划没有充分地执行，那就会被提交到司法委员会；司法委员会可命令被审查的委员会议或代表选举被禁止，直到重新开始充分的选举才能解禁。如果合规性审查确定，（被审查单位）尽管已经为规划和实施平权法案目标作了"善意"的努力，但还是失败了。在那种情况下，司法委员会有权建议州委员会指定一个优先领域给问题单位来进行平权法案特别行动。

第六款 质疑

对平权法案目标规划、实施或成果的质疑，可由问题区域内拥有向司法委员会上诉权的登记民主党在平权法案推广委员会上提出讨论。

第八条 一般条款

第一款 道德准则

州委员会应通过并公布关于政党官员的道德行为准则，以及民主党所有候选人的公平竞选行为准则。

第二款 公开性

各级党委会的所有会议，除了研讨会和起草会议，均必须对公众开放，除非执行会议经 2/3 投票表决反对这样做，并且不能进行秘密投票。但是，地方会议允许秘密投票。

第三款 代理投票行为

州代表大会、州各个级别党的委员会及其子委员会、州司法委员会上均不允许代理投票。

第九条 章程的修正

第一款 主要规定

本章程在民主党州任意代表大会多数投票表决情况下都可进行修正。

第二款 州委员会投票修正

本章程的实施细则应经州委员会多数投票通过，并且程序必须与州代表大会保持一致。实施细则经州委员会多数投票可进行修正，书面通知必须在就修正投票前至少 30 天送达所有委员会成员。

第三款 地方委员会实施细则

党的地方委员会和允许用"民主党"名称的政治组织，必须根据本章程并且在州委员会主席的批准下通过相关实施细则。州委员会应保存所有现有的地方委员会细则副本。

第四款　政党活动准则

未尽事宜，按照《罗伯特议事规则》（新修订版）来组织规范所有民主党会议。

本章程于2006年民主党州代表大会上通过。

（本章根据2006年马萨诸塞州民主党代表大会通过的《美国马萨诸塞州民主党章程》(*The Charter of the Massachusetts Democratic Party*) 翻译）

（国家气象信息中心　于凯　译）

马萨诸塞州民主党委员会章程

下述名词中使用的术语将适用于本章程：

就近的会议（Accessible）指的是确保活动的开放性，同时为所有人包括残疾人党员提供地址、方便和公共标识等设施。

专题会议（Agenda）指的是设定主题的大纲，是可供党组织讨论和实施的会议、计划和规则等等。

地方会议（Caucus）指的是在镇、选区、市或州注册的党员举行的集会。

宪章（Charter）指的是马萨诸塞州民主党的"宪法"，在最近的州代表大会上修订过的。

地方代表大会（Conference）指的是由镇、选区、市委员会或州委员会举行的集会。

州代表大会（Convention）指的是根据宪章由州委员会举行的全州范围的民主党集会。

残疾人党员（Disability/Handicapped）考虑到残疾人党员个人在身体或心理上有缺陷，这将限制其参与某项或多项活动的能力，持有相关证件可作为残障的证明。

中低收入的党员（Low and Moderate Income）参考民主党全国委员会的定义。

会议（Meeting）指的是民主党的成员或准成员举行的所有级别的集会。

少数民族党员（Minorities）指的是根据美国平等就业机会委员会（Equal Employment Opportunity Commission）界定的黑人、西班牙裔人和亚裔美国人。

资深党员（Senior Citizens）指的是65岁以上的党员。

青年党员（Youth）指的是18到35岁的党员。

第一条 名称

本组织的名称是马萨诸塞州民主党委员会或州委员会或马萨诸塞州民主党，同时在主席、执行委员会以及全国委员会的建议下，可以指定其他名称进行组织活动。但指定名称应该遵守法律规范，如命名为"DBA"以符合邮政许可标准。

第二条

第一节 成员

民主党州委员会成员应该是在马萨诸塞州注册为民主党的成员，包括：

a. 每个州参议员选区可以推选出2名男性和2名女性代表；

b. 马萨诸塞州选出的民主党全国委员会的成员；

c. 马萨诸塞州的民主党宪政官员（constitutional officers），美利坚合众国国会的马萨诸塞州民主党成员，以及马萨诸塞州参议院和众议院中的高级民主党成员；

d. 4名男性和4名女性组成的青年党员，年龄不能超过36周岁，同时（如果可能的话）其中2名男性和2名女性应是马萨诸塞州大学民主党（College Democrats）的成员；这些成员应该由民主党州委员会选举产生。学生成员的任期为2年；

e. 平权法案（Affirmative Action）的成员，不得超过除平权法案成员之外州委员会全部成员的10%，同时保持男性和女性的均等。根据传统，他们代表了被认定为代表人数不足的目标群体，根据本宪章相关规定，州委员会可判定目标群体的人数或比例是否不足；

 f. 2 名退伍军人，1 名男性，1 名女性；

 g. 10 名工会成员的代表，5 名男性，5 名女性；

 h. 5 名男性以及 5 名女性同性恋民主党代表；

 i. 2 名残疾人代表（男女各一）；

 j. 2 名法语成员（男女各一）；

 k. 2 名葡萄牙语成员（男女各一）；

 l. 2 名资深党员（男女各一）；

党主席应该按照 e-g 条款的规定，公布成员资格的相关要求。州委员会成员的选举应该由州委员会的出席代表提名，同时根据多数原则投票产生。上述成员的选举应该在总统大选之后的第一次州委员会会议中执行，任期为 4 年，但限定于该委员会的任期之内。

 m. 任期 20 或超过 20 年的前任或现任州委员会的成员；根据这一条款，如州委员会委员任期超过 20 年的，无论是选举还是任命的都应该离任。州委员会成员空缺的应根据第 8 条规则选出；

 n. 州委员会的财务主管和副主管应该依据第四条款选举产生，同时之前未担任过州委员会委员；

 o. 州委员会委员的性别比例应该等于代表全州的男女性别比例。组织会议成员的选举应当反映当时的性别差别比例。成员的任期为 4 年，或者直到由选举产生出了继任者。否则不得填补该空缺；

 p. 州委员会前任主席；

 q. 马萨诸塞州青年民主党即"马萨诸塞州民主党未来"（Massachusetts Democratic Future）选举产生的 1 男 1 女青年党员，以及由马萨诸塞州大学民主党选举产生的 1 男 1 女党员，年龄都不得超过 36 周岁。这些成员需要尽可能获得当地区或镇委员会的成员或准成员资格。学生成员的任期为 2 年。

对于州委员的任何事务所有成员都有权利进行投票，即使拥有多个成员身份，也要遵守每人一票的原则。

第二节 州参议员选区委员会成员的选举

州参议员选区共有160个州民主党委员会成员的席位。州委员会由男女各80名代表组成，这些代表由各自参议员选区的地方代表大会选举产生。地方代表大会代笔由各个参议院选择的选区、镇委员会选举产生，在区或镇注册的民主党员代表本区或镇参加地方代表大会，名额参照上届州代表大会中给该区或镇的分配情况，他们将代表各自地方代表大会的委员会。（为此，委员会成员包括准成员的选举必须在本年度12月31日之前完成）在地方代表大会中，每个代表拥有一票。如果在上届州代表大会中，该区或镇的代表数目为奇数，那么在地方代表大会中应该补足为整数。

（比如说，如果在上届州代表大会中该区或镇的代表为7人，那么在地方代表大会它的名额应补足为4人。）

代表的任期于当选之日开始，于地方代表大会选出继任者之日结束。如果某一空缺只有1位候选人参选，主席可以根据自己的立场进行判断。

选举的确认程序以及地方代表大会80名代表的选举应遵守本宪章第三条第三节之规定。

州委员会的所有代表具有完全的和平等的选举权。

第三节 州委员会成员的免职

州委员会的成员和官员应承诺恪尽职守，同时也能够体面地辞职。除"当然委员"（ex-officio member）之外，应根据第二条第一节的c条款的规定，通过合理的通知（adequate notice）和法定诉讼程序，以及在州委员会的公告会（noticed meeting）进行投票，超过出席代表人数2/3票，可对其进行免职或责罚：

a. 根据本宪章第三条的规定，未能履行自己的职务和责任的；

b. 代表的出席记录以年度为单位进行公示，未能出席定期委员会会议半数以上的；

c. 对于已经被州和全国民主党代表大会提名为党的候选人的竞选对手，进行公开支持或财政捐款的，如果某一成员持有长期的和坚定的信念支持某一候选人，那么可不受本条款约束；

d. 未经授权使用党的名称和资源；

e. 经过听证被认定该成员犯有严重刑事罪行的，但允许其在辞职前参加听证会。如果地方委员会拒绝进行听证，可以向州司法委员会申诉。申诉时间为30天。在司法委员会做出最终裁决之前，不得补缺。定罪指的是有犯罪行为经上诉结束后并被定罪，而非轻罪指控。在民主党委员会成员的免职听证和通告之前，该成员有向州委员会主席提出辞职的机会。

根据本条款对于州委员会成员的免职规定，该成员将有30天的时间向司法委员会申请上诉，在司法委员会做出最终决定之前不得补缺。如果州委员会拒绝接受对该成员的指控或免职处罚，那么可向司法委员会上诉。

只有直接向州委员会主席提交书面投诉后，才可以发起免职程序。涉及某一成员的任何书面投诉都应该包括关于对该成员进行免职原因的准确陈述。主席应该立即把该书面投诉提交给党的法律顾问，并由该顾问初步决定该投诉是否是不严肃的，如果情况并非如此那么就应该提交到规则委员会（Rules Committee）。规则委员会应该尽快召开会议并确定免职的程序，应包括合理的通知（adequate notice）和法定诉讼程序等内容，据此可以对提交的投诉进行投票表决。

这一规定考虑到法律顾问是规则委员会的当然委员时，同时必须同意已制定的规制的情况；然而，如果已制定的规则包含合理的通知和法定诉讼程序，那么法律顾问应该同意执行。除非患病或其他合适以及充分的理由，法律顾问不得进行委派或代表，必须亲自参加免职诉讼的会议。

书面诉讼也可以要求免职以外的处罚。不论书面诉讼是否有其他处罚建议，都可以提起除免职以外的诉讼要求。可供选择的处罚方式包括剥夺州委员会当然委员的资格包括州代表大会的出席权，或者剥夺州委员会会议的表决权。

在正式通过免职程序细则之后的一定时期内，经由规则委员会推荐州委员会应该免职程序细则，以便进行免职。在州委员会采纳该细则之前不得进行此类免职处罚。

第三条 州委员会和州委员会成员的角色和职责

第一节 州委员会

民主党州委员会负责党的日常事务，受党的宪章的约束，在州代表大会休会期间，遵守本条款以及州代表大会的决议和指示。具体规定如下：

a. 为镇、选区和市委员会提供保持定期沟通、培训、信息和其他服务；

b. 协调和执行党在本州的竞选活动；

c. 填补国会和州议员代表的空缺；

d. 制定和宣传党的政策；

e. 保障和支付州委员会的日常开销，同时

f. 出版发行必须遵守民主党全国委员会的指导方针以及国家代表的选举计划。州委员会要公开支持党的提名候选人，同时不得公开支持任何竞争对手。州委员会应有办共场所和档案记录，同时镇、选区委员会的章程材料应接受公众监督。如果民主党的候选人公开支持其他民主党候选人的竞争对手，那么他不得使用党的资源。

第二节 成员

州委员会成员的义务包括：

a. 积极参与州委员会的活动，包括参加各种会议；

b. 保障镇、选区委员会的日常交流和咨询活动，同时使其详细了解第一节关于党的事务之条款；

c. 公开支持党的候选人。

第四条 官员

a. 州委员会将从所有成员中选举出 1 名主席，2 名副主席（男女各一），1 名财务主管，2 名财务副主管（男女各一），1 名秘书以及其他官员。除非州委员会的多数代表出席，并投票表决废除这一条款。

州委员会成员的选举应该在总统预选的第 30 日开始，并在 10 日之内完成，目的是选出秘书、财务主管以及其他官员而不是主席，原因是他们可以影响选举的工作；然而，如果在 11 月大选之后 10 日内选出了总统，那么他们就应该确定和选出主席的人选。若无其他一般或具体法律条款的不同规定，那么主席应该完成他的任期直到选出继任者为止；然而，假如州委员会要求主席作为其一个成员，或者选举出的主席不再是其成员，那么委员会应该选出一个临时性主席，直到 11 月大选后选出主席为止。州委员会可以在任何适当时机给予主席成员资格。

州委员会秘书应该在市、镇委员会的常设性组织成立之后 10 日内，整理相关材料文件，包括州委员会成员和官员的名单，同时等级补充进来的成员名单；

b. 在州委员会同意的前提下，主席可以任命一个法律顾问和一个副法律顾问；

c. 官员应该坚守工作岗位，直到新一届州委员会根据 b 条款选出继任者，或根据本宪章第 2 条规定出现岗位空缺。

第五条　官员的职责

a. 主席

（i）主席是州委员会的首席执行官，他可以主持会议，并指导和协调组织活动。经州委员会同意主席可以任命州民主党的执行总裁。根据本宪章和细则，主席可以提名附属委员会的候选人，经全国委员会同意可以创建专门的附属委员会并任命其成员。主席是"当然委员"，也是所有附属委员会的投票成员。

（ii）主席是唯一授权的州委员会债务责任人，但主席的薪金必须每年由州委员会确定；然而，在每次会议的财务报告中必须说明此类债务问题。

b. 副主席

在主席临时缺席或无法履行其职责时，可以指派一名副主席代表行使主席的权力和职责，直到全国委员会授予其其他职责，或主席能够行使其职责时为止。

c. 秘书

（i）秘书应该做好州委员会的会议记录，以便于发出会议通知以及履行相关的职责。

秘书应该严格遵守管理规章（Standing Rule）97-2。秘书可以向办事员或助理人员委托相关行政事务。

（ii）如果秘书因病或其他原因不能正常工作，主席可以指定其他人暂时代理秘书的工作，直到其返回工作岗位。

d. 财务主管

（i）财务主管应该保证并对属于民主党州委员会的财务监管事务负责。财务主管应该以州委员会的名义在银行开户并使用签名卡，管理相关的款项和支票。

（ii）在每次会议上财务主管都应该宣读财务报告，并把副本提交给每一个委员。

（iii）财务主管应该监管相关支出经费并保证用于合理的用途。所有经费都应该受到监督。根据州和联邦选举法，财务主管也应该对政治性捐款和支出进行管理和报告。

（iv）主席每年度可以选出一名注册会计师，对财务主管的账户进行审查，并在州委员会的下次会议上总结报告。

（v）在继任者上任15日内，财务主管应向州委员会交付所有款项和财务。同时，由主席选出的注册会计师应该对该账户进行审查报告，并把副本提交给每一个委员。

（vi）如果财务主管因病或其他原因不能正常工作，那么主席应该委派一人代理他的工作，直到其返回工作岗位。

（vii）财务主管暂时把所有或部分职责委托给副财务主管，副财务主管不必是州委员会的成员，前提是不得违背本宪章第四条的规定。

e. 官员的免职

(i) 如果州委员的官员未能履行其职责，在州委员出席成员超过2/3代表投票表决通过，同时通过合理的通知和法定诉讼程序，可以予以免职。

第六条 州委员会的会议

a. 在州委员会主席的召集下，州委员会每年应该至少举行四次会议，每季度应该至少举行一次会议，州委员会全体代表大会应该以区域为基础定期地举行。

b. 特别会议（Special Meetings）：只有不少于25名州委员会成员提出会议的书面资格申请时，主席或秘书才能召集特别会议。会议书面申请主要应包括特别会议的会议议程，以及身份标识（姓名、电话和地址）以方便联系。在执行委员会的建议和同意下，主席可以增加特别会议议程的项目。在州委员会收到任何取消资格的请求书5个工作日内，主席或秘书应该电话和书面通知联系人，假如没有联系人被确定为取消资格，那么应该通告签署请求书的人。如果没有任何取消资格的通知，那么该请求书将被认为是获得合格的请求书。

特别会议的召开不得早于收到资格申请之后30天也不得晚于45天。在收到资格申请之后5个工作日内，州委员会应该通过邮件通知所有成员。在未得到执行委员会同意的情况下，在大选之前60日之内不得召开特别会议。通知内容应包括会议议程、资格申请的签名成员以及附加的其他会议议程。

c. 任何会议的反对票应该采取无记名投票方式。如果有1/4以上的成员出席并提出要求，那么也可以采取唱名投票的方式，同时由秘书做相关记录。

d. 州委员会的法定人数应该由60人组成。

第七条 执行委员会

州委员会应设立一个执行委员会，成员应包括所有附属委员会主席、州委员会的所有官员、马萨诸塞州的民主党全国委员会的成员，以及由主席选出的其他人选。执行委员会至少每3个月召开一次会议。

第八条 职位空缺

a. 职位空缺包括州委员会的工作职位，也包括马萨诸塞州的民主党国家委员的工作职位，在这些在职者出现下述情况时：

（i）死亡或长期不能正常参加工作；

（ii）州委员会接受到个人书面形式的辞职报告。该辞职报告不需求正式接受，除非发生下列情况：

（iii）不再是马萨诸塞州的居民；

（iv）不再是登记的民主党选民；或者

（v）废除了（iv）条款的规定。除死亡、辞职或免职之外，职位空缺必须由出席代表经过多数投票表决并公开宣布。

b. 在接到官员或马萨诸塞州的民主党全国委员会成员的职位空缺公告后，主席应该立即通知执行委员会的所有成员，并尽快召开法案委员会（Rules Committee）会议，在州委员会会议上提交补缺的选举规则。在执行委员会的建议和同意下，主席可以对提交的选举规则进行推荐。

c. 无论何种原因，州委员会或者马萨诸塞州的民主党全国委员会成员的职位空缺都应该，（1）在一个月之内由州委员会召开会议并补缺；（2）在两个月之内在州委员会上正式宣布补缺的通告。州委员会应该采取多数票的投票规则，主席应该立即以书面形式通告州委员会的所有成员，包括补缺的方式以及采用的投票规则。

d. 在第二条第一节从e到l条款中成员的任何职位空缺，应该在职位空缺公开通告之后才能够补缺。在公开通告到补缺通告之间至少间隔30日。

e. 当选代表的职位补缺只需要遵守本宪章第三条第三款的规定。

f. 尽管在州委员会会议正式宣布职位空缺之日到辞职还有一个生效期，但在本次会议上应该着手制定补缺的细则；然而，除非州委员会经过投票同意在生效期内接受辞呈，并在之后会上正式宣布职位空缺的通告。

g. 在主席职位出现空缺的情况下，资历较深的副主席应该承担主席的所有职责；然而，如果主席职位空缺是由辞职造成的，那么从辞职到职位空缺的正式通告之间会有一个生效期，在这种情况下，如果在生效期内州委员会经过投票同意接受该辞呈，那么在此期间主席仍然承担相应的职责。

第九条 附属委员会

州委员会下设以下附属委员会：平权法案扩大委员会（Affirmative Action Outreach）、章程委员会、竞选服务委员会、宪章修正委员会、选址委员会（Site Selection）、现场服务委员会（Field Services）、肯尼迪奖学金委员会（JFK Scholarship）、职工委员会、公共政策委员会、资源开发委员会、规则委员会、青年服务委员会以及劳工扩大委员会（Labor Outreach）等。在奇数年的第一次会议中，主席可以任命附属委员会的主席和成员，任期为2年，或者直到选出合格的继任者，条件是在尊重州委员会所有成员的选择前提下，最大限度地给予其到附属委员会任职的机会。

附属委员会不应局限于州委员会的成员，在执行委员会以及州委员会其他成员的建议下，主席应尽可能任命选区和镇委员会的成员，民主党官员以及民主党的其他成员，条件是在任何附属委员会中，非州委员会的成员不得超过25%，同时所有成员都有平等表决权。

附属委员会的主席应该接受其他附属委员会的会议通知。

第十条 州代表大会

根据本宪章，在必要时主席可以委派一个纲领或政治议程委员会以及该委员会的主席。

第十一条 民主党全国委员会成员

第一节 职责

马萨诸塞州的民主党全国委员会成员的职责：

a. 参加民主党全国委员会的会议；

b. 参加州委员会的会议；

c. 参加州委员会执行委员会的会议；

d. 参加至少一个附属委员会或民主党全国委员会常务委员会的会议，同时至少是某一个附属委员会的成员；

e. 参与其他州委员会活动后的信息传达，包括但不局限于州层面党的建设活动；

f. 加强州委员会与民主党全国委员会之间的联系；

g. 在每年1月15日，民主党全国委员会成员都应该向州委员会提交一份书面报告，内容包括上一年度参与民主党全国委员会的活动，即投票、参会记录以及其他活动，同时列出本年度参与民主党全国委员会的计划；同时

h. 在每年1月30日，民主党全国委员会成员应向州委员会提交一份由每个成员签名的联合报告，对上一年度民主党国家委员的活动和实质性问题进行总结，并对下一年度的计划和活动进行规划。

第二节 成员资格

根据全国宪章第三条规定，马萨诸塞州的民主党全国委员会成员将包括：

a. 州委员会的现任主席和现任副主席；

b. 在民主党国家代表大会之前，州委员会召开会议并由出席代表通过多数票选举出来的登记的民主党选民，除了根据国家宪章第三条之规定之外，马萨诸塞州的民主党全国委员会成员应按照性别平等原则，或增加或减少成员资格。由b条款选出成员的任期适用于民主党全国委员会的相关规则。

第三节 民主党全国委员会成员的免职

马萨诸塞州的民主党全国委员会成员应承诺恪尽职守，要对州委员会负责，同时作为州委员会的代表也要对民主党全国委员会负责。根据本章

程第二条第三节之规定，马萨诸塞州的民主党全国委员会成员未能履行其职责，通过合理的通知和法定诉讼程序，以及在州委员会的公告会进行投票，超过出席代表人数 2/3 票，可以对其免职。

第十二条　镇或区委员会

a. 镇、选区以及其他民主党委员会制定的章程以及程序规则，必须符合民主党国家法制、宪章以及本章程的规定。缺少此类章程以及程序规则时，镇、选区以及其他民主党委员会可使用经由章程委员会和现场服务委员会协商推荐、同时也被州委员会采纳的章程范本。

b. 镇、选区和市委员会可以征收会费，会费数额经由委员会代表经过 2/3 投票通过来决定，在选举或参与委员会事务方面，不应对当选代表、平权委员会以及州委员会的准成员收取会费。

第十三条　"民主党"一词的使用

根据一般法（General Laws）第五十六章第四十条之规定，共和国内任何组织申请使用"民主党"这一名称或称号，在执行委员会的建议下主席可以提议，但必须审查该组织提交的组织章程，以确定该组织未赞助民主党初选候选人的竞争对手。主席必须向州委员会全体代表大会汇报，并通过投票决定是否同意授予、撤销或拒绝此类申请。根据第二条第三节 c 条款之规定，就足以决定是否同意授予、撤销或拒绝使用"民主党"的名称，以及是否禁止相关组织继续使用该名称。

第十四条　议事规范

州委员会会议应该遵守《罗伯特议事规则》（新修订版），本宪章有另行规定的除外。

第十五条　修正

如果无明确的修订，本章程将一直有效，在修订时应遵守下列程序：

a. 提议的修正案必须是书面形式且附有签名。该提案必须在会议上提交给主席，并由主席宣读给全体出席的代表，同时提交给章程委员会。

b. 在下一次州委员会会议之前，章程委员会应该召开会议讨论该提案，并给出书面报告。在对该提案进行表决至少前30日，该提案以及章程委员会的书面报告的复印件应送达州委员会的所有代表。

c. 如果出席代表经过多数票表决通过了该提案，那么提议的修正案就可以生效。

管理规章

96—1　以较高者为准，附属委员会的法定人数至少有5人或15%的成员中，至少有一半必须是民主党州委员会的成员。

96—2　州委员会出席代表超过2/3投票同意授权，或任何附属委员会需要时，都可以使用邮件或电子设备的应急投票方式。

96—3　财政年度自1月1日起止于12月31日。

96—4　州委员会下一财政年度的预算通过会议应该在9月或10月召开。该预算决定了相关财务支出。任何超出预算或预算外支出，都需要州委员会的批准或者执行委员会超过2/3代表投票通过。

97—1　州委员会会议的召开时间是下午7:00。

98—1　政策列表

定义：

合理费用（Reasonable Cost）：竞选服务委员会的"合理费用"就是州民主党工作人员制作的电子磁盘或图像复印格式产品的实际费用。

登记中心（Central Registry）：竞选服务委员会的"登记中心"就是对市或镇选区的已登记投票名单进行汇总，并提交给州委员会秘书。

1. 对于所有民主党候选人，登记中心在投票名单制作上应支出合理费用。

2. 投票名单内容还应该附带补充材料，如电话号码和准确识别支援系统（C. A. S. S.）目录。投票名单和国家地址变革数据库（National Change of Address Data）可以卖给民主党初选中所有合格的候选人，同时也可以卖给全州的民主党候选人，条件是该候选人需要提出书面申请，并通过民主党州委员会竞选服务委员会的认证。

3. 投票名单内容，包括补充材料电话号码和准确识别支援系统目录，以及国家地址变革数据库和选民档案（Voter History）都可以以合理费用卖给民主党的候选人。

4. 投票名单内容，包括补充材料电话号码和准确识别支援系统目录，以及国家地址变革数据库和选民档案（Voter History）都可以以合理费用卖给预选中有竞争对手的候选人，条件是竞争对手都同意每个人都应该共享这些信息。

5. 在初选中无竞争对手的候选人可以以合理费用向州民主党购买投票名单和选民档案。

6. 协助编撰选民档案的区、镇或市的任何现任委员，都可以以合理费用获得投票名单内容，包括补充材料电话号码和准确识别支援系统目录，以及国家地址变革数据库和选民档案。

7. 所有以无党派身份参加选举的民主党候选人可以以合理费用获得投票名单内容，包括补充材料电话号码和准确识别支援系统目录，以及国家地址变革数据库和选民档案。

8. 区和镇委员会可以向州民主党购买电话号码和准确识别支援系统目录，以及国家地址变革数据库。

9. 州委员会应该成立一个联合筹款组织，或者至少以生计工资（Living Wage）雇佣公司承担该工作。

99—1 会议的议事日程

a. 点名；

b. 会议前的陈述阶段，应该详细介绍所有的决议案、章程修正案、任命、投票以及其他相关事务；

c. 财务主管进行报告；

d. 其他相关或附属委员会进行报告；

e. 宣读会议信息；

f. 未完成事务；

g. 新的事务；

h. 讨论时间；

i. 休会；

出席代表经过多数票表决可以废除会议议程。

99—2 州参议院选区中州委员会席位的补缺办法

1. 在州参议员选区出现一个或多个席位空缺，并有一人以上的候选人补缺时，根据法律规定，马萨诸塞州民主党委员会应该召开地方代表大会。

2. 每次地方代表大会应该由属于州参议员选区内的民主党区或镇委员会成员或准成员组成，详见第十一条之规定。

3. 在州参议员选区召开地方代表大会时，民主党州委员会主席可以任命一位协调员（Coordinator），协调员负责为大会选择会场，以及在与所有候选人沟通之后的后勤安排事务。根据第九条的规定，协调员也应该负责通知相关区或镇委员会主席。

4. 至少在地方代表大会召开前 10 日，区或镇委员会主席应该补缺候选名单递交给协调员和州委员会，提交形式和方式需要得到规则委员会主席的同意，根据第十条之规定，应该注明区或镇委员会的所有参选代表的住址。只有经过区或镇委员会主席认证后，才具有参选资格。如果缺少此类认证材料，那么在地方代表大会前 3 天，亦可由任何住址与其同属一个选区的地方委员会或州委员会的代表或官员提供证明材料，条件是该证明人不是候选人。如果协调员或州委员会代表没有收到相关认证材料，那么镇或区的参选人不得参加地方代表大会，除非能够向州办公室秘书或州委员会提交此正式成员的材料，否则区或镇委员会不得推选该候选人。

5. 在不是候选人的前提下，州委员会成员可以在他们选区的地方代表大会中担任总计票员（Head Tellers）的工作。总计票员的职责是收集所有选票并进行汇总，宣布每次选举的结果，保证所有出席代表的正当投票行为以及经过授权为州委员会成员在地方代表大会上参选提供认证。

6. 协调员负责地方代表大会事务，保证会议在公共场所举行（日期和时间已确定），会议地点必须考虑到残疾人参会的便利，同时不得禁止任何民主党成员参加。

7. 州委员会主席的职责包括通过委员会工作人员，在参选意向书申报期限的前 30 日至前 9 日期间，通知所有符合参选要求的民主党代表。该通知包括在地方报纸上刊登通告，至于其他媒体通知则视情况而定。同时，工作人员应该通过邮件通知地方委员会主席。

8. 在地方党代表大会召开前两个星期，协调员应该书面通知民主党州委员会所有成员会议召开的地点。州委员会应该把该通知转发给相关选区和镇委员会主席以及相关地区的民主党州委员会成员手中，对所有会议地点进行列表以便公众监督，同时把该列表上传至 MassDems 网页。

9. 只有在相关选区和镇登记的民主党成员，并且根据第 10 条款选举的出席代表，才可以在地方代表大会投票表决所有相关决策。在会议开始 15 分钟之前，出席代表登记（包括会场内外）应对所有出席代表保持开放。在会议召开 15 分钟之后，出席代表的注册登记结束。直到所有出席代表的注册登记结束后，才能分发选票。只有出席代表才能进行投票。协调员应该在规定时间宣布会议开始。会议议程有以下 5 项：（a）讨论会议的目标；（b）讨论州委员及其成员的角色和责任；（c）根据党的宪章所示分析平权法案扩大委员会的相关事务；（d）对州参议院选区地方代表大会的职位空缺填补办法进行讨论；（e）通过书面投票的方式，提名和选举州委员会成员。在地方代表大会张贴的通告表中，应该包括选区和镇委员会成员或准成员的名单，以及选区的信息和会议代表们的名单。

10. 选区和镇委员会的成员，应该从居住在该区或镇的已登记民主党成员中选出，公告会召开之前（会议时间已定），出席成员代表了本区或镇委员会参加地方代表大会，数目等同于该区或镇参加上一届州代表大会分配的席位。地方代表大会的出席代表必须符合男女相等原则，以及一人一票的原则。任何区或镇都不得划分为两个或更多的州参议员选区以选出更多的出席代表，即多于州参议员选区中该镇或区代表的比例。也就是说，这一比例由每个选区中登记的民主党数目决定的。

11. "州参议院选区中州委员会席位的补缺办法"应该在所有地方代表大会上张贴，并分发给投票选举的州委员会成员。在地方代表大会上，应张贴选区和镇委员会成员和准成员的名单，以及该选区的信息和参会代表的名单。

12. 地方代表大会是民主党的党内会议，非民主党人士、未能有效登记的代表以及媒体代表不得参会。

13. 不得以没有付费或缴费为由，拒绝人们参与委员会成员的选举过程，同时捐赠应当征求意见。

14. 州参议员选区的地方代表大会，至少有10%的法定人数是由经过认证的参会代表组成的。

15. 任何代表不得在超过一个州参议员选区的地方代表大会上进行投票。如果一个镇或区被划分为两个州参议员选区，那么该区或镇委员会成员应该在他们住所所属选区进行选举。

16. 在民主党相关活动中，严格禁止基于种族、性别、年龄、肤色、信仰、国籍、宗教、族群认同、性取向、哲学主张或经济地位的歧视。

17. 根据党的宪章，平权法案扩大委员会应该优先考虑每次州参议员选区地方代表大会的组织单位问题。最低标准是，应该公布每次大会召开的时间并保证提供会议场所和座位，同时尽量为残疾代表提供便利。

18. 参加州委员会成员竞选的候选人，必须是已登记的民主党人，登记注册时期不得晚于地方代表大会召开前90天，同时必须是居住在相关的州参议员选区。候选人必须填写竞选州委员会成员的申请，该申请于地方代表大会召开前5周由州委员会寄出，邮戳标识为：56 Roland St., Suite

203, Boston, MA 02129, (617) 472-0637 by 5:00 pm。候选人必须由地方代表大会的两位出席代表提名并签字，该签字材料需要提交给大会协调员。只有在填写竞选申请后，并且在前两次每两年一次的选举中没有公开支持或赞助民主党候选人的任何竞选对手时才可以被提名。

19. 每个州委员会成员可以居住在该参议员选区的任何镇或区。

20. 可以进行任命，但不得有任何偏好。

21. 禁止使用单位投票制。

22. 在投票前应张贴所有候选人的名单。

23. 候选人经过有资格投票的出席代表 2/3 选票通过选出。该投票过程应该在大会发言前结束。

24. 每个候选人可以有 2 分钟的发言，允许分发个人材料。经由有资格投票的出席代表 2/3 选票通过，可以修改发言时间。（即，有争议的话可以延长）

25. 投票期间禁止发言。

26. 必须采用书面和记名投票的方式。

27. 出席代表每轮投票选举不得超过一个候选人。

28. 州参议员选区地方代表大会选举应采用出席代表的多数票制，在多轮投票中也应采用多数票制，直到选出候选人。在第二轮投票中，得票最少的候选人应被淘汰。

29. 总计票员应该填写并在州委员会成员选举的证明材料上签名，并附上每次投票表决的名单、选票以及注册登记表。

30. 协调员也必须在州委员会成员选举的证明材料上签名，同时也必须每次投票表决的名单、选票以及注册登记表提交给民主党州委员会。（不得晚于地方代表大会结束后 3 天）

31. 民主党州委员会主席应该任命一个代表资格审查委员会（Special Credential Committee），该委员会负责听证并就州委员会选举的问题提出建议。

32. 关于地方代表大会上州委员会成员选举的问题，地方代表大会应就州参议员选区内已注册的民主党成员居住情况邮寄给代表资格审查委员会备案（会议结束后 7 日内），以邮戳日期为准。这些材料可通过民主党委员会获得，地址为：56 Roland St., Suite 203, Boston, MA 02129, (617)776-2676.

33. 任何地方委员会或州参议员选区地方代表大会不得废除、修改或否决上述条款，有另行规定的除外。

99—3 民主党马萨诸塞州委员会成员的免职规定

1. 免职标准：根据马萨诸塞州民主党宪章（可修订）第 7 条之规定，如果违背相关规定，经由州委员会 2/3 投票通过任何成员都可以被免职。具体事由如下：

　　a. 除有 20 年资历的当然委员外，在一个年度内不参加州委员会日常会议一半以上的可被免职。

　　b. 民主党候选人在最近的州和全国代表大会上公开拥护民主党的主要纲领，如果州委员会成员公开支持或金钱资助该候选人的竞选对手，可以被免职。如果某一成员持有长期的和坚定的信念支持某一候选人，则可不受本条款约束；

　　c. 未经授权使用党的名称或资源的；

　　d. 有犯罪行为经上诉结束后并被定罪，而非轻罪指控。

2. 投诉：任何注册的民族党员都可以向州委员会主席进行投诉，根据第一条的免职规定投诉有关成员。

3. 听证和通告：规则委员会应该召开一次听证会，并向州委员会的全体成员通告投诉和有关的证据。在民主党委员会成员的免职听证和通告之前，该成员有向州委员会主席提出辞职的机会。

4. 证据：规则委员会和州委员会可以把下述记录作为证据

　　a. 参加州民主党会议经确认的参会记录副本，可作为缺席的证据，除非该成员宣誓参加过记录中的会议，但未能成功登记；

　　b. 公共支持民主党候选人的竞选对手；

　　c. 使用党的名称或资源；

d. 确认：投诉人或其指定的代理人指控某一成员违反了第一条 b、c 或 d 条款之规定，必须向规则委员会和州委员会提供充分的证据。投诉人或其代理人提供的证据可包括：报刊文章、照片、政党捐助人的宣誓书副本以及法庭发件等。

5. 事实审查和建议：规则委员会应该独立地评估投诉事实的可信性，并及时向州委员会全体会议提交审议意见。

6. 州委员会的审议意见：规则委员会应该就投诉问题向州委员会全体会议给出审议意见，根据本宪章州委员会全体会议经由出席代表 2/3 投票表决可全权决定该成员是否被免职。规则委员会应该向州委员会提交审议报告，同时该成员或其代理人应该有答复的机会。

7. 辩论：投诉人和被投诉成员各有半个小时的辩论时间；双方发言的逻辑顺序由各自掌握。

8. 投票：州委员会成员的选举应采用书面和记名投票的方式。

9. 上诉：根据本条款对于州委员会成员的免职规定，该成员将有 30 天的时间向司法委员会申请上诉，在司法委员会做出最终决定之前不得补缺。

99—4 州参议员选区地方代表大会选举任期 4 年的民主党州委员会成员的办法

1. 根据相关法律规定，在超过 1 个候选人申请一个成员席位时，为了从每个州参议员选区选出 1 名男性和 1 名女性州委员会成员，马萨诸塞州民主党州委员会应该在每个选区召开地方代表大会。

2. 地方代表大会应该由居住在该州参议员选区的民主党区和镇委员会的成员和准成员组成，详细规定参考第十条。

3. 民主党州委员会主席应该在每个州参议员选区任命一位协调员，该协调员负责为地方代表大会选择会场，以及在与所有候选人沟通之后的后勤安排事务。根据第九条的规定，协调员也应该负责通知相关区或镇委员会主席。

4. 至少在地方代表大会召开前 10 日，区或镇委员会主席应该补缺候选名单递交给协调员和州委员会，提交形式和方式需要得到规则委员会主席的同意，根据第十条之规定，应该注明区或镇委员会的所有参选代表的住址。只有经过区或镇委员会主席认证后，才具有参选资格。如果缺少此类认证材料，那么在地方代表大会前3天，亦可由任何住址与其同属一个选区的地方委员会或者州委员会的代表或官员提供证明材料，条件是该证明人不是候选人。如果协调员或州委员会代表没有收到相关认证材料，那么镇或区的参选人不得参加地方代表大会，除非能够向州办公室秘书或州委员会提交此正式成员的材料，否则区或镇委员会不得推选该候选人。

5. 在不是候选人的前提下，州委员会成员可以在他们选区的地方代表大会中担任总计票员的工作。总计票员的职责是收集所有选票并进行汇总，宣布每次选举的结果，保证所有出席代表的正当投票行为以及经过授权，为州委员会成员在地方代表大会上参选提供认证。

6. 协调员负责地方代表大会事务，保证在公共场所召开会议（日期待定），会议开始时间为下午2点，会议地点必须考虑到残疾人参会的便利，同时不得禁止任何民主党成员参加。

7. 州委员会主席的职责包括通过委员会工作人员，在参选意向书申报期限的前30日至前9日期间，通知所有符合参选要求的民主党代表。该通知包括在地方报纸上刊登通告，至于其他媒体通知则视情况而定。同时，工作人员应该通过邮件通知地方委员会主席。

8. 在地方党代表大会（日期待定）召开前，协调员应该书面通知民主党州委员会所有成员会议召开的地点。州委员会应该把该通知转发给相关选区和镇委员会主席以及相关地区的民主党州委员会成员手中，对所有会议地点进行列表以便公众监督，同时把该列表上传至 MassDems 网页。

9. 只有在相关选区和镇登记的民主党成员，并且根据第10条款选举的出席代表，才可以在地方代表大会投票表决所有相关决策。在下午2∶15分前，出席代表登记（包括会场内外）应对所有出席代表保持开放。在2∶15分后，出席代表的注册登记结束。直到所有出席代表的注册登记结束后，才能分发选票。只有出席代表才能进行投票。协调员应该在2∶15分时宣布会议开始。会议议程有以下5项：（a）讨论会议的目标；（b）讨论州委员及其成员的角色和责任；（c）根据党的宪章所示分析平权法案扩大委员会的相关事务；（d）对州参议院选区地方代表大会的职位空缺填补办法进行讨论；（e）通过书面投票的方式，提名和选举州委员会成员。在地方代表大会张贴的通告表中，应该包括选区和镇委员会成员或准成员的名单，以及选区的信息和会议代表们的名单。

10. 选区和镇委员会的成员，应该从居住在该区或镇的已登记民主党成员中选出，公告会召开之前（会议时间已定），出席成员代表本区或镇委员会参加地方代表大会，数目等同于该区或镇参加上一届州代表大会分配的席位。地方代表大会的出席代表必须符合男女相等原则，以及一人一票的原则。任何区或镇都不得划分为两个或更多的州参议员选区以选出更多的出席代表，即多于州参议员选区中该镇或区代表的比例。也就是说，这一比例由每个选区中登记的民主党数目决定的。如果在州代表大会中某一区/镇的代表人数为奇数，那么在地方代表大会中该区/镇的代表人数应补足为整数。（也就是说，某一区/镇在州代表大会中的代表人数有7名，那么在地方代表大会中该区/镇的代表人数应该为4名）

11. "州参议院选区中州委员会席位的补缺办法"应该在所有地方代表大会上张贴，并分发给投票选举的州委员会成员。在地方代表大会上，应张贴选区和镇委员会成员和准成员的名单，以及该选区的信息和参会代表的名单。

12. 地方代表大会是民主党的党内会议，非民主党人士、未能有效登记的代表以及媒体代表不得参会。

13. 不得以没有付费或缴费为由，拒绝人们参与委员会成员的选举过程，同时捐赠应当征求意见。（如果不是在公共场所召开会议的话）

14. 州参议员选区的地方代表大会，至少有10%的法定人数是由经过认证的参会代表组成的。

15. 任何代表不得在超过一个州参议员选区的地方代表大会上进行投票。如果一个镇或区被划分为两个州参议员选区，那么该区或镇委员会成员应该在他们住所所属选区进行选举。

16. 在民主党相关活动中，严格禁止基于种族、性别、年龄、肤色、信仰、国籍、宗教、族群认同、性取向、哲学主张或经济地位的歧视。

17. 根据党的宪章，平权法案扩大委员会应该优先考虑每次州参议员选区地方代表大会的组织单位问题。最低标准是，应该公布每次大会召开的时间并保证提供会议场所和座位，同时尽量为残疾代表提供便利。

18. 参加州委员会成员竞选的候选人，必须是已登记的民主党员，同时必须是居住在相关的州参议员选区。候选人必须填写竞选州委员会成员的申请，该申请于地方代表大会召开前5周由州委员会寄出，邮戳标识为：56 Roland St., Suite 203, Boston, MA 02129, (617) 472-0637 by 5:00 pm。州委员会应该把每位区或镇委员会成员的参会记录提供给区或镇委员会，并把该记录登到网页上。另外，根据区或镇委员会成员的申请，可向其提供州委员会成员的投票记录。候选人必须由地方代表大会的两位出席代表提名并签字，该签字材料需要提交给大会协调员。只有在填写竞选申请后，并且在前两次每两年一次的选举中没有公开支持或赞助民主党候选人的任何竞选对手时才可以被提名。

19. 在每个州参议员选区，可以选出1名男性和1名女性州委员会成员。州委员会成员可以居住于属于该选区的任何镇或区。

20. 可以进行任命，但不得有任何偏好。

21. 禁止使用单位投票制。

22. 男性和女性候选人的提名和选举顺序应抽签决定。

23. 候选人经过有资格投票的出席代表2/3选票通过选出。在投票开始之前，必须张贴所有候选人的名单。

24. 在候选人发言之前，对于所有男性和女性候选人的提名程序结束。

25. 每个候选人可以有2分钟的发言，允许分发个人材料。经由有资格投票的出席代表2/3选票通过，可以修改发言时间。（也就是说，有争议的话可以延长）

26. 投票期间禁止发言，然而在对第一排代表的投票进行统计期间，第二排的代表可以发言。

27. 必须采用书面和记名投票的方式。

28. 在每轮选举中，出席代表的投票不得超过 1 个候选人。

29. 州参议员选区地方代表大会选举应采用出席代表的多数票制，在多轮投票中也应采用多数票制，直到选出候选人。在第二轮投票中，得票最少的候选人应被淘汰。

30. 总计票员应该填写并在州委员会成员选举的证明材料上签名，并附上每次投票表决的名单、选票以及注册登记表。

31. 协调员也必须在州委员会成员选举的证明材料上签名，同时也必须将每次投票表决的名单、选票以及注册登记表提交给民主党州委员会。（日期待定）

32. 民主党州委员会主席应该任命一个代表资格审查委员会（Special Credential Committee），该委员会负责听证并就州委员会选举的问题提出建议。

33. 关于地方代表大会上州委员会成员选举的问题，地方代表大会应就州参议员选区内已注册的民主党成员居住情况邮寄给代表资格审查委员会备案（日期待定），以邮戳日期为准。这些材料可通过民主党委员会获得，地址为：56 Roland St.，Suite 203，Boston，MA 02129，(617) 776-2676。

34. 任何地方委员会或州参议员选区地方代表大会不得废除、修改或否决上述条款，有另行规定的除外。

00-1　州委员会增补成员、民主党全国委员会成员以及民主党州委员会官员选举的规则

候选人：（1）州委员会的官员；（2）州委员会的增补成员；（3）民主党全国委员会成员，州委员会应该采用多数票表决的方式选举。候选人至少需要州委员会 2 名与会代表同意提名，民主党州委员会的会议地址为_____。

此外，在_____会议 3 个星期之前，所有候选人都应该提供由州委员会认定的候选资格的书面通知，同时也应该提供一份 1 页的候选人个

人陈述（多份复印件以便邮寄给州委员会的所有成员）。在个人陈述中应该说明本人是否是所属选区的镇或区委员会成员。按照州委员会执行总裁的指示，在4月份会议召开之前，州委员会应该把所有个人陈述邮寄给州委员会全体成员。

[本章根据马萨诸塞州民主党代表大会2006年通过的《马萨诸塞州民主党章程》（*The Charter of the Massachusetts Democratic Party*）翻译]

(华东政治大学政治学研究所　王金良　译)

马萨诸塞州民主党纲领

指导原则：马萨诸塞州民主党坚守公共利益。我们了解民主的力量来源于热心市民的参与支持。这也是我党是建立在"每个个体的努力将会对整个社区产生积极意义"原则基础上的原因。马萨诸塞州民主党人认为政府对个人及其社区都起着重要的作用。

序 言

- 马萨诸塞州民主党雄心万丈。
- 我们希望医疗护理成为基本人权。
- 我们希望人人都能自食其力并有组织权。
- 我们希望人人都有可能享受高质量教育。
- 我们希望积极处理气候变化问题。
- 我们希望人人都有安全健康的环境，包括公共空间。
- 我们希望促进清洁能源技术的发展，节能、高效。
- 我们希望社区安全无犯罪。
- 我们希望人人平等。
- 我们要求一个透明、讲理的政府。
- 我们希望税收合理，财政支出公正、透明。
- 我们希望道路、桥梁以及公共交通安全可靠。
- 我们要求建设强大国防，无论身处何方都安全，并绝对支持所有那些维护我们利益的人们。
- 我们要求强大的外交以及一切非暴力手段作为解决问题的第一选择，

并且支持缩减军费开支以便投入到更多人类需要的开支中。

◆ 我们希望选举公平以及一个为人民服务的政府。

◆ 我们尊重不同信仰的选民权利。

教 育

马萨诸塞州民主党坚持人人从小到大都有权得到通往高质量教育的机会。我们认为这里的教育体系应该为孩子们的生活和工作做好准备。马萨诸塞州民主党致力于公共教育的投资，因为我们知道这才是社会、民主和未来经济的基石。我们支持：

1. 高质量的学前班、全日制幼儿园；

2. 缩小贫穷及少数族裔学生的成绩落差；

3. 预防高中生辍学计划；

4. 小班教学；

5. 公共教育者的职业发展；

6. 高质量的课余及夏令营活动；

7. 附加的学习时间；

8. 维护和加强我们的学校及公共图书馆；

9. 公民教育作为公共教育的主要部分；

10. 针对特殊学生群体的支持和资助；

11. 家长、监护人、教师和行政人员之间更紧密的关系；

12. 加强有利于招揽和巩固高水平教师队伍的项目；

13. 高级公共教育；

14. 学校承担和基本资金补助；

15. 对所有在马萨诸塞州公共学院及大学注册的学生统一按照州内优惠价收学费；

16. 成人教育及针对非英语裔人员的英语培训项目；

17. 面向所有学生的安全、积极的学习环境以及保护学生避免遭受性伤害/性别歧视伤害的反凌霸措施。

医疗及公共事业

马萨诸塞州民主党相信人人都应该享受高品质生活、健康及安宁。我们认为大家都应该通过类似医疗保险这样由政府主导的单一保险人制度来获得高品质、可负担的医疗。我们坚持每个人和家庭都能在其通往成功的经济独立道路上有机会获得所需的帮助。马萨诸塞州民主党人支持：

1. 包含针对儿童及家庭的高品质可行的医疗服务；

2. 全力贯彻医疗保险改革；

3. 消除种族健康歧视；

4. 为残疾人提供维护其各人选择及公民权利的服务；

5. 提供社区里精神疾病护理及解毒服务；

6. 向有经济困难的个人及家庭提供公共健康帮助，维持其健康、住房、就业及营养健康；

7. 为前沿预防性医学研究以及针对慢性疾病寻找治疗办法的研究提供一定的资助；

8. 妇女的生育权及选择权；

9. 减少意外怀孕；

10. 针对退伍军人的包括物理及心理疾病的医疗保障。

经济增长

马萨诸塞州民主党知道经济增长是我国头等大事。我们相信就业及经济机会对加强我国中产阶级非常重要。马萨诸塞州民主党认为仅仅增加就业是远远不够的。因此，我们坚信加大在高品质医疗、教育、住房以及基础设施建设上的投资是经济复苏和持久的主要内容。马萨诸塞州民主党人坚持：

1. 通过科技促进创新；

2. 建立最低工资标准；

3. 普遍性的基础设施及技术投资；

4. 经济适用房和租房补贴；

5. 防止抵押违约；

6. 提高绿色经济相关的职业发展与培训水平；

7. 全面强制执行消费者权益保护法。

劳动者

马萨诸塞州民主党人相信所有的劳动者都有权不受性别、种族、年龄、宗教、收入、原国籍、残障、性取向、移民或难民身份的影响得到稳定、高质量的工作，并能得到教育、培训从而有机会获得工作并且成为健康成长的中产阶级。我们相信鼓励劳资谈判和工会成长是增加中产阶级及提升经济公平的最好方式。马萨诸塞州民主党人支持：

1. 巩固法律赋予劳动者建立工会、劳资谈判以及罢工的权利；

2. 通过劳动者自由选择法案；

3. 所有劳动者得到适当合理的报酬，州内现行的工资法以及雇主责任条令，使用劳务合同，以及与通货膨胀相适应的最低工资标准；

4. 巩固加强劳动安全健康伤害保护法案以及其他现行和过去的法令，致力于提高全体劳动者劳动环境的安全健康性；

5. 巩固加强阻止马萨诸塞州内将工作机会向更低劳动成本的他州、他国转移外包行为的相关法案，同时使用公共基金支付工会相关的咨询费用；

6. 增加职业培训、劳务发展以及创造就业项目；

7. 建立健全能够保障全体美国人获得高品质医疗服务的法案和条令，保障劳动者不会因为请假给自己或家人看病而有丢掉工作的风险。

能源与环境

马萨诸塞州民主党人认为应该保护市民健康，保护生态环境，以及鼓励绿色经济的发展。我们坚信人民有权享有清洁的空气、水以及安全健康的环境。我们相信提高清洁能源技术、节能技术以及能源利用率对降低能源消耗、提升能源安全、增加绿色就业以及获得美好环境意义非凡。马萨诸塞州民主党人支持：

1. 保护自然资源，保护和扩展我们的公共空间；
2. 保护我们的空气和水资源；
3. 低收入及少数族裔社区享受环境的资格受公平对待；
4. 减少环境中化学污染；
5. 提供干净、可靠和可再生能源；
6. 节省能源和提高能源利用率；
7. 保护野生动物和自然栖息地，同时在全州各地采取一切必要手段梳理出对开放用地与城市荒地的保护措施；
8. 在各社区减少浪费，增加循环利用；
9. 合理的增长式发展；
10. 增加对联邦公共交通系统的投资与升级；
11. 升级上下水系统；
12. 加强相关控制大气二氧化碳浓度的政策，争取将其控制在350ppm的浓度以下，组织进一步的气候变化，符合联合国组织气候变化框架的相关规定。

交通运输和基础设施

马萨诸塞州民主党人认为联邦运输系统应该是安全、高效、可靠和有性价比的。我们认为我们的道路、桥梁、港口以及机场等物流系统应该得到适当的维护和建设，使其在对经济发展作出贡献的同时，保障人员和货物的流通顺畅。我们认为交通运输建设投资应该带动房地产以及就业发展，同时保护好自然及人文景观。马萨诸塞州民主党人支持：

1. 建立合理的分配模式，保障建设、维修及维护系统花费之间的平衡；

2. 增加公共交通的可选性；

3. 增加机动性和减缓堵塞的多样性解决方案；

4. 调和交通运输与公共健康之间的关系；

5. 在多年来被忽视的地区投资建设道路和桥梁；

6. 环境友好型的交通系统，同时要减少对外资以及会破坏环境的资源依赖。

公共安全及预防犯罪

马萨诸塞州民主党人坚定地机智勇敢地面对犯罪。我们相信人人都应该住在安全无犯罪的社区，我们支持加大减少和预防犯罪的战略投资。马萨诸塞州民主党人支持：

1. 坚决执行州与联邦持枪法案；

2. 吸毒预防与戒毒项目；

3. 保护受害人权益；

4. 向刑满释放人员提供服务和监管；

5. 利用各种技术提升情报执法部门的效率；

6. 犯罪前科信息系统改革；

7. 坚决执行本州针对仇视犯罪、虐待儿童、家庭暴力、虐待老人、虐待以及虐待残障人士的法律；

8. 加强干预和预防儿童虐待项目的实施，针对青年及危险个体展开相关工作。

财　政

马萨诸塞州民主党人笃信财政责任。我们同时也相信今天负责人的投资将会带来美好的明天。我们相信税费会被公平分配及合理评估。马萨诸塞州民主党人支持：

1. 公平公正的税费；

2. 稳定有序的财政收入；

3. 帮助市镇进行财产税改革；

4. 财政收入的主要用途就是建设美好的未来；

5. 收支平衡；

6. 消除浪费，提高政府效率。

健康透明的政府

马萨诸塞州民主党人相信公务员应该具有高度的诚信及责任。我们认为政府应该是开放并包容的。我们知道重建政府公信力对我们未来的民主十分重要。马萨诸塞州民主党人支持：

1. 公开听证会以及其他市民参与立法进程的机会；

2. 利用技术手段让市民得到更多直接面对政府及公共服务的可能性；

3. 更完善的竞选改革。

公平与公民权利

马萨诸塞州民主党人相信法律面前人人平等。我们坚信基于种族、性别、性行为、宗教、年龄以及残障的歧视在我们地盘没有市场。马萨诸塞州民主党人坚定的维护个人在法律框架内言论、宗教、出版及诉讼的自由。马萨诸塞州民主党人支持：

1. 公平的工作、教育、健康以及住房机会；

2. 政府参与保护个人公民权；

3. 结束种族和宗教隔离；

4. 平等婚姻；

5. 坚持反对死刑。

选举与民主

马萨诸塞州民主党人相信选举是权力而不是特权，并且每一阶段都应该保证全体合格选民的参与。这意味着选举注册应该尽量简化,投票应该是安全可靠开放的,不应存在针对公民设置的投票障碍。我们相信每一票都能被统计,每一票都能是独立完成并有案可查的。马萨诸塞州民主党人支持:

1. 加强注册、教育、动员和选举参与度;
2. 消除选举参与壁垒;
3. 当天注册,提前投票以及无条件缺席选举人票;
4. 增加被忽视社区的选举参与度;
5. 消除针对妇女、少数民族以及残障人士参与公共事务的壁垒;
6. 减低非英语选民的投票困难;
7. 训练有素、态度友好的选举工作人员,加强他们接待非英语选民的经验;
8. 保证每张选票都能被统计,都安全有效,并有案可查。

马萨诸塞州民主党制定并审议

[本章根据马萨诸塞州民主党 2009 年通过的《马萨诸塞州民主党纲领》(2011 年版)翻译]

(中共编译局　张国华 译)

马萨诸塞州共和党委员会细则

序 言

在马萨诸塞州联邦，共和党由所有登记的马萨诸塞州联邦的共和党选民组成。马萨诸塞州共和党委员会（即州委员会）是马萨诸塞州联邦共和党的中央机构。马萨诸塞州共和党的政策由州委员会制定。州委员会处于领导核心地位，领导郡、市、镇等地方委员会进行共和党候选人竞选政府职位的选举，为共和党的事业进行募捐活动以及为共和党发展新党员。

州委员会的初衷是为了培养对共和党的信仰，这也正是国家共和党的纲领中所阐述的，也和国家共和党的规则中的序文一样。共和党是一个开放的政党，不存在任何歧视，对所有人而言，所提供的机会都是平等的。这些细则的目的是为了鼓励所有共和党的选民能最大限度参与党内的各级活动，同时也为了确保共和党的开放性，使所有人都可以加入共和党，并且能确保最终对真正肯定美国传统的人负责。

更进一步来说，这些细则是为了保证共和党始终秉承如下原则：我们共和党是对所有人开放的政党；我们共和党是人人机会平等的政党——不分民族、宗教信仰、肤色、国度、年龄和性别。

本细则为所有男性和女性、少数民族和文化群体以及不同年龄、社会和经济地位的美国人能够参加共和党提供了一个平等的机会。

本细则规定的共和党应是一个州一级的政党，在所有县、市、镇以及邻近的联邦州都有很强的目的性。

第二部分 主要政党内部规章制度

个人自由的政治理念是我国宪政体制建立的基础。本细则是保证共和党坚持和遵守这一理念的手段。

第一条 成员

第一款 正式成员

1. 资格。州委员会的正式成员由男女性别对半的比例组成。他们由登记的共和党选民根据马萨诸塞州联邦法律第五十二章第一条，从马萨诸塞州联邦的参议员选区选出的。因此，他们必须是当地居民。在预备选举中由该地区共和党党员的多数票选举产生。除此之外，根据本条第三款的规定递补职位空缺的其他成员也是州委员会的正式成员。

2. 任期。每个选举产生的正式成员的任期为4年。从其当选后的第30天算起，或者按本条第三款的相关规定计算。

第二款 荣誉成员

1. 共和党州委员会可以从那些为马萨诸塞州联邦共和党做出过巨大贡献和卓越功勋的共和党领导人中选举一位荣誉成员。除投票权外，该荣誉成员享有正式成员的其他一切权利和荣誉，其任期不能超过正式成员的任期。除投票权外，每一位荣誉成员拥有正式成员的其他一切权利和义务。

2. 职权型荣誉成员。根据下文第八条的规定，以下人员顺其自然地成为职权型荣誉成员：所有的前任州委员会成员；普通法院两分院的现任共和党领导人；美国参议院议员、国会议员、州长（或任命制官员）中所有前任和现任共和党人；所有共和党特许组织的现任领导。

3. 职位空缺

当经过选举后未能选出合适的人选而造成正式成员职位空缺时，或者当正式成员去世、辞职、退党时，或者该成员不再是该参议院选区内的居民时，或者不再是正式成员时，委员会主席应采取适当的措施，核实出现的空缺职位。经核实后，确认存在空缺职位的情况下，应尽快地递补这个空缺的职位，除非90天内将举行总统初选。具体如下：

（1）通知。核实职位空缺后，主席或其指定的委托人应在 10 天内给该行政区内参议院选区的每一个郡和镇委员会成员邮寄一份关于该空缺职位的书面通知。该通知应说明职位空缺存在的事实，并说明需要在本地区开展递补空缺职位的活动。同时应说明即将召开递补职位空缺的会议，以及会议的时间、地点和日期。

（2）时间。递补职位空缺的会议不能早于寄给行政区内的郡和镇委员会成员书面通知后的 15 天，不能迟于寄给行政区内的郡和镇委员会成员书面通知后的 45 天。

（3）会议程序。会议应由州委员会主席或者由主席委派的某一位正式成员主持。法定人数为 25 人，或者本地区内所有参选的郡和镇委员会总成员的 20%。假如法定人数不足，则号召召开第二次会议，第二次会议应在第一次会议后的 30 天内召开。假如第二次会议法定人数不足，则州委员会可以通过下一次的州委员会会议选定一位候选人来填补这个空缺的职位。在召开填补职位空缺会议的过程中，每一位候选人都有被提名权。提名程序结束后，每位候选人都有向会议做至少一分钟演讲的机会。对候选人演讲的评判应以无记名投票的方式进行，而且只有郡和镇委员会的现任成员才有资格进行投票。根据马萨诸塞州联邦法律第五十二章第五条的规定，郡和镇委员会委员提交给州秘书长办公室的名单决定着谁有投票的资格。获得多数票的候选人是最后的胜利者，而且正式成员应服从下面第（4）款的批准程序。

（4）批准。填补职位空缺的会议的结果应在下一次州委员会会议上宣布。如果对会议程序无异议，州委员会将确认和批准选举结果。

第二条　成员的职责

第一款　正式成员的权力

州委员会的正式成员组成马萨诸塞州共和党的立法机构。根据本细则，州委员会的正式成员具有如下权力：选举和撤销州执行委员会及其职员；为马萨诸塞州的共和党制定政策；像州主席和地方主席的委派者一样，以州委员会常务委员会和特别委员会成员的身份工作；审查、监督和批准州委员会的财政预算；根据马萨诸塞州联邦法律第五十二章第十条的规定，制定与本细则相一致的规章制度；更好的实现共和党的利益；代表登记的所有共和党人、郡、镇、市委员会以及各自的参议院选区的利益。每一位正式成员的职责应该包括：给主席或其委派者提供准确的个人联系信息，包括电子邮件、邮寄地址、电话号码；当上述信息发生变化时，正式成员应及时通知主席或其委派者。显然，本细则中提到的所有通知，都会以邮件方式发送到成员提供的电子邮箱，因此个人信息的准确性非常重要和必要，因为通过准确的个人信息可以方便公众和党内成员之间的联系和沟通。

第二款　成员的政治活动

在党派选举或有共和党候选人的候选人选拔会上，不论是州委员会的正式成员还是郡、镇委员会的正式成员或候补成员，都不能以任何方式向任何其他政治性政党谋利益，也不能支持除共和党之外的其他任何政党候选人。如果州委员会正式成员或者郡、镇委员会的正式或候补成员无法按照上述标准行事，则相关的委员会应对他们采取相应的制裁措施，其中包括要求正式或候补成员提出辞职，或者对他们投不信任票。

第三款　犯重罪的成员将被开除

如果每位入选州委员会的正式成员犯了重罪，一经确认，无需采取任何进一步措施，他们将被开除出州委员会。同时，宣布该职位空缺，并根据第一条第三款的规定开始着手职位空缺的填补工作。每一位正式成员有明确的责任告诉委员会主席及时记录所犯的重罪。如果正式成员并没有通知委员会主席记录所犯的重罪，根据本章第三条的规定，这些正式成员将被开除出州委员会，其他成员不得拖延、阻碍或限制。根据本章程和马萨诸塞州联邦法律的规定，本条款中任何一条规则都不能限制州委员会对其委员会成员的惩治。

第四款 地方委员会的工作

1. 组织。州委员会的正式委员负责组织和建立他们各自选区内的郡、镇、市委员会（即地方委员会）。根据马萨诸塞州联邦法律第五十二章第五条的规定，州委员会正式成员给州秘书长办公室提交一份关于当地委员会成员姓名及地址的清单，这份清单决定着是否组织和建立一个地方委员会。

2. 工作。某一选区内的每一位正式成员各自负责给他/她所在选区内的地方委员会提出建议和帮助。每一位正式成员应定期参加所在选区的地方委员会会议。州委员会主席应裁判地方委员会工作中的一切争议，而且州委员会主席的裁判结果对争议双方都有效力。正式成员应和委员会其他成员一起共事，以确保地方委员会以下几方面的活动顺利开展：

（1）在党派人士和无党派人士中，为地方、郡和州的公共职位招募候选人。

（2）担任常设竞选委员会的角色，以帮助共和党候选人竞选地方、郡和州公共职位。

（3）组织开展基层募集资金活动，以便激励地方委员会的工作，更好的帮助共和党的候选人。

（4）区分基层新登记的共和党人，并邀请他们参加当地的地方委员会。

（5）组织登记和投票活动。

（6）给当地报纸提供振奋人心的消息并促成报纸发布该信息，同时应同报纸的编辑保持书信来往。

（7）组织和召开会议、集会、讲座和社会活动。

（8）确保地方委员会细则的预备工作符合本细则的规定，并保证通过的地方委员会细则与本细则的规定不相冲突。

（9）其他事项可以由州委员会主席或其委派者决定。

3. 监督。每一位正式成员和地方委员会主席一起，监督他们各自选区内的地方委员会的工作。本条并不影响州委员会主席对地方委员会工作行使权力。无论是州委员会主席、地方委员会主席还是其他委员，或是州委员会的雇员，他们都不能通过地方委员会影响或控制候选人或者其他委员的捐助行为。

（1）会议。各地方委员会应向所有的委员和该地区在州委员会的正式委员提供有关该地方委员会召开正式会议的合理的书面通知。如果某地方委员会在3个月内未能召开会议，该地区的任何一位正式成员都可以向地方委员会主席报告此事。然后，地方委员会主席和该地区的任何一位正式委员可以联名共同向所有的当地委员会委员发布关于召开特别会议的通知，并负责主持会议。为了实现本条例的规定，只有当州委员会主席和其他正式委员都提前接到地方委员会关于召开特别会议的通知后，该地方委员会才能进一步开展活动。州委员会主席拥有召开该地方委员会特别会议的独立权力。在通知地方委员会委员、地方委员会主席和委员会所在地正式委员的基础上，召开该地方委员会的特别会议。

（2）成员之间的关系。在地方委员会，如果5位以上委员空缺3个月以上，任意一位正式委员或地区委员会主席可以通知地方委员会主席开会递补空缺的职位。正式成员和地区委员会主席都需要提前收到一份给当地委员会主席的通知副本。如果发出上述通知以后3个月，当地委员会依然存在5个以上的空缺职位，地区委员会主席或者任何一位正式委员可以委派一位成员去填补空缺的职位，并根据马萨诸塞州联邦法律第五十二章第五条的规定，将该项任命通知州委员会和州秘书办公室。州委员会主席对本条例引起的争议具有裁判权，并且州委员会主席的最终裁判结果对争议双方都有效力。

（3）地方委员会主席。如果某地方委员会主席3个月内无法召开会议，或者某地方委员会无法及时践行基本原则，或者某一地方委员会在党派选举中支持非共和党人，或者由当地委员会所在地的区委员会投票表决并获得多数票通过，或地区委员会主席和任何正式成员在他们认为必要的时间，都可以以当地委员会的法定支持人的身份开展工作。本条的内容并不影响州委员会主席主持召开地方委员会特别会议的权力，州委员会主席或其委派者应以地方委员会法定支持人的身份开展工作。实施上述办法的地方委员会或地方委员会主席可诉诸州委员会主席，因为州委员会主席的决定对各方都有效力。

第三条 高级职员

第一款 高级职员的界定

州委员会的要员应由以下人员组成：主席、副主席、财务主管、财务副主管、秘书长、副秘书长、全国委员会男性委员、全国委员会女性委员以及州委员会选举产生的其他人员。主席和全国委员会男女性委员可以是正式的成员，但也有例外情况。副主席、财务主管、财务副主管、秘书长和副秘书长必须是正式成员。任何人不能兼职州委员会委员。

第二款 选举

（1）程序。除了州委员会主席，州委员会的所有要员都由现任正式成员在州委员会组织召开的会议或职位空缺填补会议上，分别通过无记名的方式投票选举产生。只有正式成员可以通过提名的方式产生职位的候选人。主席是在11月的总统和州长的选举结束后，次年1月的州委员会会议上通过无记名投票的方式选举产生。且主席连任的任期由下一任州委员会在它组织召开的州委员会会议上予以批准。这些要员应由大多人投票选举产生。如果候选人没有获得任意一轮投票的多数票，则按照"票数最低者出局"的规则，持续投票直至选举产生获得多数票的候选人，并确定其当选。在州委员会重要要员的选举过程中，委员会没有提名权，所有的提名权只能来自于下级委员会。

（2）要员的任期。除了州委员会主席，其他所有要员的任期为4年，从他们当选后开始算起。而且他们应负责工作，直到选举产生继任者为止。州委员会主席的任期只有2年，当选两年后，须重新选举，而且他们应负责日常工作，直到选举产生新的继任者为止。除非连任的州委员会主席按照本条第二款的规定批准同意，否则，无论在其他任何情况下，要员的任期都不能超过正式成员的任职期限。

第三款　免职

（1）程序。除了州委员会主席、国家委员会男性委员和女性委员，只要通过了现任正式成员的投票并获得多数票，其他任何一位要员都可以被免职。如果有2/3的现任正式成员通过投票选举，则州委员会主席可以被无条件免职。国家委员会男性和女性委员的免职情况，则要根据共和党国家委员会的相关规定。

（2）通知。关于要员免职会议的任何通知，必须说明要员的姓名、进行免职投票的通知和其他一些情况。如果没有此类通知，免职会议上的票决将无任何效力。如果在免职投票之前，没有给当事人向州委员会解释的机会，则任何一位要员都不能被免职。

（3）主席候选人。如果主席候选人宣布竞选州或者联邦的任意一公共职位，那么这将视为主席（他或她）自动放弃主席职务。

第四款　职务空缺

不论何种原因，如果本章第一条所述的要员的职位出现空缺时，应在60天内通过州委员会会议填补这些空缺的职位。并且在会议的书面通知中需要说明会议召开的目的。这些空缺职位的继任者应按照本条第二款第一部分的规定由选举产生。当委员会主席、财务主管或者秘书长的职位出现空缺时，未经选举，副主席、财务副主管或者副秘书长不能填补相应的空缺职位。但是在选举产生新的继任者之前，副主席、财务副主管和副秘书长应行使和履行第四章中规定的权力和职责。

第五款　全国委员会委员

共和党全国委员会的男委员和女委员的提名，是在总统选举年，先于共和党全国代表大会之前，由新选举成立的州委员会根据国家共和党的相关规则提出。提名程序与本条例第三条第二款中要员选举的程序一致。州委员会应通告马萨诸塞州代表团主席和每位代表关于州委员会对国家委员会男委员和女委员的提名情况，而且在共和党全国代表大会举行选举之前，代表团不能替换或者更换已有的被提名者。

第六款　委任制高级职员

州委员会主席可以任命以下要员，且每一位被任命的要员必须是马萨诸塞州联邦的居民并登记成为共和党的党员。

（1）法律总顾问。总法律顾问应该是马萨诸塞州律师协会的成员，并向州委员会提供法律咨询和事务代理。在主席或主席委托人的要求下，法律总顾问可以参加州委员会和执行委员会的相关会议，并且只有在执行委员会制定了相关的就业条款的情况下，法律总顾问才能获得相关的报酬。法律总顾问认为有必要的情况下，经主席同意和批准，可以任命副总法律顾问，协助其日常工作，履行职责。

（2）议员。议员参加州委员会的所有的常务会议和特别会议，并建议要员和正式成员尊重议会的程序。根据相应的议会程序和本细则的规定，在州委员会的提议下，议员可以作为所有事务的最终决定者。

（3）警卫官。警卫官负责维护州委员会所有常务和特殊会议的会议秩序以及州代表大会的秩序；确保正式成员对州委员会事务的投票活动能顺利进行；协助统计州委员会总的常务票数；另外，根据法律的规定，维持正常的秩序。为了确保常务会议和特别会议的正常秩序，警卫官认为有必要时，经州委员会主席同意和批准，警卫官可以任命副警卫官。

第四条　高级职员的职责

第一款　州委员会主席

州委员会的主席应是州委员会的首席执行官。对州委员会的所有工作具有普遍的监督权。主席或主席委托人有权代表州委员会并履行职责。主席每季度至少要提议并召开1次会议，并主持所有类似的会议。在所有的常务会议和特别会议上，主席具有投票权。根据第三条第二款的规定，除州委员会选举要员的情况之外，州委员会主席有权解决州委员会选举中出现的因票数相同造成的问题。

根据就业条款，实行主席薪金制。州委员会主席应事先向执委会咨询，如果执委会同意，州委员会主席具有任命权。如果州委员会主席努力工作的情况下还是无法满足工作的需要，根据执委会规定的就业条例，州委员会主席可以任命1位常务董事和1位财务处长。

州委员会主席具有如下权力：如果主席觉得合适，他或她有权任命常务委员会、特别委员会或者次级委员会的成员；批准或否决所有的开支费用；为了保证州委员会办公室、地区委员会和地方委员会的正常工作，录用一些工作人员；根据委员会批准的预算方案，管理党的事务；如果招录的其他工作人员不是州委员会委员或委员的配偶及子女，则不受该禁止性条约的约束，但是单独招录的人员除外；这些权力和职责的行使和履行，需以增进马萨诸塞州联邦共和党的利益为标准。

随着任期的结束，州委员会主席不用再履行这些合同。

经执行委员会同意，委员会主席有权任命1位以上的州委员会副主席。该副主席的任期随着主席任期的变化而变化。在委员会主席认为必要时，该副主席可以辅助委员会主席开展工作。

第二款 副主席

如果州委员会主席辞职、被免职或无法履行主席职责时，州委员会副主席可以行使和履行委员会主席的所有权力和职责，直到州委员会选举产生新的主席为止。副主席负责增进、保证和监督州委员会常务委员会的权威性，但是副主席的行为不能与常务委员会多数人的投票结果背道而驰。副主席是每一个常务委员会的法定成员，并且一旦通过州委员会主席的任命，就成为委员会中具有投票权的成员。

第三款 秘书长

秘书长负责州委员会和执行委员会的所有会议记录，并且在发出下次州委员会会议的书面通知之前，应将会议记录的复印件寄给每一位正式委员。如果预算允许，秘书长可以指定一位记录秘书负责会议记录并抄写一份会议记录的副本。所有会议记录和投票记录册都应在州委员会的总部存档,并在正常的开放时间向州委员会成员开放,便于他们监督和检查。在必要时,秘书长或者秘书长指定的委托人应保存和修订党和州委员会的大事日历表。

秘书长应遵守所有关于州秘书办公室保存成员名单的相关法律规定,并保存地区委员会和镇委员会对其成员的建议以及州委员会委员的变化情况。如果主席、副主席辞职或被免职,或长期缺职,或没有能力履行职责时,秘书长可以履行主席、副主席的职责,行使主席的所有权力,直到选举产生新的主席。

第四款 副秘书长

如果秘书长辞职,或被免职,或长期缺职,或无法履行其职责,则副秘书长可以履行秘书长的所有职责,并且拥有秘书长的所有权力,直到选举产生新的秘书长。

由于副秘书长是由秘书长或州委员会主席根据情况需要委任的,所以副秘书长还必须履行其他一些职责。

第五款 财务主管

州委员会的财务主管管理州委员会的所有资金,包括州委员会的内部账户,同时根据一般公认的会计准则,负责保管所有资金收支的详细预支账户。财务主管也负责遵守任何有关竞选和政治金融的法律,包括准备和归档所有必要的报告性文件。在每次正式会议上,财务主管应向州财政金融委员会作报告。如果总的预算允许,财务主管有权从州委员会的资金中批准一些支付活动。如果财务主管缺职或者无法行使职责,如果财务副主管具备财务主管的知识水平和能力,财务副主管可以行使批准此类支付活动的权力。财务主管和副主管以及州委员会中负责收集、支出和核算州委员会资金的所有工作人员的数量都应是一定的,该数量由执行委员会决定,同时州委员会应当为这些契约支付额外的费用。只有财务主管和副主管有权从州委员会的资金中进行支付活动。

第六款 财务副主管

如果财务主管缺职或者无法履行职责时,在选举产生新的财务主管之前，财务副主管履行财务主管的所有职责，而且拥有财务主管的所有权力。另外，由于财务副主管是由财务主管或州委员会主席根据情况的需要而委任的，所以财务副主管还相应地拥有其他的一些职权。

第七款　共和党的党内初选

除非获得执行委员会 2/3 的多数票的同意批准，否则，在竞争制的共和党党内初选或州委员会内部的任何竞争性职位选举中，不论是州委员会主席还是其他任何受雇于州委员会的工作人员，都不能随意的协助、援助或公开支持某一个候选人。如果州委员会主席或者其他招录的工作人员违反本条例，将被免职。根据本条例开始所做的规定，如果某一位主要候选人得到了执行委员会的同意和支持，本条例并不禁止该候选人获得竞选资金，但前提是该项资金的批准和支付应符合本细则中其他的所有相关规定。同时本条例中，并不禁止州委员会的其他正式成员在共和党党内初选或者州委员会选举中支持某一位候选人。

第八款　办公用品的使用

除了本章第七条中规定的情况之外，共和党的竞争性党内初选或者州委员会的任何竞争性选举中，州委员会的任何人不能动用州委员会的办公用品支持某一位候选人。根据本章第一部分的条例，除州委员会的主席外，在议会召开之前，州委员会的任何人都不应支持或反对法规。

第五条　州委员会会议

第一款　组织

根据马萨诸塞州联邦法律第五十二章第一条的规定，为了能够将州委员会组织起来，在预备选举中选出的州委员会正式成员应召开相关会议。

组织会议的召开最早不早于预备选举结束后的 30 天，最晚不超过预备选举结束后的 40 天。应由主席召集召开组织会议。主席号召召开组织会议是为了：维持正常秩序；要求遵守本细则，并在必要时修订本细则；选举临时秘书长，临时秘书长须负责相关工作，直至选举产生常务秘书长。

组织会议后的10天内，州委员会秘书长向州秘书办公室提交一份关于州委员会委员和它的工作人员的名单，并将该名单寄给每一个市镇委员会。每次的州委员会正式成员或工作人员变动后10天内，州委员会秘书长应向州秘书办公室提交补充报告，同时还应将该报告通过邮寄或发送邮件的方式发给每个市镇委员会。

第二款　会议

每年至少要召开4次正式的州委员会会议，需每季度都要召开。如果主席认为必要时，在正式成员的书面申请下，可以召开其他一些特别会议。在会议召开的之前一年的12月31日或者在此日期之前，应将上面提到的正式会议时间的日程表通过邮寄或发送电子邮件的方式发送给每位正式成员。

第三款　会议的召开

（1）通知。秘书长在州委员会主席的指导下负责召开所有的州委员会会议。每次州委员会会议的书面通知，最晚应在该会议召开前10天通过邮寄或者发送电子邮件的方式发给州委员会的每位正式成员、委员会工作人员和委员会的委任制工作人员。同时，应将会议议程与该书面通知一起发出。

（2）申请。如果15位以上的正式成员以本款第（3）部分中所述的形式联名申请召开一次州委员会特别会议时，州委员会秘书长应在收到该申请书后20天内组织召开一次特别会议。申请书中应写明召开此类特别会议的目的。本条例并不禁止州委员会在任何一次特别会议上讨论其他一些事务。

（3）召开特别会议的申请（参见附录1）。申请书应包含以下内容：至少15名希望召开特别会议的人员的签名；每一个签名都须通过电话验证后，在特别会议召开的前10天通知各成员。州委员会秘书长收到该申请书后20天内组织召开该特别会议。

第四款　法定人数

所有会议的法定人数是正式成员，应不少于30人，如果少于30人，则不能召开该会议。

第五款　参加会议

州委员会的正式成员和名誉委员都可以参加任何一次会议，但只有正式成员才有投票权。主席应划分专门的区域为正式成员、名誉委员和非党员就座。如果州委员会同意，非党员可以向州委员会做演讲。在讨论机密事项时，州委员会不允许非党员参加。

第六款　投票

除本条例中的规定外，其他所有的投票都以口头表决的方式进行。如果有一位以上的正式成员申请进行举手表决，则投票就得以举手表决的方式进行。会议上，如果到会的现任正式成员中有10位正式委员要求查票，则需要整理投票的名册。在会议中进行无记名投票时，如果大多数现任的和具有投票权的正式成员要求用其他的投票方式，则可以优先考虑所有其他的投票方式。进行投票时，除非另有规定，否则每次投票都应由大多数现任的具有投票权的正式成员进行投票。州委员会计划采取的所有解决方案在投票前都要以书面的形式呈交给州委员会会议。

第七款　会议的权威

州委员会以及它的常务和特别委员会的所有程序都应遵循州委员会进行大多数投票时所遵循的与本细则一致的规定和每一个程序性规定。所有这些程序应遵循《罗伯特议事规则》（新修订版），《罗伯特议事规则》（新修订版）是为了修订规则而制定的。在某种程度上，《罗伯特议事规则》（新修订版）与这些细则和任何其他程序性规定并不冲突。

第六条　常务委员会

第一款　人员任免

州委员会的常务委员会应由执行委员会、预算委员会、候选人委员会、财政委员会、事务委员会、公共关系委员会、注册会员委员会和细则委员会正式成员及州委员会主席任命的其他人员组成。州委员会主席负责任命所有常务委员会的常务委员，除执行委员会和预算委员会外——它们的常务委员任命按照本条中的第二款和第三款规定进行。在进行任命时，州主席要尽量通盘考虑成员的利益、地域差异及需求，为全部常务委员会配齐人员。每个州的常务委员会主席应由州委员会主席在正式成员中任命。除了执行委员会，所有常务委员会成员必须参加每一次常务委员会会议，但是，只有正式成员有投票权。

第二款　执行委员会

（1）人员。州委员会的执行委员会应由以下投票人员组成：州委员会主席；副主席；秘书，或秘书不在时的副秘书；财务主管，或财务主管不在时的财务副主管；每个常务委员会的主席；5个选区的地区主席；共和党全国委员、全国女委员；共和党州宪法人员或其代表；共和党该州参议院领袖或其代表；共和党州众议院领袖或其代表。以下人员是执委会的成员但不具有投票权：任何共和党议员或其代表；任何美国共和党参议员或其代表以及州委员会的总顾问。州主席、副主席和秘书应当分别作为执行委员会的主席、副主席和秘书，同时，主席须从州委员会正式成员中任命1名执行委员会主席，并且保证他情愿为此工作。

（2）职责。执行委员会每年至少召开8次会议。执委会不能行使以下权力：州选举委员会成员、工作人员的任免、预算的批准权以及法律或本细则做出特别规定需要由州委员会全体成员共同投票决定的一些事项。除此之外，执行委员会在州委员会会议闭幕期间行使州委员会所有其他的权力。在州委员会会议闭幕期间，执行委员会负责完成由州委员会投票制定的政策。每年11月30日之前，执行委员会应聘用一位会计师对州委员会的财政资金进行年度审计。次年3月1日前，州委员会主席应向州委员会呈交由审计员写的审计说明书。执行委员会应定期对州委员会全体工作人员进行绩效评估管理，并给州主席提供相应的建议。除了行政会议上讨论事务的记录外，执行委员会的会议记录应发给每一位正式成员。州主席可以在执行委员会的任何一次会议上宣布召开行政会议。

（3）投票。每一位具有投票权的成员有一次投票权。不能代理行使投票权。

（4）竞选资金。执委会应保证竞选资金不能用于非共和党候选人的竞选活动。

第三款　预算委员会

（1）委员会委员。预算委员会应由以下成员组成：委员会主席、州委员会主席、副主席和财务主管、金融委员会主席以及一位由五个州委员会地区从该地区选举产生的成员。所有的这些成员都有一次投票权。

（2）职责。预算委员会应召开会议为可行的年度预算做准备，会议召开的时间最晚不能超过每年的 10 月 15 日，并于每年 1 月 31 日前呈交州委员会申报批准。该预算是共和党年度日历最基本的规划文件，包括对收入、募集资金的成本以及提出的开支的评估，其中预算的开支要有明细开支单，包括为了候选人而提议预留的总费用。预算委员会的目的是，按照一般公认的会计准则确保做出准确的预算，保证在预算过程中提供充分的信息，以及保证正式委员在做出批准决定前能理解该预算。预算委员会拥有普遍的监督权，检查和批复预算的使用情况，为了州委员会的正常工作，预算委员会在认为必要时可以审核和给州委员会呈交批准的补充预算。

第四款　候选人委员会

（1）委员。候选人委员会应由委员会主席、州主席以及州主席委任的其他人员组成。

（2）职责。候选人委员会负责招募和培训候选人，并在州联邦所有公职选举中帮助候选人进行参选。

第五款　财政委员会

（1）成员。财政委员会的组成人员包括以下几部分：委员会主席、由财政委员会主席任命的一位委员会副主席、州委员会财务主管或者财务副主管（财务主管缺职的情况下）、州主席和副主席、共和党国家委员会男女委员以及由州主席任命的其他人员。财政委员会成员应选举出一个执行委员会，包括财政主席、财务主管和州主席。该执行委员会是为了在财政委员会会议结束期间行使财政委员会的权力。

（2）职责。财政委员会负责为州委员会募集资金，而且募集资金应遵守联邦竞选的财务法，其最低额应以保证州委员会正常的年度预算为限。给地方和地区委员会制定和分配合理的筹集额度，同时可以和共和党党组织签订金融协定。

（3）附属委员会。财务主席可以设立附属委员会并且为了工作的需要可任命附属委员会的主席。该附属委员会应包括一个私人俱乐部附属委员会、一个职业附属委员会、特殊事件附属委员会以及城市和乡镇附属委员会。城镇附属委员会负责委派当地财政主席以及监督当地的评估制度和财政额度。

第六款　宣传委员会

（1）成员。宣传委员会由委员会主席、州主席和州主席任命的其他人员组成。宣传委员会主席可以通过他在实践中总结的行之有效的任何方式组织委员会。同时可以邀请议员和其他的旁听者参加委员会的任何会议。

（2）职责。宣传委员会的目的是鼓励和促进全党的宣传活动，最终该政党能经常讨论政党的目标和基本原则。宣传委员会可以在州联邦的各个不同地区组织召开意见听取会，同时该类意见听取会应向公众公开，并邀请新的投票人和新的共和党人参加。

州宣传委员会应提议讨论特殊问题，该讨论应邀请尽可能多的党员参加，以便讨论的结果能真正地代表党的意志和原则。

第七款　公共关系委员会

（1）成员。公共关系委员会应由委员会主席和州主席任命的其他人员组成。

（2）职责。通过培育、完善和发展共和党的提案以及共和主义，鼓舞党员以及就如何更好地向公众宣传共和党的事务向党的领导层提出建议是公共关系委员会的职责。委员会应推荐和监督全州范围内的宣传情况，并对发布的媒体提出建议，搜集现任民主党人的信息；同时宣传委员会应负责监测新的舆论消息和群众的信件并反馈给州和地区一级的编辑人员。

第八款　成员登记委员会

（1）成员。成员登记委员会由委员会主席、州主席以及州主席任命的其他人员。登记委员会的主席可以以他在实践中总结的行之有效的方式组织委员会。

（2）职责。成员登记委员会的作用有以下几个方面：鼓励和调动地方和地区的积极性；检查地方选举机制的条件，包括工作人员、监督员以及选举监察专员；以及监督州和地方一级的工作实施情况。

第九款　细则委员会

（1）成员。细则委员会主要由委员会主席、州主席、法律总顾问、国会议员以及州主席委任的人员。

（2）职责。该委员会负责向州委员会起草地方、地区和州委员会的细则、法律，并对这些细则、法律和党组织的执行情况进行审查并提出建议。

第十款　委员会会议程序

无论是常务会议还是特别会议，每一个委员会处理事务召开的会议，其法定人数应是该委员会所有具有投票权的委员的大多数。每个委员会会议须由委员会主席、州主席或者副主席，或是委员会1/4的委员组织召开。每次会议的书面通知应至少于会议召开前5天分发给每一位委员，如果有特别事务需要处理，则应在通知中予以说明。

第十一款　委员会的报告

本条第一款至第八款中提到的所有委员会应在州委员会的定期会议上向州委员会作关于他们活动的口头报告。如果州主席或执委会董事要求，则该类委员会应直接向他们作报告。在每次定期举行的执行委员会会议上，地区主席应就地区常务委员会的活动作报告。每次向委员会作报告期间，正式委员和候补委员可以提问题并发表评论。除非委员会向州委员会作了请求批准的建议，否则，委员会报告必须在州委员会投票确认后才能通过。

第七条 地方组织

第一款 州地方委员会

为了给州委员会及马萨诸塞州共和党提供一个强力的、高效的地方组织，马萨诸塞州应被划分为以下各特定州参议院区的5个地区：

地区1：伯克希尔、富兰克林和汉普郡；汉普郡和富兰克林；汉普登；第一汉普登和新罕布什尔州；第二汉普登和新罕布什尔州；伍斯特，汉普登，汉普郡和富兰克林。

地区2：第一伍斯特；第二伍斯特；伍斯特郡和诺福克；伍斯特和米德尔塞克斯；第二米德尔塞克斯郡和诺福克郡；第三米德尔塞克斯；布里斯托尔和诺福克，米德尔塞克斯郡；米德尔塞克斯和伍斯特郡；第一米德尔塞克斯。

地区3：第三埃塞克斯郡、米德尔塞克斯；第二埃塞克斯郡；第一埃塞克斯郡；第一埃塞克斯郡和米德尔塞克斯；第二埃塞克斯郡和米德尔塞克斯；第二米德尔塞克斯；米德尔塞克斯和埃塞克斯郡；第四米德尔塞克斯。

地区4：第一米德尔塞克斯和诺福克郡；第二萨福克郡和米德尔塞克斯；布里斯托尔郡和诺福克；第一萨福克郡；第二萨福克郡；米德尔塞克斯、萨福克和埃塞克斯郡；第一萨福克和米德尔塞克斯郡；萨福克郡和诺福克郡；布里斯托尔和普利茅斯。

地区5：第一布里斯托尔普利茅斯；第二布里斯托尔和普利茅斯；第一普利茅斯和布里斯托尔；第二普利茅斯和布里斯托尔；科德角群岛；普利茅斯和巴恩斯特布尔；普利茅斯和诺福克；诺福克和普利茅斯。

第二款 地方组织

1. 地区主席。每个地区应配备主席和副主席，他们都在本地区居住，并且应当是州委员会的正式成员。他们应当是在州委员会组织会议之后的下一次会议上，由居住在此地的州委员会成员选举产生，并且要获得多数选票。如果有多人或没有人获得多数选票，那么票数最低者出局，然后选举继续，直到每一个职务有一个候选人获得多数选票。地区主席和副主席自选举之日起，任职两年，直到选举产生其继任者。地区主席应当为组织、实施地区一级党的活动负责，并且要从促进党的利益出发协调地方委员会的各项活动。

2. 地方委员会。

（1）人员：地方委员会由主席、副主席和居住在此地的每个正式成员组成。州主席，或者他的委派者，理所当然地应当是每个地方委员会的成员。

（2）会议：地方委员会应定期召开由地区主席议定的会议，并且要遵照州主席的通知召开特别会议。会议都要安排在本地区举行。

（3）目标：地方委员会的活动目标是做好地区委员会及州委员会的联系工作、协助州委员会人员开展地区层面的政治活动，并且负责招募、支持共和党候选人进行地方一级或州一级公职人员的竞选。

第八条　共和党的特许组织

第一款　"共和党"一词的使用

根据马萨诸塞州联邦法律第五十六章第四十条的规定，任何个人、委员会、协会或组织，在获得共和党州委员会许可之前，不得使用"共和党"一词，或作为"共和党"名称一部分的代名词，或作为其缩写，或把其自身作为州共和党、州委员会一部分使用。如有此类违法行为，执行委员会有权参照执行本章节，向州总检察长办公室提请民事或刑事制裁。

（1）一般程序：任何想要获得使用许可的组织，均需向州主席提出书面申请，阐述想要使用的名称；组织官员的姓名、住址、联系电话；组织成员的姓名、住址、联系电话清单；组织目标；组织的开户银行及账号。州主席将此申请移交执行委员会。执行委员会重新对此申请进行审查并向州委员会提出意见。如果州委员会批准通过该申请，州主席应向该组织发出书面许可，允许其使用想要使用的名称或缩写；如果申请失败，那么该行为将被视为违反马萨诸塞州联邦法律第五十六章第四十条的规定。

执行委员会要签发具有一定期限的许可证，规定逾期作废；并且要签发一临时许可证，以备州委员会审查。

（2）许可证：州委员会应在接收到全国共和党组织特定官员的书面证明，即证明某一组织的州级分组织具有有效的国家许可并会一直符合那一国家层面组织的标准后，对此组织签发许可证。

第二款 特许组织的义务

1. 成员。每个特许组织必须告知州委员会其官员及组织成员的姓名、住址及联系方式。如果官员或组织成员的信息有所变化，必须在10日内对通知进行修改。

2. 会议。每个组织召开会议的通知要提前通告。

（1）如果是一个地方组织，则要通知该组织运作地区的正式成员；

（2）如果是市级或镇级组织，则要通知各自城市主席或镇委员会；

（3）在其他情况下，都要通知州主席。

3. 细则。每个组织的章程和细则，或者其做法与政策应符合：

（1）任何组织不得在立法上采取任何立场或进行任何行动，除非提前获得执行委员会的许可，或需要明确表明其立场或行动并不是代表共和党州委员会或共和党的意志。

（2）任何组织不得支持非注册共和党人作为党派官职的候选人。

（3）只有在组织成员多数同意，或者至少3名组织官员同意情形下，才允许使用组织资金。

4. 年度报告。每个组织应在年会后30日内，向州主席提交一份经执行委员会批准的财务报表。

第三款　特权许可的撤销

任何组织，如果不能遵守相应的联邦或州法律，或本条第二款中的任意相关规定，或者其自身章程和细则中的主要规定，将在州委员会多数票通过后撤销其特权许可证。任何组织如果连续2年不向州委员会提交通知、文件备案，其特权许可自动失效，无需州委员会进一步采取行动。一旦特权许可被撤销，州主席应代表州委员会向该组织行政长官发出书面通知，阐明该组织的特权许可已被撤销，从今往后，该组织无权使用"共和党"一词，或其同意、缩写形式，如不遵守，将被视为犯罪行为。该撤销自通知发出时自动生效。对被撤销特权许可的组织，可以向执行委员会提出上诉，执委会可以在下次会议上建议州委员会恢复其特权许可。在获得多数出席投票正式成员通过后，州委员会可以恢复该组织的特权许可。

第九条　代表大会

第一款　州代表大会

程序。马萨诸塞州共和党代表大会由州委员会按其既定频率、目标举行。州委员会负责选举产生代表大会所需委员、工作人员，包括如下但不仅仅限于如下几个委员会：规则委员会；资格委员会；选址委员会。上述委员会应由来自各选区并由各选区选举产生的1名正式委员和州委员会选举产生的其他人员组成。规则委员会负责提出代表委员的选择、代表大会议前程序以及代表大会举行时的规则，报由州委员会批准。州委员会负责对所有事关代表大会的事项进行最终审议。

第二款　全国代表大会

全国代表大会代表的选择应符合随时修补完善的政党总则、国家共和党的规则、规定，并且要符合州委员会批准通过的任何程序。

第十条　财年

州委员会的财年也应是州委员会的历年。

第十一条 细则

第一款 时效

这些细则在相关会议上获得州委员会多数票通过后生效,并且其时效一直延续到继任者对细则的再次通过。在通过决议时,本章节中的任何条款不得违背"溯源"条款。除非是在继任者州委员会的组织会议上,以多数通过修正,并且修正的细则将被视为继任者通过采纳的。

第二款 修正

细则内容的修正须由州委员会 2/3 以上票数通过,前提是建议修正案包含在会议议程之中。若非根据那些先前对此细则有影响效力的规定,投票不能终止该规则。

附录 1

特别会议申请

致:共和党州委员会秘书

　申请人:

　日　期:

　目　的:

州委员会要至少有 15 名签署人请求召开特别会议。在每个人的签名得到电话确认后,必须在会议召开前 10 天通知签署人。会议须在州委员会秘书收到申请表日起 20 天内召开。(参见马萨诸塞州委员会细则第五章第三节)

签名　　　　　电话号码

1.

2.

3.

4.

5.
6.
7.
8.
9.
10.
11.
12.
13.
14.
15.

[本章根据马萨诸塞州共和党全国委员会 2008 年 2 月 5 日通过的《马萨诸塞州共和党委员会细则》(2008 年 11 月 17 日正式生效) 翻译]

(中央党校　山成忠　译)

马萨诸塞州共和党准则

在马萨诸塞州联邦,我们共和党人代表的是民众共识。

我们主张创造就业,鼓励企业家精神和扶持中小企业发展;许诺保障个人自由;捍卫家庭价值;限制政府与削减税收。同时,我们承诺保护民众的基本权利,诸如公共安全、公共教育等。

这些是马萨诸塞州人民,同时也是我们共和党人所坚守的价值观。捍卫并且不断推动这些价值观会扩大我们党的群众基础,为我们带来新的资源并创造共和党新的明天。

经济发展

马萨诸塞州共和党人认为,经济发展会使全体人民受益。经济发展能够带来新的就业,并创造一个健康、自足的共同体。通过减轻企业沉重的监管及税收负担,在马萨诸塞州,企业将会有更好的生存和发展机会。

政府改革

马萨诸塞州共和党人将继续致力于推动确保政府负责,并能够提高全民生活质量的理性改革。我们认为,政府应在社会中扮演"有限政府"角色,而当前州立法机关显然已经偏离了这一目标。

财政政策和税收

马萨诸塞州共和党人认为,为保证有效运转,政府必须通过税收筹集资金。我们确信,民众有权利要求政府财政的合理及有效使用。政府不能过量征收税收。我们共和党人极力反对没有边界的征收税收及政府开支。政府财政支出的增长速度仅仅应该以确保其作为一个较小的、高效的组织运转为限。

公共安全

马萨诸塞州共和党坚决支持民众免受犯罪、暴力的侵害。我们一直倡导确保民众的权利总是高于罪犯的权利,同时我们还要保证那些为确保我们安全而工作的人们的安全。

医疗保险

马萨诸塞州共和党人认为,每个公民都有权享有足以承担的、免受政府过度侵入及控制的医疗保障。我们认为应采用市场为导向的解决方案,以扩大医疗保障范围,减少病人花销,提高护理质量。

教 育

马萨诸塞州共和党人力图通过实施教育改革、确保教师及管理者的责任及标准、鼓励更多的家长参与等举措使州立学校的质量更优。

反贫穷及社会服务

马萨诸塞州共和党人认为,消除贫困的最佳及最成熟的方式是通过建立健全完善的教育系统,确保平等的机会,保障个人成就及经济发展。我们共和党人致力于见证民众战胜逆境,提升自己,过一种自立、富有成效的生活。

公民权利及个人自由

作为共和党人,我们享有州和联邦宪法赋予我们的自由权利。马萨诸塞州共和党人认为，通过发展个人自由，我们可以创造一个富有成效和生机活力的社会。个人自由是构建我们社会的基石。

家庭、社区及环境保护

马萨诸塞州共和党人认为，对于一个社会构成而言，没有比家庭和社区更为重要的东西了。我们必须尽全力来捍卫这些组织，强化家庭功能，支持地方政府，并且要确保负责任的环境治理。

［本章根据马萨诸塞州共和党全国委员会 2008 年 2 月 5 日通过的《马萨诸塞州共和党准则》（2008 年 11 月 17 日正式生效）翻译］

（中央党校　山成忠 译）

参考文献

一、中文著作

李景治：《当代资本主义国家的政党制度》，福建：福建人民出版社1993年版。

李云汉等著：《世界主要政党内部运作之研究》（第二辑），台北：正中书局1993年版。

刘星主编：《政党与政权》，江苏：东南大学出版社1994年版。

钟清清主编：《世界政党大全》，贵州：贵州教育出版社1994年版。

苏永钦：《合宪性控制的理论与实际》，台北：月旦出版社1994年版。

李道揆：《美国政府与政治》（上、下），北京：商务印书馆1999年版。

周淑真：《政治与政党制度比较研究》，北京：人民出版社2001年版。

刘鹏辉：《发达国家选举制度文库》，北京：时事出版社2001年版。

雷飞龙：《政党与政党制度之研究》，韦伯文化国际出版有限公司2002年版。

王长江：《政党论》，北京：人民出版社2009年版。

何俊志：《选举政治学》，上海：复旦大学出版社2009年版。

刘杰：《当代美国政治》，北京：社会科学文献出版社2001年版。

二、中文论文

王家瑞：《国外政党的执政经验教训值得研究借鉴》，载《学习时报》，2004年11月19日。

吕元礼：《长期执政的政党如何保持活力和诚实》，载《河南师范大学学报》，2005年第5期。

汤国维：《美国总统竞选人的资金从何而来？》，载《国际展望》，1996年第5期。

张旺：《利益集团在美国政治中的弊端》，载《国际关系学院学报》，1999年第2期。

张立平：《金钱与政治腐败——试论美国竞选经费改革》，载《美国研究》，2001年第5期。

谭融：《美国竞选财政制度初探》，载《南开大学学报》（哲学社会科学版），2001年第3期。

张立平：《美国选举制度剖析》，载《当代世界与社会主义》，2005年第2期。

张小劲：《关于政党组织嬗变问题的研究：综述与评价》，载《欧洲》，2002年第4期。

张兹暑：《试论美国两党制的特点》，载《河北师范大学学报》（哲学社会科学版），2002年第6期。

周淑真、冯永光：《美国政党组织体制运行机制及其特点》，载《当代世界与社会主义》，2010年第3期。

谢峰、王燕：《简析美国政党与政府关系的特征及成因》，载《科学社会主义》，2012年第4期。

三、外文论著

Kirchheimer, "The Transformation of West European Party System", in J.Lapalombara & M.Weiner (eds.), *Political Parties and Political Development*. Princeton: Princeton University Press, 1966.

William B. Heselting, *Third-Party Movementin the United States*, Prineton, New Jersey, Toronto, New York, Lonton, 1962.

James Mac Gregor Burns and J. W. Peltason and Thornas E. Cronin, *Government By the People*, Englewood Cliffs, NewJersey, 1985.

Everett C. Ladd Jr, *American Political Parties, Social Change and Political Response*, New York, London, 1970.

"Going, going, ... gone? The decline of party membership in contemporary Europe", *European Journal of Political Research*, Vol.51, Issue 1, 2012.

Russell J. Dalton. "Political Support in Advanced Industrial Democracies", in Pippa Norris (ed.), *Critical Citizens: Global Support for Democratic Governance*, Oxford: Oxford University Press, 1999.

Lawrence D. Longley and Neal R. Peirce, *The Electoral College Primer*, New Haven and London: Yale University Press, 1996.

后 记

《世界主要政党规章制度文献——美国》是对美国主要政党——民主党和共和党的党内规章制度进行的系统编译，设计了两大部分，分别编入了两党的党内外规范性文件。在编译过程中，我们积极听取了相关领域专家和学者的意见和建议，在对所用原文材料进行较深入地理解的基础上，按照翻译规范和法规文风进行编译。

参与编译的戴梦瑜、孟婕、山成忠、张国华、王金良、于凯、李春林、吴晓林分别都是各个高校及研究机构的青年人才，虽然经验阅历尚浅，但我们相信集体的智慧是宝贵的，对读者会有所助益。

参与本书编写的人员分工如下：

导言（孙林）

美利坚合众国宪法（莫纪宏）

美国联邦选举法（孟婕）

美国民主党宪章及附则（王金良）

美国共和党章程（吴晓林）

美国共和党准则（戴梦瑜）

美国共和党代表大会全国联盟规程（李春林）

马萨诸塞州民主党章程（于凯）

马萨诸塞州民主党委员会章程（王金良）

马萨诸塞州民主党纲领（张国华）

马萨诸塞州共和党委员会细则（山成忠）

马萨诸塞州共和党准则（山成忠）

后记（孙林）

此外，在本书框架设计、资料搜集、编写校对的过程中，中央编译出版社的李媛媛提出了宝贵的意见和建议，这些批评使我们受益、鼓励助推我们前行，在此一并致谢！

图书在版编目（CIP）数据

世界主要政党规章制度文献.美国／俞可平主编；
孙林分册主编.—北京：中央编译出版社，2015.1

ISBN 978-7-5117-2515-8

Ⅰ.①世… Ⅱ.①俞… ②孙… Ⅲ.①政党-规章制度-文献-美国 Ⅳ.①D564

中国版本图书馆 CIP 数据核字（2015）第 012703 号

世界主要政党规章制度文献.美国

出 版 人：	刘明清
责任编辑：	李媛媛
责任印制：	刘 慧
出版发行：	中央编译出版社
地 址：	北京西城区车公庄大街乙 5 号鸿儒大厦 B 座（100044）
电 话：	（010）52612345（总编室） （010）52612335（编辑室）
	（010）52612316（发行部） （010）52612317（网络销售）
	（010）52612346（馆配部） （010）55626985（读者服务部）
传 真：	（010）66515838
经 销：	全国新华书店
印 刷：	北京环球画中画印刷有限公司
开 本：	787 毫米×1092 毫米 1/16
字 数：	283 千字
印 张：	19.75
版 次：	2015 年 1 月第 1 版
印 次：	2018 年 6 月第 2 次印刷
定 价：	115.00 元

网 址：	www.cctphome.com 邮 箱：cctp@cctphome.com
新浪微博：	@中央编译出版社 微 信：中央编译出版社（ID：cctphome）
淘宝店铺：	中央编译出版社直销店（http：//shop108367160.taobao.com） （010）52612349

本社常年法律顾问：北京市吴栾赵阎律师事务所律师　闫军　梁勤
凡有印装质量问题，本社负责调换。电话：（010）55626985